| 法律法规新解读 | 第五版

民法典物权编解读与应用

冷爽 编著

中国法制出版社
CHINA LEGAL PUBLISHING HOUSE

图书在版编目（CIP）数据

民法典物权编解读与应用 / 冷爽编著 . —北京：
中国法制出版社，2023. 4
（法律法规新解读丛书）
ISBN 978-7-5216-3356-6

Ⅰ. ①民… Ⅱ. ①冷… Ⅲ. ①物权法-法律解释-中
国 Ⅳ. ①D923. 25

中国国家版本馆 CIP 数据核字（2023）第 060014 号

责任编辑：成知博　　封面设计：李　宁

民法典物权编解读与应用
MINFADIAN WUQUANBIAN JIEDU YU YINGYONG

编著/冷爽
经销/新华书店
印刷/三河市国英印务有限公司
开本/880 毫米×1230 毫米　32 开　　印张/ 11　字数/ 277 千
版次/2023 年 4 月第 1 版　　2023 年 4 月第 1 次印刷

中国法制出版社出版
书号 ISBN 978-7-5216-3356-6　　定价：35. 00 元

北京市西城区西便门西里甲 16 号西便门办公区
邮政编码：100053　　传真：010-63141600
网址：http：//www. zgfzs. com　　**编辑部电话：010-63141809**
市场营销部电话：010-63141612　　**印务部电话：010-63141606**

（如有印装质量问题，请与本社印务部联系。）

【法融】数据库免费增值服务有效期截至本书出版之日起 2 年。

出版说明

“法律法规新解读”丛书作为一套实用型法律图书，历经四版，以其专业、实用、易懂的优点，赢得了广大读者的认可。自第四版后，相关法律规定已发生较大变化，司法实践中也出现了不少新的法律问题，第五版立足“实用”，以关注民生、服务大众为宗旨，切实提升内容实用性；致力“易懂”，使本丛书真正成为“遇事找法者”运用法律维护权利和利益的利器。本丛书选取与日常生活密切相关的法律领域，将各领域的核心法律作为“主体法”，并且将与主体法密切相关的法律规定汇编收录。

“法律法规新解读”丛书独家打造七重法律价值：

1. 出版专业

中国法制出版社是中华人民共和国司法部主管主办的中央级法律类专业出版社，是国家法律法规标准文本的权威出版机构。

2. 条文解读精炼到位

重难点法条以【条文解读】形式进行阐释，解读内容在吸取全国人大常委会法制工作委员会、最高人民法院等部门对条文的权威解读的基础上，结合实际编写，简单明了、通俗易懂。

3. 实务应用精准答疑

根据日常生活中经常遇到的纠纷与难题，以【实务应用】形式提炼归纳出问题点，对标热点难点，精准答疑解惑。

4. 案例指引权威实用

专设【案例指引】板块，选取最高人民法院公报案例、典型案例、各地区法院公布的经典案例以及中国裁判文书网的终审案例等，以案说法，生动地展示解决法律问题的实例。同时，原文收录一部分最高人民法院、最高人民检察院公布的指导性案例，指导实践更准确、更有力。

5. 关联参见检索便捷

除精选与主体法相关联的法律规定外，在主体法中以【关联参见】的方式链接相关重要条文，帮助读者全方位理解相关规定内容。

6. 附录内容实用丰富

书末收录经提炼的法律流程图、诉讼文书、纠纷处理常用数据、重要法律术语速查表等内容，帮助读者大大提高处理法律事务的效率。

7. 超值赠送增值服务

扫描图书后勒口二维码，免费使用中国法制出版社【法融】数据库。读者可查阅“国家法律法规”栏目和“案例解析”栏目中的“最高法指导案例”和“最高检指导案例”的内容。

中国法制出版社

2023 年 4 月

《中华人民共和国民法典》物权编
法律适用提示

物权是民事主体依法享有的重要财产权。物权法律制度调整因物的归属和利用产生的民事关系，是最重要的民事基本制度之一。2007 年第十届全国人民代表大会第五次会议通过了物权法，在明晰权利归属、实现物权平等保护等方面发挥了重要作用。民法典物权编在物权法的基础上，按照党中央提出的完善产权保护制度，健全归属清晰、权责明确、保护严格、流转顺畅的现代产权制度的要求，结合现实需要，进一步完善了物权法律制度。

物权编共 5 个分编、20 章、258 条，主要内容包括：

(一) 关于通则

第一分编为通则，规定了物权制度基础性规范，包括平等保护等物权基本原则，物权变动的具体规则，以及物权保护制度。党的十九届四中全会通过的《中共中央关于坚持和完善中国特色社会主义制度　推进国家治理体系和治理能力现代化若干重大问题的决定》对社会主义基本经济制度有了新的表述，物权编对此作了相应规定，明确“国家坚持和完善公有制为主体、多种所有制经济共同发展，按劳分配为主体、多种分配方式并存，社会主义市场经济体制等社会主义基本经济制度。国家巩固和发展公有制经济，鼓励、支持和引导非公有制经济的发展。国家实行社会主义市场经济，保障一切市场主体的平等法律地位和发展权利”。

(二) 关于所有权

所有权是物权的基础，是所有人对自己的不动产或者动产依法享有占有、使用、收益和处分的权利。第二分编规定了所有权制度，包括所有权人的权利，征收和征用规则，国家、集体和私人的所有权，业主的建筑物区分所有权，相邻关系、共有等所有权基本制度。

针对征收集体土地的补偿问题，物权编与土地管理法相衔接，在征收补偿费用中明确增加了农村村民住宅补偿费用，明确“征收集体所有的土地，应当依法及时足额支付土地补偿费、安置补助费以及农村村民住宅、其他地上附着物和青苗等的补偿费用，并安排被征地农民的社会保障费用，保障被征地农民的生活，维护被征地农民的合法权益”。这一规定体现了党和国家关于征地补偿安置必须确保被征地农民原有生活水平不降低、长远生计有保障的原则。关于征收组织、个人的房屋及其他不动产的问题，物权编规定：“征收组织、个人的房屋以及其他不动产，应当依法给予征收补偿，维护被征收人的合法权益；征收个人住宅的，还应当保障被征收人的居住条件。”考虑到各地的发展很不平衡，具体的补偿标准和补偿办法，由土地管理法等有关法律根据不同情况作出规定。

针对近年来群众普遍反映业主大会成立难、公共维修资金使用难等问题，并结合应急处置工作，物权编在物权法规定的基础上，进一步完善了业主的建筑物区分所有权制度：一是明确规定“地方人民政府有关部门、居民委员会应当对设立业主大会和选举业主委员会给予指导和协助”。二是适当降低业主共同决定事项，特别是使用建筑物及其附属设施维修资金的表决门槛，并增加规定紧急情况下使用维修资金的特别程序，规定“紧急情况下需要维修建筑物及其附属设施的，业主大会或者业主委员会可以依法申请使用建筑物及其附属设施的维修资金”。三是明确物业服务企业和业主的相关责任和义务，增加规定“物业服务企业或者其他管理人应当执行政府依法实施的应急处置措施和其他管理措施，积极配合开展相关工作”。“对于物业服务企业或者其他管理人执行政府依法实施的应急处置措施和其他管理措施，业主应当依法予以配合。”

（三）关于用益物权

用益物权是指权利人依法对他人的物享有占有、使用和收益的权利。第三分编规定了用益物权制度，明确了用益物权人的基本权利和义务，以及建设用地使用权、宅基地使用权、地役权等用益物权。

物权编在物权法的基础上，对用益物权制度作了进一步完善：一是落实党中央关于完善产权保护制度依法保护产权的要求，对建设用地使用权期限届满后的续期作出了规定："住宅建设用地使用权期限届满的，自动续期。续期费用的缴纳或者减免，依照法律、行政法规的规定办理。非住宅建设用地使用权期限届满后的续期，依照法律规定办理。该土地上的房屋以及其他不动产的归属，有约定的，按照约定；没有约定或者约定不明确的，依照法律、行政法规的规定办理。"二是完善农村集体产权相关制度，落实农村承包地"三权分置"改革的要求，对土地承包经营权的相关规定作了完善，增加土地经营权的规定，并删除耕地使用权不得抵押的规定，以适应"三权分置"后土地经营权入市的需要。在土地经营权的流转方面，规定"土地承包经营权人可以自主决定依法采取出租、入股或者其他方式向他人流转土地经营权"。在土地经营权的使用、收益方面，规定"土地经营权人有权在合同约定的期限内占有农村土地，自主开展农业生产经营并取得收益"。在土地经营权的登记方面，规定"流转期限为五年以上的土地经营权，自流转合同生效时设立。当事人可以向登记机构申请土地经营权登记；未经登记，不得对抗善意第三人"。考虑到农村集体建设用地和宅基地制度改革正在推进过程中，物权编还与土地管理法等作了衔接性规定，规定集体所有土地作为建设用地的，应当依照土地管理的法律规定办理；宅基地使用权的取得、行使和转让，适用土地管理的法律和国家有关规定。三是为贯彻党的十九大提出的加快建立多主体供给、多渠道保障住房制度的要求，增加规定"居住权"这一新型用益物权，明确居住权原则上无偿设立，居住权人有权按照合同约定或者遗嘱，经登记占有、使用他人的住宅，以满足其稳定的生活居住需要。

(四) 关于担保物权

担保物权是指为了确保债务履行而设立的物权，包括抵押权、质权和留置权。第四分编对担保物权作了规定，明确了担保物权的含义、适用范围、担保范围等共同规则，以及抵押权、质权和留置权的具体规则。物权编在物权法规定的基础上，进一步完善了担保物权制度，为优化营商环境提供法治保障：一是扩大担保合同的范围，明确融资租赁、保理、所有权保留等非典型担保合同的担保功能，增加规定“担保合同包括抵押合同、质押合同和其他具有担保功能的合同”。二是删除有关担保物权具体登记机构的规定，为建立统一的动产抵押和权利质押登记制度留下空间。三是简化抵押合同和质押合同的一般条款。四是明确实现担保物权的统一受偿规则。

(五) 关于占有

占有是指对不动产或者动产事实上的控制与支配。第五分编对占有的调整范围、无权占有情形下的损害赔偿责任、原物及孳息的返还以及占有保护等作了规定，以维护社会秩序和权利人的合法权益。

目　录

中华人民共和国民法典物权编

第七章　相邻关系

第八章　共　　有

关联法规

实用附录

实务应用速查表

案例指引速查表

法律法规新解读系列

中华人民共和国民法典物权编

民法典物权编
解读与应用

中华人民共和国民法典物权编

·2020 年 5 月 28 日第十三届全国人民代表大会第三次会议通过

·2020 年 5 月 28 日中华人民共和国主席令第 45 号公布

·自 2021 年 1 月 1 日起施行

第二编　物　权

第一分编　通　则

第一章　一般规定

第二百零五条　【物权编的调整范围】① 本编调整因物的归属和利用产生的民事关系。

条文解读

物权编的调整范围 ➜ 本条是对物权编调整范围的规定。物权法律关系，是因对物的归属和利用在民事主体之间产生的权利义务关系。物包括不动产和动产。法律规定权利作为物权客体的，依照其规定。物权是权利人依法对特定的物享有直接支配和排他的权利，包括所有权、用益物权和担保物权。

物 ➜ 物权编规范的物，包括不动产和动产，不动产是指土地以及房屋、林木等土地定着物；动产是指不动产以外的物。物权编上的物通常是指与精神产品相对而言的有体物或者有形物，即物理上的物，包括固体、液体、气体等。著作、商标、专利等精神产品，是无体物或者无形物，不是物权编规范的对象，主要由专门法律如著作权法、商标法、

① 本书条文主旨为编者所加，为方便读者检索使用，仅供参考，下同。

专利法调整。精神产品不属于物权编的调整范围，但在有些情况下，物权编也涉及这些精神产品，这主要是指，著作权、商标权和专利权中的财产权可以作为担保物权的标的。

物的归属是指物的所有人是谁，谁是物的主人，确定物的归属即是确定在民事上财产权属于谁，这是对物进行利用的前提。物的利用是指所有权人对其所有物自己使用或交他人使用。因物的归属和利用而产生的民事关系都适用物权编。

关联参见

《民法典》① 第2条、第114条、第115条；《最高人民法院关于适用〈中华人民共和国民法典〉物权编的解释（一）》（以下简称《民法典物权编解释（一）》）第1条

第二百零六条　【我国基本经济制度与社会主义市场经济原则】 国家坚持和完善公有制为主体、多种所有制经济共同发展，按劳分配为主体、多种分配方式并存，社会主义市场经济体制等社会主义基本经济制度。

国家巩固和发展公有制经济，鼓励、支持和引导非公有制经济的发展。

国家实行社会主义市场经济，保障一切市场主体的平等法律地位和发展权利。

条文解读

党的十九届四中全会通过的《中共中央关于坚持和完善中国特色社会主义制度 推进国家治理体系和治理能力现代化若干重大问题的决定》提出："公有制为主体、多种所有制经济共同发展，按劳分配为主体、

---

① 为便于阅读，本书中相关法律文件名称中的"中华人民共和国"字样都予以省略。

多种分配方式并存，社会主义市场经济体制等社会主义基本经济制度，既体现了社会主义制度优越性，又同我国社会主义初级阶段社会生产力发展水平相适应，是党和人民的伟大创造。”作为反映我国社会主义生产关系和维护社会主义经济制度的物权编，必须全面、准确地体现现阶段我国社会主义基本经济制度。因此，物权编把宪法规定的社会主义基本经济制度和党的十九届四中全会决定精神作为物权编的基本原则，贯穿并体现在物权编的始终。

关联参见

《宪法》第6条、第11条、第15条

第二百零七条　【平等保护原则】国家、集体、私人的物权和其他权利人的物权受法律平等保护，任何组织或者个人不得侵犯。

条文解读

物权平等保护原则 ➔ 本条是对物权平等保护原则的规定。物权平等保护原则表现为：（1）物权的主体平等，不得歧视非公有物权的主体；（2）物权平等，无论是国家的、集体的、私人的还是其他权利人的物权，都是平等的物权，受物权法律规则的约束，不存在高低之分；（3）平等受到保护，当不同的所有权受到侵害时，在法律保护上一律平等，不得对私人的物权歧视对待。

其他权利人 ➔ 本条中规定的“其他权利人”是指，无法完全纳入“国家”、“集体”和“私人”的权利人，如公益性基金会等。

关联参见

《宪法》第12条、第13条；《民法典》第3条、第113条

第二百零八条　【物权公示原则】不动产物权的设立、变更、转让和消灭，应当依照法律规定登记。动产物权的设立和转让，应当依照法律规定交付。

条文解读

物权公示公信原则➔物权公示，是指在物权变动时，必须将物权变动的事实通过一定的公示方法向社会公开，使第三人知道物权变动的情况，以避免第三人遭受损害并保护交易安全。

物权公信，是指物权变动经过公示以后所产生的公信力，即物权变动按照法定方法公示以后，不仅正常的物权变动产生公信后果，而且即使物的出让人事实上无权处分，善意受让人基于对公示的信赖，仍能取得物权。

物权公示公信原则包括两方面内容：(1) 物权变动规则，即物权人享有物权、物权的内容变更或者消灭以什么方式确定。(2) 物权的公信，即物权变动必须以令公众信服的特定方式让广大义务人清楚地知道谁是权利人，不应该妨碍谁。而且，权利人转让自己的物时，也要让买主知道他有无资格转让该物。

物权公示方法➔根据本条规定，不动产物权变动的公示方法是登记，不动产物权的设立、变更、转让和消灭应当依照法律规定登记，才能取得公信力。动产物权变动的公示方法是交付，动产物权的设立和转让，应当依照法律规定交付，动产交付产生动产物权变动的公信力。

关联参见

《城市房地产管理法》第60条、第61条；《不动产登记暂行条例》

第二章　物权的设立、变更、转让和消灭

第一节　不动产登记

第二百零九条　【不动产物权的登记生效原则及其例外】不动产物权的设立、变更、转让和消灭，经依法登记，发生效力；未经登记，不发生效力，但是法律另有规定的除外。

依法属于国家所有的自然资源，所有权可以不登记。

条文解读

不动产物权的登记生效原则及其例外 ➜ 不动产物权的设立、变更、转让和消灭，统称为不动产物权变动。不动产物权变动必须依照法律规定进行登记，只有经过登记，才能够发生物权变动的效果，才具有发生物权变动的外部特征，才能取得不动产物权变动的公信力。除法律另有规定外，不动产物权变动未经登记，不发生物权变动的法律效果，法律不承认其物权已经发生变动，也不予以法律保护。

本条第1款规定的“法律另有规定的除外”，主要包括三方面的内容：(1) 本条第2款所规定的，依法属于国家所有的自然资源，所有权可以不登记。(2) 本章第三节规定的物权设立、变更、转让或者消灭的一些特殊情况，即主要是非依法律行为而发生的物权变动的情形：第一，因人民法院、仲裁机构的法律文书或者人民政府的征收决定等，导致物权设立、变更、转让或者消灭的，自法律文书或者征收决定等生效时发生效力；第二，因继承取得物权的，自继承开始时发生效力；第三，因合法建造、拆除房屋等事实行为设立或者消灭物权的，自事实行为成就时发生效力。(3) 考虑到现行法律的规定以及我国的实际情况，尤其是农村的实际情况，《民法典》并没有对不动产物权的设立、变更、转让和消灭，一概规定必须经依法登记才发生效力。例如，在土地承包经营权一章中规定，“土地承包经营权互换、转让的，当事人可以向登

记机构申请登记；未经登记，不得对抗善意第三人”。这里规定的是“未经登记，不得对抗善意第三人”，而不是“不发生效力”。宅基地使用权一章，对宅基地使用权的变动，也并未规定必须登记，只是规定“已经登记的宅基地使用权转让或者消灭的，应当及时办理变更登记或者注销登记”。地役权一章中规定，“地役权自地役权合同生效时设立。当事人要求登记的，可以向登记机构申请地役权登记；未经登记，不得对抗善意第三人”。

本条第2款只是规定依法属于国家所有的自然资源，所有权可以不登记，至于在国家所有的土地、森林、海域等自然资源上设立用益物权、担保物权，则需要依法登记生效。

实务应用

01. 在物权确权纠纷案中，人民法院能否直接通过判决确定物权的归属？

在物权确权纠纷案件中，根据物权变动的基本原则，对于当事人依据受让合同提出的确权请求应当视动产与不动产区别予以对待。人民法院对于已经交付的动产权属可以予以确认。对于权利人提出的登记于他人名下的不动产物权归其所有的确权请求，人民法院不宜直接判决确认其权属，而应当判决他人向权利人办理登记过户。

案例指引

01. 亲属之间，一方主张全额出资所购房产登记于另一方名下时，房屋所有权如何认定？①

涉案房屋登记所有权人为尹某良，尹某良于2017年4月9日死亡。

---

① 参见《尹某才诉陈某风等所有权确认案》，案号：（2020）辽02民终2736号，载国家法官学院、最高人民法院司法案例研究院编：《中国法院2022年度案例．物权纠纷》，中国法制出版社2022年版，第1页。

尹某良与陈某风系夫妻关系，二人育有长女尹某荣、次女尹某华、长子尹甲、次子尹某才；尹某良的父亲母亲和尹甲都已经病故。尹某才于2012年5月9日、2013年4月1日先后向尹某华的账户转入30万元、23万元。尹某华于2013年3月18日向尹某良账户转入53.5万元。次日，尹某良将53万元转给付某装饰地产公司。尹某才自述2012年因尹某华向其借钱，其给付尹某华30万元。在2013年尹某良购买房屋时，尹某才和尹某华达成合意，由尹某华直接向尹某良支付房款以抵顶借款，并视为由尹某才出资。

一审法院认为，尹某良于2013年3月购买涉案房屋，登记所有权人为尹某良。尹某才并未提供其他证据证实其与尹某良对于案涉房屋的所有权达成了合意，由尹某才享有所有权。故判决驳回尹某才的诉讼请求。尹某才不服一审判决，提起上诉。

二审法院经审理认为：尹某才主张尹某良购房款项均来自尹某才，但支付购房款尚不能证明尹某才对案涉房屋享有物权。案涉房屋登记的所有权人为尹某良，尹某才系尹某良次子，尹某才主张其借尹某良之名买房，但未能提供其与尹某良签订的关于借名买房的协议。尹某才主张买房时全家人已达成口头协议，认可房屋权属归尹某才所有，但尹某才未能提交证据予以证明，且尹某荣对此不予认可，尹某才应承担举证不能的不利后果。尹某才的上诉请求不能成立，应予驳回；一审判决认定事实清楚，适用法律正确，应予维持。

关联参见

《土地管理法》第12条；《城市房地产管理法》第36条；《森林法》第14条、第15条；《草原法》第11条；《不动产登记暂行条例》第5条

第二百一十条　【不动产登记机构和不动产统一登记】不动产登记，由不动产所在地的登记机构办理。

国家对不动产实行统一登记制度。统一登记的范围、登记机构和登记办法，由法律、行政法规规定。

第二百一十一条　【申请不动产登记应提供的必要材料】 当事人申请登记，应当根据不同登记事项提供权属证明和不动产界址、面积等必要材料。

条文解读

申请不动产登记应当提供的必要材料 ➔ 本条是对申请不动产登记应当提供必要材料的规定。申请人应当提交下列材料，并对申请材料的真实性负责：（1）登记申请书；（2）申请人、代理人身份证明材料、授权委托书；（3）相关的不动产权属来源证明材料、登记原因证明文件、不动产权属证书；（4）不动产界址、空间界限、面积等材料；（5）与他人利害关系的说明材料；（6）法律、行政法规以及不动产登记暂行条例实施细则规定的其他材料。不动产登记机构应当在办公场所和门户网站公开申请登记所需材料目录和示范文本等信息。

关联参见

《不动产登记暂行条例》第14—16条

第二百一十二条　【不动产登记机构应当履行的职责】 登记机构应当履行下列职责：

（一）查验申请人提供的权属证明和其他必要材料；

（二）就有关登记事项询问申请人；

（三）如实、及时登记有关事项；

（四）法律、行政法规规定的其他职责。

申请登记的不动产的有关情况需要进一步证明的，登记机构可以要求申请人补充材料，必要时可以实地查看。

条文解读

不动产登记机构收到不动产登记申请材料后，应当分别按照下列情况办理：（1）属于登记职责范围，申请材料齐全、符合法定形式，或者申请人按照要求提交全部补正申请材料的，应当受理并书面告知申请人；（2）申请材料存在可以当场更正的错误的，应当告知申请人当场更正，申请人当场更正后，应当受理并书面告知申请人；（3）申请材料不齐全或者不符合法定形式的，应当当场书面告知申请人不予受理并一次性告知需要补正的全部内容；（4）申请登记的不动产不属于本机构登记范围的，应当当场书面告知申请人不予受理并告知申请人向有登记权的机构申请。不动产登记机构未当场书面告知申请人不予受理的，视为受理。

不动产登记机构受理不动产登记申请的，应当按照下列要求进行查验：（1）不动产界址、空间界限、面积等材料与申请登记的不动产状况是否一致；（2）有关证明材料、文件与申请登记的内容是否一致；（3）登记申请是否违反法律、行政法规规定。

属于下列情形之一的，不动产登记机构可以对申请登记的不动产进行实地查看：（1）房屋等建筑物、构筑物所有权首次登记；（2）在建建筑物抵押权登记；（3）因不动产灭失导致的注销登记；（4）不动产登记机构认为需要实地查看的其他情形。对可能存在权属争议，或者可能涉及他人利害关系的登记申请，不动产登记机构可以向申请人、利害关系人或者有关单位进行调查。不动产登记机构进行实地查看或者调查时，申请人、被调查人应当予以配合。

关联参见

《不动产登记暂行条例》第17—22条；《不动产登记暂行条例实施细则》第15—16条

第二百一十三条　【不动产登记机构的禁止行为】 登记机构不得有下列行为：

（一）要求对不动产进行评估；

（二）以年检等名义进行重复登记；

（三）超出登记职责范围的其他行为。

关联参见

《不动产登记暂行条例》第 29 条、第 30 条；《不动产登记暂行条例实施细则》第 103 条

第二百一十四条　【不动产物权变动的生效时间】 不动产物权的设立、变更、转让和消灭，依照法律规定应当登记的，自记载于不动产登记簿时发生效力。

条文解读

本条是对不动产物权变动登记效力发生时间的规定。不动产物权变动登记效力的发生时间，是指不动产发生物权变动效力的具体时间。只有不动产物权变动发生了效力，不动产物权才真正归属于不动产登记申请人享有，不动产物权人才可以依照自己的意志行使物权。

应当将登记机构审查认为符合不动产物权变动登记要求的时间，作为不动产物权变动登记记载于不动产登记簿的时间。

关联参见

《不动产登记暂行条例》第 21 条

第二百一十五条　【合同效力和物权效力区分】 当事人之间订立有关设立、变更、转让和消灭不动产物权的合同，除法律另有规定或者当事人另有约定外，自合同成立时生效；未办理物权登记的，不影响合同效力。

条文解读

设立、变更、转让、消灭不动产物权的合同的效力 ➜ 以发生物权变动为目的的基础关系，主要是合同，属于债权法律关系的范畴，其成立以及生效应该依据合同相关法律规定来判断。不动产物权的变动一般只能在登记时生效，依法成立生效的合同也许不能发生物权变动的结果。这可能是因为物权因客观情势发生变迁，使物权的变动成为不可能；也可能是物权的出让人“一物二卖”，其中一个买受人先行进行了不动产登记，其他的买受人便不可能取得合同约定转让的物权。有关设立、变更、转让和消灭不动产物权的合同和物权的设立、变更、转让和消灭本身是两个应当加以区分的情况。除非法律有特别规定，合同一经成立，只要不违反法律的强制性规定和社会公共利益，就可以发生效力。合同只是当事人之间的一种合意，并不必然与登记联系在一起。登记是针对民事权利的变动而设定的，它是与物权的变动联系在一起的，是一种物权变动的公示方法。登记并不是针对合同行为，而是针对物权的变动所采取的一种公示方法，如果当事人之间仅就物权的变动达成合意，而没有办理登记，合同仍然有效。例如，当事人双方订立了房屋买卖合同之后，合同就已经生效，但如果没有办理登记手续，房屋所有权不能发生移转。当然，违约的合同当事人一方应该承担违约责任。依不同情形，买受人可以请求债务人实际履行合同，即请求出卖人办理不动产转让登记，或者请求债务人赔偿损失。

第二百一十六条　【不动产登记簿效力及管理机构】 不动产登记簿是物权归属和内容的根据。

不动产登记簿由登记机构管理。

条文解读

不动产登记簿 ➜ 不动产登记簿，是不动产登记机构按照国务院自然资源主管部门规定设立的统一的不动产权属登记簿。不动产登记簿应当记载以下事项：(1) 不动产的坐落、界址、空间界限、面积、用途等自然状况；(2) 不动产权利的主体、类型、内容、来源、期限、权利变化等权属状况；(3) 涉及不动产权利限制、提示的事项；(4) 其他相关事项。

不动产登记簿应当采用电子介质，暂不具备条件的，可以采用纸质介质。不动产登记机构应当明确不动产登记簿唯一、合法的介质形式。

由于不动产登记簿是物权归属和内容的根据，因而在不动产登记簿上记载某人享有某项物权时，就直接推定该人享有该项物权，其物权的内容也以不动产登记簿上的记载为准。这就是不动产登记簿所记载的权利的正确性推定效力规则。但当事人有证据证明不动产登记簿的记载与真实权利状态不符、其为该不动产物权的真实权利人，请求确认其享有物权的，应予支持。

权利正确性推定原则 ➔ 本条第 1 款的规定，一般称为权利正确性推定原则，即在不动产登记簿上记载某人享有某项物权时，推定该人享有该项权利，其权利的内容也以不动产登记簿上的记载为准。在建立不动产登记制度的情况下，不动产登记成为不动产物权制度的基础，不动产登记簿所记载的权利的正确性推定效力对客观、公正的不动产交易秩序的建立有着极为重要的意义。

不动产登记簿记载的权利和事实上的权利应当是一致的，法律也要求登记机构正确履行职责，如实记载登记事项，但是由于现实经济生活的复杂性，也会产生二者不符的情形。在实际生活中，由于当事人自己的过错或者由于登记机关的过错，可能会出现登记的权利和事实上的权利不一致的情况。因此，规定不动产登记簿的推定正确效力，对实现不动产物权变动中的客观公正有十分重要的意义，正因为登记簿有此效力，第三人依据登记簿取得的权利才受到法律的保护，交易的安全才有了保障。由此可见，法律规定物权的归属和内容以不动产登记簿为根据，目的就是从国家公信力的角度对物权相对人的利益进行保护，从而建立一个能以客观标准衡量的公正的经济秩序，这也是物权公示原则的价值和要求。法律在为建立公正安全的交易秩序而保护相对人利益的同时，也为可能的事实权利人提供了异议登记、更正登记等救济手段。

关联参见

《海商法》第 13 条；《民用航空法》第 12 条；《不动产登记暂行条例》第 8—10 条；《民法典物权编解释（一）》第 2 条

第二百一十七条 【不动产登记簿与不动产权属证书的关系】

不动产权属证书是权利人享有该不动产物权的证明。不动产权属证书记载的事项，应当与不动产登记簿一致；记载不一致的，除有证据证明不动产登记簿确有错误外，以不动产登记簿为准。

条文解读

不动产登记簿与不动产权属证书的关系 ➲ 不动产权属证书是权利人享有该不动产物权的证明。不动产登记机构完成登记后，依法向申请人核发不动产权属证书。不动产权属证书与不动产登记簿的关系是：完成不动产物权公示的是不动产登记簿，不动产物权的归属和内容以不动产登记簿的记载为根据；不动产权属证书只是不动产登记簿所记载的内容的外在表现形式。简言之，不动产登记簿是不动产权属证书的母本，不动产权属证书是证明不动产登记簿登记内容的证明书。故不动产权属证书记载的事项应当与不动产登记簿一致；如果出现记载不一致的，除有证据证明并且经过法定程序认定不动产登记簿确有错误的外，物权的归属以不动产登记簿为准。

实务应用

02. 国有土地使用权转让法律关系中的转让人能否以国有土地使用证被注销、其不再享有土地使用权为由主张解除合同？

不动产物权应当依不动产登记簿的内容确定，不动产权属证书只是权利人享有该不动产物权的证明。行政机关注销国有土地使用证但并未注销土地登记的，国有土地的使用权人仍然是土地登记档案中记载的权利人。国有土地使用权转让法律关系中的转让人，不得以国有土地使用证被注销、其不再享有土地使用权为由主张解除合同。

关联参见

《不动产登记暂行条例实施细则》第20—23条

第二百一十八条　【不动产登记资料的查询、复制】 权利人、利害关系人可以申请查询、复制不动产登记资料，登记机构应当提供。

条文解读

权利人、利害关系人 ➲ “权利人”是指对登记的不动产享有所有权或他物权的人。“利害关系人”是指与登记的不动产有一定现实利益关系，并有可能因登记结果的变动而对其利益产生影响的人。

关联参见

《不动产登记暂行条例》第27条

第二百一十九条　【利害关系人的非法利用不动产登记资料禁止义务】 利害关系人不得公开、非法使用权利人的不动产登记资料。

条文解读

利害关系人不得公开、非法使用权利人不动产登记资料 ➲ 本条明确了利害关系人不得公开、非法使用权利人不动产登记资料的义务，目的是保护权利人的个人信息。依照前条的规定，权利人、利害关系人可以申请查询、复制登记资料。如此规定已经表明法律不认为不动产物权登记信息属于可以向社会公众开放查询的公开信息。除权利人外，登记资料只要能够满足与特定物权产生利害关系的人查询、复制的需要，就达到了物权公示的目的。利害关系人虽然依法有资格查询、复制不动产登记资料，但本条明确，其仍有义务保护不动产权利人的个人信息，不得公开、非法使用权利人的不动产登记资料。

关联参见

《网络安全法》第76条；《消费者权益保护法》第14条、第50条、第56条；《商业银行法》第29条；《居民身份证法》第19条；《不动产登记暂行条例》第28条

第二百二十条　【更正登记和异议登记】权利人、利害关系人认为不动产登记簿记载的事项错误的，可以申请更正登记。不动产登记簿记载的权利人书面同意更正或者有证据证明登记确有错误的，登记机构应当予以更正。

不动产登记簿记载的权利人不同意更正的，利害关系人可以申请异议登记。登记机构予以异议登记，申请人自异议登记之日起十五日内不提起诉讼的，异议登记失效。异议登记不当，造成权利人损害的，权利人可以向申请人请求损害赔偿。

条文解读

更正登记 ➔ 更正登记，是指已经完成的登记，由于当初登记手续的错误或者遗漏，致使登记与原始的实体权利关系不一致，为消除这种不一致的状态，对既存的登记内容进行修正补充的登记。故更正登记的目的是对不动产物权登记订正错误、补充遗漏。更正登记有两种方式，一种是经权利人（包括登记上的权利人和事实上的权利人）以及利害关系人申请作出的更正登记，另一种是登记机关自己发现错误后作出的

更正登记。

异议登记 ➡ 所谓异议登记，就是将事实上的权利人以及利害关系人对不动产登记簿记载的权利所提出的异议记入登记簿。异议登记的法律效力是，登记簿上所记载的权利失去正确性推定的效力，第三人也不得主张依照登记的公信力而受到保护。异议登记虽然可以对真正权利人提供保护，但这种保护应当是临时性的，因为它同时也给不动产物权交易造成了一种不稳定的状态。为使不动产物权的不稳定状态早日恢复正常，法律必须对异议登记的有效期间作出限制。因此，本条规定，申请人自异议登记之日起 15 日内不提起诉讼的，异议登记失效。由于异议登记可以使登记簿上所记载的权利失去正确性推定的效力，同时，异议登记的申请人在提出异议登记的申请时也无须充分证明其权利受到了损害，如果申请人滥用异议登记制度，将可能给登记簿上记载的权利人的利益造成损害。因此，本条规定，异议登记不当，造成权利人损害的，权利人可以向申请人请求损害赔偿。

关联参见

《不动产登记暂行条例》第 3 条；《民法典物权编解释（一）》第 3 条；《不动产登记暂行条例实施细则》第 26—27 条、第 79—84 条

第二百二十一条　【预告登记】 当事人签订买卖房屋的协议或者签订其他不动产物权的协议，为保障将来实现物权，按照约定可以向登记机构申请预告登记。预告登记后，未经预告登记的权利人同意，处分该不动产的，不发生物权效力。

预告登记后，债权消灭或者自能够进行不动产登记之日起九十日内未申请登记的，预告登记失效。

条文解读

预告登记 ➡ 预告登记，是指为了保全债权的实现、保全物权的顺

位请求权等而进行的提前登记。预告登记与一般的不动产登记的区别在于：一般的不动产登记都是在不动产物权变动已经完成的状态下所进行的登记，而预告登记则是为了保全将来发生的不动产物权变动而进行的登记。预告登记完成后，并不导致不动产物权的设立或者变动，只是使登记申请人取得请求将来发生物权变动的权利。纳入预告登记的请求权，对后来发生与该项请求权内容相同的不动产物权的处分行为，具有排他的效力，以确保将来只发生该请求权所期待的法律后果。未经预告登记的权利人同意，转让不动产所有权等物权，或者设立建设用地使用权、居住权、地役权、抵押权等其他物权的，应当依照本条第 1 款的规定，认定其不发生物权效力。预告登记的买卖不动产物权的协议被认定无效、被撤销，或者预告登记的权利人放弃债权的，应当认定为本条第 2 款所称的“债权消灭”。

预告登记的适用范围 ➜ 预告登记适用于有关不动产物权的协议，在我国主要适用于商品房预售。在商品房预售中，预售登记作出以后，期房买卖得到了公示，这种期待权具有对抗第三人的效力。也就是说，在办理了预售登记后，房屋所有人不得进行一房多卖，否则，其违反房屋预售登记内容作出的处分房屋所有权的行为无效。值得注意的是，预售登记主要是为了保护买受人的利益，如果买受人不愿意进行预售登记，法律不宜强制其办理登记手续。

实务应用

03. 预告登记与一般的不动产登记有什么区别？

（1）登记时间不同。预告登记是为了保全将来发生的不动产物权而进行的一种登记，发生于不动产物权变动之前；而一般的不动产登记则是指不动产物权在已经完成的状态下所进行的登记。

（2）登记效力不同。预告登记作出后，并不导致不动产物权的产生或变动，而只是使登记申请人取得一种对将来发生的物权变动进行登记的请求权。经预告登记确认的请求权，对其后发生的、与该项请求权内容相同的不动产物权处分行为，具有排他的效力，以确保将来只发生该请求权所期待的法律结果；而一般的不动产登记则产生物权变动的直接效果。

案例指引

02. 预告登记是否能保障预告登记人物权变动请求权之外的其他请求权的实现？①

2015 年 11 月 12 日，曹某一与某公司签订商品房买卖（预售）合同，购买某庄园 1 号楼三套房屋。2015 年 12 月 1 日，曹某一向中国农业银行某支行贷款 290 万元用于支付剩余购房款。曹某一用于抵押贷款的某庄园 1 号楼的三套房屋于 2015 年 12 月 1 日在房屋产权管理中心办理抵押（按揭、在建）备案登记。按照当地不动产产权管理部门规定，案涉房屋的预购商品房预告登记与预购商品房抵押权预告登记在同一流程合并办理。贷款发放后，曹某一依照合同约定向某公司履行了全部付款义务。此后曹某一一直按合同约定偿还贷款。某银行于 2016 年 9 月 23 日与某公司签订购房协议，购买了位于某庄园 1 号楼的四套房屋（其中包括曹某一预告登记过的三套房屋），某银行一次性交付购房款 6525269 元。付款后，某公司将上述房屋交付某银行占有使用，占有使用期间的水费、电费、物业费、采暖费等均由某银行交付。后曹某一诉至法院，要求某银行返还涉案房屋。经法院查明，截至本案审结时，案涉房屋尚不具备办理所有权登记之条件，亦未办理初始登记。

法院认为，本案系返还原物纠纷案件。预告登记，是为保全一项以将来发生不动产物权变动为目的的请求权的不动产登记。也就是说，预告登记所登记的不是现实的不动产物权，而是将来发生不动产物权变动的请求权，它是在确定的财产权登记条件还不具备时，为了保全将来财产权变动能够顺利进行，而就相关的请求权进行的登记。曹某一基于完

---

① 参见《曹某一诉某银行返还原物案》，案号：（2020）吉民再 50 号，载国家法官学院、最高人民法院司法案例研究院编：《中国法院 2022 年度案例．物权纠纷》，中国法制出版社 2022 年版，第 56 页。

成对案涉房屋进行预告登记所享有的系预告登记请求权，所保障的系其对案涉房屋将来物权变动能够顺利进行的权益，但该民事权益不具备法律层面上的不动产物权性质。返还原物请求权在法律属性上系一种典型的物权保护请求权，其权利基础是请求权人对物享有物权。因此，在曹某一不享有案涉房屋物权的情形下，其无权要求某银行返还案涉房屋。

关联参见

《不动产登记暂行条例》第3条；《民法典物权编解释（一）》第4条、第5条；《不动产登记暂行条例实施细则》第85—89条；《城市商品房预售管理办法》第10条

第二百二十二条　【不动产登记错误损害赔偿责任】 当事人提供虚假材料申请登记，造成他人损害的，应当承担赔偿责任。

因登记错误，造成他人损害的，登记机构应当承担赔偿责任。登记机构赔偿后，可以向造成登记错误的人追偿。

条文解读

申请人提供虚假材料的责任 ➔ 申请人提供虚假材料造成损害要承担责任，是指登记申请人在申请登记的时候，以故意伪造、篡改等方式提供虚假材料，例如伪造他人的身份证和产权证等材料，将他人的财产设定抵押并进行登记，或者非法处分他人的财产等。这些弄虚作假的行为都可能造成对真正权利人的损害。申请人提供虚假材料办理房屋登记，给原告造成损害，房屋登记机构未尽合理审慎职责的，应当根据其过错程度及其在损害发生中所起作用承担相应的赔偿责任。

登记机构的责任 ➔ 登记机构的责任，以发生实际损害为前提。如果没有造成实际损害后果，登记机关应该履行更正登记的义务，但不应当承担赔偿责任。登记机构的责任，主要包括以下方面：（1）当事人提供虚假的权属证书等证明材料申请登记，给他人造成损害，登记机构没

有尽到审查职责。（2）因为登记机构的其他行为造成真正权利人损害的。一是因登记机构应实地查看而未查看造成登记错误的；二是无正当理由拖延登记时间；三是登记机构的工作人员故意与他人相互勾结、恶意串通；四是应当办理登记而无正当理由拒绝办理登记；五是登记簿与权属证书不一致，登记机构对权属证书拒不更正；六是在办理了异议登记之后，登记权利人将其不动产转让给他人，而登记机构仍然为其办理过户登记；七是无故拒绝有关当事人正当的登记查询请求。

关联参见

《不动产登记暂行条例》第29条；《最高人民法院关于审理房屋登记案件若干问题的规定》第12—13条；《不动产登记暂行条例实施细则》第104条

第二百二十三条　【不动产登记收费标准的确定】不动产登记费按件收取，不得按照不动产的面积、体积或者价款的比例收取。

条文解读

不动产登记收费标准的确定 ➲ 不动产登记以件计费，而不是按照不动产的面积、体积或者价款的比例收取。

2016年12月6日国家发展改革委、财政部发布《关于不动产登记收费标准等有关问题的通知》，按照按件收费的要求，确定了收费标准：（1）住宅类不动产登记收费标准。落实不动产统一登记制度，实行房屋所有权及其建设用地使用权一体登记。原有住房及其建设用地分别办理各类登记时收取的登记费，统一整合调整为不动产登记收费，即住宅所有权及其建设用地使用权一并登记，收取一次登记费。规划用途为住宅的房屋及其建设用地使用权申请办理不动产登记事项，提供具体服务内容，据实收取不动产登记费，收费标准为每件80元。（2）非住宅类不动产登记收费标准。办理非住宅类不动产权利的首次登记、转移登记、变更登记，收取不动产登记费，收费标准为每件550元。(3) 证书工本费标准。不动产登记机构按上述规定收取不动产登记费，核发一本不动产权属证书的不收取证书工本费。向一个以上不动产权利人核发权属证书的，每增加一本证书加收证书工本费10元。不动产登记机构依法核发不动产登记证明，不得收取登记证明工本费。

关联参见

《关于不动产登记收费标准等有关问题的通知》

第二节　动产交付

第二百二十四条　【动产物权变动生效时间】动产物权的设立和转让，自交付时发生效力，但是法律另有规定的除外。

条文解读

“动产物权的设立和转让”，主要是指当事人通过合同约定转让动产所有权和设立动产质权两种情况。

“交付”，指的是物的直接占有的转移，即一方按照法律行为要求，将物的直接占有移转给另一方的事实。值得注意的是，实践中履行交付义务，不仅包括现实的移转对财产的占有，还应依据法律和诚实信用原则的要求，交付与动产有关的单证，这样才能构成完整的交付。

本条规定的“法律另有规定的除外”主要包括以下三种情形：(1)《民法典》第226—228条对动产物权的设立和转让所规定的一些特殊情况；(2)《民法典》第229—232条对非依法律行为而发生的物权变动问题所作的规定；(3)《民法典》对动产抵押权和留置权的相关规定。

关联参见

《民法典物权编解释（一）》第7—8条

第二百二十五条　【船舶、航空器和机动车物权变动采取登记对抗主义】船舶、航空器和机动车等的物权的设立、变更、转让和消灭，未经登记，不得对抗善意第三人。

条文解读

船舶、航空器和机动车物权变动采取登记对抗主义 ➜ 根据《海商法》的规定，船舶所有权的取得、转让和消灭，应当向船舶登记机关登记；未经登记的，不得对抗第三人。根据《民用航空法》的规定，民用航空器所有权的取得、转让和消灭，应当向国务院民用航空主管部门登记；未经登记的，不得对抗第三人。

所谓善意第三人，就是指不知道也不应当知道物权发生了变动的其他人。转让人转让船舶、航空器和机动车等所有权，受让人已经支付合理价款并取得占有，虽未经登记，但转让人的债权人主张其为本条所称的“善意第三人”的，不予支持，法律另有规定的除外。

关联参见

《海商法》第3条、第9条、第10条、第13条；《民用航空法》第5条、第11条、第12条、第14条、第16条；《道路交通安全法》第8条、第12条；《民法典物权编解释（一）》第6条

第二百二十六条　【简易交付】动产物权设立和转让前，权利人已经占有该动产的，物权自民事法律行为生效时发生效力。

条文解读

简易交付 ➜ 简易交付，是指交易标的物已经为受让人占有，转让

人无须进行现实交付的无形交付方式。简易交付的条件，须在受让人已经占有了动产的场合，仅需当事人之间就所有权让与达成合意，即产生物权变动的效力。转让人将自主占有的意思授予受让人，以代替现实的交付行为，受让人就从他主占有变为自主占有，就实现了动产交付，实现了动产物权的变动。

当事人以本条规定的简易交付方式交付动产的，转让动产民事法律行为生效时为动产交付之时。本条的“民事法律行为”主要是指动产的受让人与动产的所有人达成转移所有权或设定质权的合同行为。

关联参见

《民法典物权编解释（一）》第 17 条

第二百二十七条　【指示交付】动产物权设立和转让前，第三人占有该动产的，负有交付义务的人可以通过转让请求第三人返还原物的权利代替交付。

条文解读

指示交付 指示交付，又称返还请求权的让与，是指在交易标的物被第三人占有的场合，出让人与受让人约定，出让人将其对占有人的返还请求权移转给受让人，由受让人向第三人行使，以代替现实交付的动产交付方式。例如，甲将自己的自行车出租给乙使用，租期一个月，租赁期未满之时，甲又将该自行车出售给丙，由于租期未满，自行车尚由乙合法使用，此时为使丙享有对该自行车的所有权，甲应当将自己享有的针对乙的返还原物请求权转让给丙以代替现实交付。当事人以本条规定的方式交付动产的，转让人与受让人之间有关转让返还原物请求权的协议生效时为动产交付之时。

指示交付的适用条件 指示交付的适用条件是：（1）双方当事人达成动产物权变动协议；（2）作为交易标的的动产在物权交易之前就由

第三人占有；（3）出让人对第三人占有的动产享有返还原物请求权；（4）出让人能将对第三人占有的动产返还请求权转让给受让人。

第三人 本条中的“第三人”是指能够对所转让的动产进行物理意义上直接占有和直接控制的一方。这里的“第三人”包括：（1）基于合同等关系而产生的能够对动产进行直接占有和控制的有权占有人。值得注意的是，在利用提单、仓单等证券进行动产物权变动时，接受货物而签发提单或者仓单的承运人或者仓储保管人都可能成为本条中的“第三人”；（2）不具备法律上的正当原因而占有动产的无权占有人。例如甲将自己收藏的古董出售给乙，买卖合同达成时甲不知该古董已被丙盗去，甲此时只能向乙转让他对于丙的返还原物请求权来代替实际交付，而丙即是本条所指的“第三人”。

指示交付的公示力 移转请求权的交付方式只是通过当事人之间的约定而产生的，并且标的物仍然处于第三人占有之下，因此占有发生移转，还需要第三人实际交付标的物。如果第三人因行使抗辩权拒绝交付财产，则请求权的转让只能在转让人和受让人之间产生效力，并不能因此对抗第三人。除抗辩权外，如果第三人对出让人享有法定或约定的抵销权，或者因为出让人欠第三人的债务而使第三人享有留置权，第三人也可通过行使这些权利而拒绝向买受人作出交付。

关联参见

《民法典物权编解释（一）》第17条

第二百二十八条　【占有改定】 动产物权转让时，当事人又约定由出让人继续占有该动产的，物权自该约定生效时发生效力。

条文解读

占有改定 占有改定，是指在转让动产物权时，转让人希望继续占有该动产，当事人双方订立合同并约定转让人可以继续占有该动产，而受让人因此取得对标的物的间接占有以代替标的物的实际交付。

占有改定的效力 ➲ 以占有改定的方式实现所有权移转仅仅是通过当事人的合意在观念中完成的。无论约定采取何种形式，口头或者书面，第三人都无从察知物权的变动，所以对于因信赖出让人直接占有动产这一事实状态，而与之交易的第三人就必须通过善意取得制度加以保护。

第三节　其他规定

第二百二十九条　【法律文书、征收决定导致物权变动效力发生时间】因人民法院、仲裁机构的法律文书或者人民政府的征收决定等，导致物权设立、变更、转让或者消灭的，自法律文书或者征收决定等生效时发生效力。

条文解读

人民法院、仲裁机构在分割共有不动产或者动产等案件中作出并依法生效的改变原有物权关系的判决书、裁决书、调解书，以及人民法院在执行程序中作出的拍卖成交裁定书、变卖成交裁定书、以物抵债裁定书，应当认定为本条所称导致物权设立、变更、转让或者消灭的人民法院、仲裁机构的法律文书。

1. 导致物权变动的人民法院判决或者仲裁机构的裁决等法律文书，指直接为当事人创设或者变动物权的判决书、裁决书、调解书等。例如，离婚诉讼中确定当事人一方享有某项不动产的判决、分割不动产的判决、使原所有人回复所有权的判决即属于本条所规定的设权、确权判决等。

2. 由于法院的判决书或者仲裁机构的裁决等，所针对的只是具体当事人而非一般人，对当事人以外的第三人来说公示力和公信力较弱，因此，在没有办理不动产更正登记或变更登记之前，第三人仍然会信赖登记簿的记载，与登记簿上记载的原权利人发生交易，只要登记簿上不存在异议登记的记录，其依然受到登记簿公信力的保护。并且在处分因该种原因取得的不动产时，如果法律规定需要办理登记的，未经登记，不发生物权效力。

关联参见

《民法典物权编解释（一）》第7条、第8条；《国有土地上房屋征收与补偿条例》

第二百三十条　【因继承取得物权的生效时间】 因继承取得物权的，自继承开始时发生效力。

条文解读

因继承取得的物权的生效时间 ➔ 本条与原《物权法》相比，删除了因受遗赠取得物权的，自受遗赠开始时发生效力的规定。这一修改主要是考虑到受遗赠取得物权存在受遗赠人是否接受遗赠的问题，且接受遗赠还有可能会与继承人发生争议。

发生继承的事实取得物权的，本条规定自继承开始时发生物权变动的效力。根据《民法典》第1121条第1款的规定，继承从被继承人死亡时开始。尽管在被继承人死亡时好像并未直接发生继承，但还要办理继承手续，有的还要进行诉讼通过裁判确定。无论在继承人死亡之后多久才确定继承的结果，实际上继承人取得被继承人的遗产物权，都是在被继承人死亡之时，因为法律规定被继承人死亡的时间，就是继承开始的时间，该继承开始的时间，就是遗产的物权变动的时间。

实务应用

04. 继承的房屋是否需要办理登记？

继承的物权自继承开始时发生效力，继承人无须办理过户登记手续。法律如此规定，是为了尊重法律传统。根据继承法律关系的基本制度和原则，物权自行为成就时便自发地发生转移，如遗产的所有权在继承开始时已经发生了转移，这是民法的基本传统。这种物权变动并不一定为社会所知，特别是因继承而获得物权的情况。

第二百三十一条　【因事实行为设立或者消灭物权的生效时间】 因合法建造、拆除房屋等事实行为设立或者消灭物权的，自事实行为成就时发生效力。

条文解读

因事实行为设立或者消灭物权的生效时间 ➲ 本条是关于因事实行为而设立或者消灭物权的规定。所谓事实行为，是指不以意思表示为要素的能够产生民事法律后果的法律事实。如用钢筋、水泥、砖瓦、木石建造房屋或者用布料缝制衣服，用木料制作家具，将缝制好的衣物抛弃或者将制作好的家具烧毁等能引起物权设立或消灭的行为。首先，事实行为是人的行为，是人的一种有意识的活动，与自然事实有别；其次，事实行为是一种法律事实，即能够在人与人之间产生、变更或终止民事法律关系；最后，事实行为不以意思表示为要素，即行为人是否表达了某种心理状态，法律不予考虑，只要有某种事实行为存在，法律便直接赋予其法律效果。本条即是对事实行为导致物权变动效力的规定。

第二百三十二条　【非依民事法律行为享有的不动产物权变动】 处分依照本节规定享有的不动产物权，依照法律规定需要办理登记的，未经登记，不发生物权效力。

条文解读

物权变动须以法律规定的公示方法进行，如动产交付、不动产登记等。在本节规定的非以法律行为导致物权变动的情况下，不必遵循依照法律行为导致物权变动应当遵循的一般公示方法，这三种不动产物权的变动方式并不按照法律规定的物权变动公示方法进行。为维护交易秩序和交易安全，本条明确规定，本节规定的三种非以法律行为导致物权变动的，尽管权利人享有该物权，但是在处分该不动产物权时，依照法律规定应当登记而未登记的，不发生物权效力，故在处分该物权之前，一定要办理不动产登记，否则无法取得转让物权的效力。

第三章　物权的保护

第二百三十三条　【物权保护争讼程序】 物权受到侵害的，权利人可以通过和解、调解、仲裁、诉讼等途径解决。

条文解读

物权保护争讼程序 ➲ 和解是当事人之间私了。调解是通过第三人调停解决纠纷。仲裁是当事人协议选择仲裁机构，由仲裁机构裁决解决争端。诉讼包括民事、行政、刑事三大诉讼，物权保护的诉讼主要指提起民事诉讼。

关联参见

《民法典物权编解释（一）》第1条

第二百三十四条　【物权确认请求权】 因物权的归属、内容发生争议的，利害关系人可以请求确认权利。

条文解读

利害关系人的物权确认请求权 ➲ 物权确认请求权是物权保护请求权的一种。因物权的归属或者内容发生争议，利害关系人可以请求有关行政机关、人民法院等确认该物权的归属或者内容。

物权的确认是物权保护的前提，它包括对所有权归属的确认和对他物权的确认这两方面的内容。确认所有权归属，即确认产权，是一种独立的保护方法，不能以其他方法代替之；同时，确认产权又是采取其他保护方法的最初步骤。在财产归属问题未得到确定时，其他的保护方法也就无从适用。

确认物权的归属必须向有关行政机关或者人民法院提出请求，而不能实行自力救济，即不能单纯以自身的力量维护或者恢复物权的圆满状态。在很多情形中，确认物权往往是行使返还原物请求权的前提，物权的归属如果没有得到确认，根本就无法行使返还原物请求权。假如确认物权请求权因诉讼时效期间届满而消灭，那么，标的物将会长期处于归属不清的状态。这种状态不但对真正的权利人不利，而且还会导致各方当事人对标的物争夺不休，从而使标的物得不到正常的利用，不利于社会经济秩序的稳定，因此确认物权请求权不适用诉讼时效的规定，只要物权争议存在，确认物权请求权就存在，不受诉讼时效的限制。

实务应用

05. 不动产确权争议与房屋买卖合同纠纷的区别是什么？

不动产确权争议与房屋买卖合同纠纷是不动产领域两类常见的、不同的案件，其处理结果往往涉及当事人的重大切身利益。司法实践中当事人极易混淆两者，二者的区别如下：（1）案件性质不同。不动产确权纠纷属于物权纠纷范畴，物权系支配权、决定权，具有排他效力、优先效力、追及效力以及物权请求权效力。而房屋买卖合同纠纷属于债权纠纷范畴，债权系请求权、相对权，无上述效力。（2）诉讼目的不同。就不动产确权纠纷而言，其本质上是一种明确人己之界限，实现定分止争的确权目的。不动产确权纠纷是确认之诉，诉讼目的就是解决物权的归属和内容的争议。而房屋买卖合同纠纷的诉讼目的是解决房屋买卖合同履行过程中产生的争议，具体表现为因合同效力、合同履行、违约责任产生的争议。（3）请求权基础不同。不动产确权纠纷适用《民法典》及其相应司法解释。房屋买卖合同纠纷的请求权基础是合同约定的条款以及《民法典》合同编的相关规定及相关司法解释。（4）诉讼门槛及证明标准不同。因不动产登记簿对外具有公示效力，本身就是证据，有很强的证明力，如果真实权利人提起诉讼，不仅要提供证据否定不动产登记簿的证明力，还要证明其为真实权利人。而提起房屋买卖合同纠纷没有如此高的证明标准。

第二百三十五条　【返还原物请求权】无权占有不动产或者动产的，权利人可以请求返还原物。

条文解读

返还原物请求权 ➲ 返还原物请求权，是指物权人对于无权占有标的物之人的请求返还该物的权利。所有权人在其所有物被他人非法占有时，可以向非法占有人请求返还原物，或请求法院责令非法占有人返还原物。适用返还原物保护方法的前提是，须原物仍然存在，如果原物已经灭失，只能请求赔偿损失。

财产所有权人只能向没有法律根据而侵占其所有物的人，即非法占有人请求返还。如果非所有权人对所有权人的财产的占有是合法占有，对合法占有人在合法占有期间，所有权人不能请求返还原物。由于返还原物的目的是追回脱离所有权人占有的财产，故要求返还的原物应当是特定物。如果被非法占有的是种类物，除非该种类物的原物仍存在，否则就不能要求返还原物，只能要求赔偿损失，或者要求返还同种类及同质量的物。所有权人要求返还财产时，对由原物所生的孳息可以同时要求返还。

第二百三十六条　【排除妨害、消除危险请求权】妨害物权或者可能妨害物权的，权利人可以请求排除妨害或者消除危险。

条文解读

排除妨害请求权 ➲ 排除妨害请求权，是指当物权的享有和行使受到占有以外的方式妨害，物权人对妨害人享有请求排除妨害，使自己的权利恢复圆满状态的物权请求权。被排除的妨害需具有不法性，倘若物权人负有容忍义务，则无排除妨害请求权。排除妨害的费用应当由非法妨害人负担。

消除危险请求权 消除危险请求权，是指由于他人的非法行为足以使财产有遭受毁损、灭失的危险时，物权人有权请求人民法院责令其消除危险，以免造成财产损失的物权请求权。采用消除危险这种保护方法时，应当查清事实，只有危险是客观存在的，且这种违法行为足以危及财产安全时，才能运用消除危险的方法来保护其所有权，其条件是根据社会一般观念确认危险有可能发生。危险的可能性主要是针对将来而言，只要将来有可能发生危险，所有人便可行使此项请求权。因消除危险产生的费用，由造成危险的行为人负担。

案例指引

03. 邻居挖沟可能造成雨水淤积、房屋坍塌等危险，能否请求排除妨害?①

李某和赵某是东西邻居。2021 年 6 月李某在其宅基地翻建房屋时，赵某在李某东墙处挖了一条长 10 米，宽 50 厘米的深沟，并在沟中放水。李某报警后，赵某不再挖沟，但拒不填平深沟。李某主张赵某挖沟处是其宅基地范围且危害其房屋安全，故诉至法院，请求赵某填平深沟。

赵某称深沟原来是个猪圈坑，挖沟是为了找东西，放水是为了种树。赵某认为李某新建房屋的地基基础超出了李某的宅基地范围，向村委会和镇村建科反映了此问题，事情尚未解决，故赵某不同意填平深沟。

《民法典》第 236 条规定，妨害物权或者可能妨害物权的，权利人可以请求排除妨害或者消除危险。本案中，赵某称李某超出其宅基地建房但未提供相应证据佐证，根据现有证据及现场勘验情况明显可见，赵

① 参见陈淙：《宅基地相邻引争议 权属边界要厘清》，载北京法院网 https://bjgy.bjcourt.gov.cn/article/detail/2022/12/id/7045617.shtml，最后访问日期：2023 年 2 月 27 日。

某在李某东墙处挖沟致使李某房屋地基裸露在外，紧邻墙体挖沟可能造成雨水淤积、房屋坍塌等危险，危害他人安全，李某要求赵某将其房屋东侧的深沟填平，具有事实和法律依据，应予以支持。

《民法典》第 288 条规定，不动产的相邻权利人应当按照有利生产、方便生活、团结互助、公平合理的原则，正确处理相邻关系。故当事人不适当使用宅基地，影响相邻关系且给对方造成现实、必要、紧迫的妨害的，法院应判决排除妨害、消除危险、恢复原状或赔偿损失。比如在同一规划线上，翻盖在后的房屋地基比翻盖在前的房屋地基明显偏高，造成雨水和生活用水向相邻人宅基地流淌，或后盖的房屋和设施影响相邻人房屋通风、采光、滴水、危及他人房屋安全，或在不适当地点建造厕所影响环境卫生，或擅自堵塞通道、截断自然水流等情况。

第二百三十七条　【修理、重作、更换或者恢复原状请求权】 造成不动产或者动产毁损的，权利人可以依法请求修理、重作、更换或者恢复原状。

第二百三十八条　【物权损害赔偿请求权】 侵害物权，造成权利人损害的，权利人可以依法请求损害赔偿，也可以依法请求承担其他民事责任。

第二百三十九条　【物权保护方式的单用和并用】 本章规定的物权保护方式，可以单独适用，也可以根据权利被侵害的情形合并适用。

条文解读

本章内容是关于物权保护的规定。物权的保护是指通过法律规定的方法和程序，对物权人的物权进行保护。值得注意的是，除了民法之外，其他各部门法都有关于物权保护的规定，如：宪法对物权的保护作了原则性的规定，是各部门法保护物权的制度基础；刑法运用各种刑罚手段惩罚犯罪，保护物权；行政法则通过行政措施和行政处罚等手段处罚破坏物权的行为。这里指的是民法对物权的保护。

实务应用

06. 如何行使“物权请求权”？

无论是返还财产、恢复原状还是排除妨害，这些救济手段并不是必须通过诉讼手段来实现的，也可以由物权所有人通过自己的合法维权行为来实现，这在法律上称为“自力救济”。权利人也可以直接向法院提起相应的诉讼，责令侵权人履行特定的行为以除去妨害。

物权请求权的费用，一般情况下由负有返还原物、排除妨害、恢复原状的义务人来承担。但如果该侵犯物权的行为是由物权所有人自己的行为或由于地震、战争等不可抗力、意外事故造成的，则应该由权利人自行承担费用；如果是由第三人引起的，则由第三人承担费用。

第二分编　所有权

第四章　一般规定

第二百四十条　【所有权的定义】所有权人对自己的不动产或者动产，依法享有占有、使用、收益和处分的权利。

条文解读

所有权权能 ➲ (1) 占有是对于财产的实际管领或控制，是拥有一个物的一般前提，是财产所有者直接行使所有权的表现。注意本条规定的“占有”和第五编“占有”的区别，前者是所有权人行使所有权的一种方式，后者则是一种占有的事实状态。

(2) 使用是对财产的运用，发挥财产的使用价值。如使用机器生产产品，在土地上种植农作物。

(3) 收益是通过财产的占有、使用等方式取得的经济效益。收益通常与使用相联系，但是处分财产也可以带来收益。

（4）处分是对其财产在事实上和法律上的最终处置。处分权一般由所有权人行使，但在某些情况下，非所有权人也可以有处分权，如运输的货物，如果发生紧急情况，承运人也是可以依法进行处分的。

实务应用

07. 所有权权能分离的情况有哪些?

完整的所有权包含四项权能。但在实际生活中，占有、使用、收益、处分四项权能都能够并且经常地与所有权发生分离，而所有人仍不丧失对于财产的所有权。例如，保管人可以占有交付保管的财产，承租人可以占有、使用租赁物，而行纪人可以占有、处分委托出售的财产。所有权是对财产的统一的和总括的支配权，而不是占有、使用、收益、处分权能的简单总和；并且，财产所有权具有弹力性，与所有权分离的权能一般来说最终要复归于所有权，所以权能与所有权的分离并不意味着所有人丧失了所有权，恰恰相反，这种分离本身正是所有人行使所有权的表现。在实际生活中，所有人正是通过这四项权能的分离和回复，发挥财产的效益，以满足自己生产和生活的需要。例如，出租人将财产出租给他人，由他人占有、使用，而自己收取租金。

第二百四十一条　【所有权人设立他物权】 所有权人有权在自己的不动产或者动产上设立用益物权和担保物权。用益物权人、担保物权人行使权利，不得损害所有权人的权益。

条文解读

他物权 ➡ 所有权人在自己的不动产或者动产上设立用益物权和担保物权，是所有权人行使其所有权的具体体现。由于用益物权与担保物权都是对他人的物享有的权利，因此统称为“他物权”，与此相对应，所有权称为“自物权”。

他物权分为用益物权和担保物权。用益物权包括土地承包经营权、建设用地使用权、宅基地使用权、地役权、居住权；担保物权包括抵押权、质权和留置权，还包括所有权保留、优先权、让与担保等非典型担保物权。由于用益物权和担保物权都是在他人所有之物上设置的物权，因此，在行使用益物权和担保物权的时候，权利人不得损害所有权人的权益。

关联参见

《土地管理法》第9条、第14条、第15条

第二百四十二条　【国家专有】法律规定专属于国家所有的不动产和动产，任何组织或者个人不能取得所有权。

条文解读

国家专有 ➲ 国家专有是指只能为国家所有而不能为任何其他人所拥有。需要注意的是：(1) 国家专有的财产由于不能为他人所拥有，因此不能通过交换或者赠与等任何流通手段转移其所有权。(2) 尽管单位和个人对国有财产不能取得所有权，但他们可以依照相关法律的规定使用或经营某些国有财产。(3) 本条只对国家专有财产作了概括性规定，具体范围由各个相关单行法律、行政法规规定。国家专有的财产包括但不限于以下各项：①国有土地。依据法律、行政法规的规定，属于国家所有的土地有：城市市区的土地；农村和城市郊区已被征收的土地；依法不属于集体所有的森林、山岭、草地、荒地、滩涂及其他土地等。②海域。③水流。④矿产资源。⑤野生动物资源。⑥无线电频谱资源。

关联参见

《宪法》第9条、第10条

第二百四十三条　【征收】为了公共利益的需要，依照法律规定的权限和程序可以征收集体所有的土地和组织、个人的房屋以及其他不动产。

征收集体所有的土地，应当依法及时足额支付土地补偿费、安置补助费以及农村村民住宅、其他地上附着物和青苗等的补偿费用，并安排被征地农民的社会保障费用，保障被征地农民的生活，维护被征地农民的合法权益。

征收组织、个人的房屋以及其他不动产，应当依法给予征收补偿，维护被征收人的合法权益；征收个人住宅的，还应当保障被征收人的居住条件。

任何组织或者个人不得贪污、挪用、私分、截留、拖欠征收补偿费等费用。

条文解读

征收➡征收，是国家取得所有权的一种方式，是将集体或者个人的财产征收到国家手中，成为国家所有权的客体，其后果是集体或者个人消灭所有权，国家取得所有权。征收的后果严重，应当给予严格限制：（1）征收必须是为了公共利益的需要，而不是一般的建设需要。（2）征收的财产应当是土地、房屋及其他不动产。（3）征收不动产应当支付补偿费，对丧失所有权的人给予合理的补偿。征收集体所有的土地，应当支付土地补偿费、安置补助费以及农村村民住宅、其他地上附着物和青苗补偿费等费用。同时，要足额安排被征地农民的社会保障费用，维护被征地农民的合法权益，保障被征地农民的生活。征收组织、个人的房屋或者其他不动产，应当给予征收补偿，维护被征收人的合法权益。征收居民住房的，还应当保障被征收人的居住条件。（4）为了保证补偿费能够足额地发到被征收人的手中，任何组织和个人不得贪污、挪用、私分、截留、拖欠征收补偿费等费用。

关联参见

《土地管理法》第2条、第45—51条、第79条、第80条

第二百四十四条　【保护耕地与禁止违法征地】 国家对耕地实行特殊保护，严格限制农用地转为建设用地，控制建设用地总量。不得违反法律规定的权限和程序征收集体所有的土地。

条文解读

耕地转化为建设用地是建设用地使用权设定的前提条件，但我国目前建立的耕地强制保护制度，主要表现在《土地管理法》和国务院制定的一些行政法规之中。故本条对此仅作原则性的规定。适用时应注意结合相关的法律法规。

关联参见

《土地管理法》第31条、第34条

第二百四十五条　【征用】 因抢险救灾、疫情防控等紧急需要，依照法律规定的权限和程序可以征用组织、个人的不动产或者动产。被征用的不动产或者动产使用后，应当返还被征用人。组织、个人的不动产或者动产被征用或者征用后毁损、灭失的，应当给予补偿。

条文解读

征用 ➲ 征用，是国家对单位和个人的财产的强制使用。遇有抢险救灾、疫情防控等紧急需要时，国家可以依照法律规定的权限和程序，征用组织、个人的不动产或者动产。

对于被征用的所有权人的权利保护方法是：（1）被征用的不动产或

者动产在使用后，应当返还被征用人，其条件是被征用的不动产或者动产的价值仍在；（2）如果不动产或者动产被征用或者被征用后毁损、灭失的，则应当由国家给予补偿，不能使权利人因此受到损失。

实务应用

08. 征收与征用的区别是什么？

（1）是否出于紧急需要。征用一般是在紧急状态下迫不得已才被采用的，而征收则不以紧急状态的存在为其适用的前提，即使不存在紧急状态，出于公共利益的需要也可以征收。

（2）适用对象不同。征用既适用于不动产，也适用于动产。征收针对的对象是集体所有的土地和单位、个人的房屋及其他不动产。征收既可以针对所有权，也可以针对用益物权。

（3）是否转移所有权不同。征用的目的旨在获得使用权，因为所有权没有转移，如果标的物没有毁损灭失，就应当返还原物。征收要强制转移所有权，而且导致所有权永久性转移。

（4）在补偿方面不同。征用财产使用完毕后，首先应当返还给被征用人。关于征用的补偿，该条只是规定应当给予补偿，究竟如何补偿，可以由双方依据法律规定协商确定。《民法典》对征收规定了具体的补偿办法，这就是说，任何征收都要给予补偿，而且必须依法补偿。

关联参见

《宪法》第10条第3款、第13条第3款；《土地管理法》第2条

第五章　国家所有权和集体所有权、私人所有权

第二百四十六条　【国家所有权】法律规定属于国家所有的财产，属于国家所有即全民所有。

国有财产由国务院代表国家行使所有权。法律另有规定的，依照其规定。

条文解读

国家所有的财产 ➲ 本条第 1 款是对国有财产范围的概括性规定："法律规定属于国家所有的财产，属于国家所有即全民所有。"依据宪法、法律、行政法规，《民法典》第 247 条至第 254 条明确规定矿藏、水流、海域、无居民海岛、无线电频谱资源、国防资产、城市的土地属于国家所有。法律规定属于国家所有的野生动植物资源、铁路、公路电力设施、电信设施和油气管道等基础设施、文物、农村和城市郊区的土地，属于国家所有。除法律规定属于集体所有的外，森林、山岭、草原、荒地、滩涂等自然资源，属于国家所有。现行法律、行政法规没有明确规定的，根据本条，可以在制定或者修改有关法律时作出具体规定。

国家所有即全民所有 ➲ 本条第 1 款中规定"国家所有即全民所有"，明确我国国家所有的性质是全民所有。《宪法》第 9 条第 1 款规定："矿藏、水流、森林、山岭、草原、荒地、滩涂等自然资源，都属于国家所有，即全民所有；由法律规定属于集体所有的森林和山岭、草原、荒地、滩涂除外。"《土地管理法》第 2 条第 2 款规定："全民所有，即国家所有土地的所有权由国务院代表国家行使。"本条规定和宪法的规定相衔接，进一步明确国家所有的性质。

代表国家行使国家财产所有权的主体 ➲ 除法律另有规定外，国有财产由国务院代表国家行使所有权，同时依照法律规定也可以由地方人民政府等部门行使有关权利。对此我国很多法律法规都有相应的规定，如《土地管理法》第 5 条规定："国务院自然资源主管部门统一负责全国土地的管理和监督工作。县级以上地方人民政府自然资源主管部门的设置及其职责，由省、自治区、直辖市人民政府根据国务院有关规定确定。"《森林法》第 9 条规定："国务院林业主管部门主管全国林业工作。县级以上地方人民政府林业主管部门，主管本行政区域的林业工作。乡镇人民政府可以确定相关机构或者设置专职、兼职人员承担林业相关工作。"《水法》第 12 条规定："国家对水资源实行流域管理与行政区域管理相结合的管理体制。国务院水行政主管部门负责全国水资源的统一管理和监督工作。国务院水行政主管部门在国家确定的重要江河、湖泊设立的流域管理机构（以下简称流域管理机构），在所管辖的范围内行使法律、行政法规规定的和国务院水行政主管部门授予的水资源管理和监督职责。县级以上地方人民政府水行政主管部门按照规定的权限，负责本行政区域内水资源的统一管理和监督工作。”

关联参见

《宪法》第 9 条；《土地管理法》第 2 条、第 5 条；《草原法》第 9 条；《森林法》第 9 条；《水法》第 3 条、第 12 条；《矿产资源法》第 3 条、第 11 条；《煤炭法》第 12 条；《渔业法》第 6 条、第 7 条；《矿产资源法实施细则》第 3 条

第二百四十七条　【矿藏、水流和海域的国家所有权】 矿藏、水流、海域属于国家所有。

条文解读

矿藏 ➡ 矿藏，主要指矿产资源，即存在于地壳内部或者地表的，由地质作用形成的，在特定的技术条件下能够被探明和开采利用的呈固态、液态或气态的自然资源。矿藏属于国家所有，指国家享有对矿产资源的占有、使用、收益和处分的权利。《宪法》第 9 条第 1 款规定：“矿藏、水流、森林、山岭、草原、荒地、滩涂等自然资源，都属于国家所有，即全民所有；由法律规定属于集体所有的森林和山岭、草原、荒地、滩涂除外。”《矿产资源法》第 3 条第 1 款规定：“矿产资源属于国家所有，由国务院行使国家对矿产资源的所有权。地表或者地下的矿产资源的国家所有权，不因其所依附的土地的所有权或者使用权的不同而改变。”

国家对矿藏的所有权可以有多种行使方式。《矿产资源法》第 4 条

第1款规定："国家保障依法设立的矿山企业开采矿产资源的合法权益。"依照该规定，民事主体可以依法取得开发和经营矿藏的权利，其性质为采矿权。取得该权利后，通过开发和经营矿藏取得对矿藏的所有权。民事主体取得采矿权并不影响国家的所有权。国家保护合法的采矿权。但该采矿权与对矿藏的所有权不同，前者是他物权，后者是所有权。国家保障矿产资源的合理利用。

水流 ➲ 水流，指江、河等的统称。此处水流应包括地表水、地下水和其他形态的水资源。水流属于国家所有，指国家享有对水流的占有、使用、收益和处分的权利。《水法》第3条规定，水资源属于国家所有。水资源的所有权由国务院代表国家行使。水流是我国最宝贵的自然资源之一，是实现可持续发展的重要物质基础。只有严格依照宪法的规定，坚持水流属于国家所有，即全民所有，才能保障我国水资源的合理开发、利用、节约保护和满足各方面对水资源日益增长的需求，适应国民经济和社会发展的需要。

海域 ➲ 海域，是指中华人民共和国内水、领海的水面、水体、海床和底土。这是一个空间资源的概念，是对传统民法中"物"的概念的延伸与发展。内水，是指中华人民共和国领海基线向陆地一侧至海岸线的海域。领海这个概念是随公海自由原则的确立而形成的，它是指沿着国家的海岸、受国家主权支配和管辖下的一定宽度的海水带。本条明确规定海域属于国家所有。《海域使用管理法》第3条第1款规定："海域属于国家所有，国务院代表国家行使海域所有权。任何单位或者个人不得侵占、买卖或者以其他形式非法转让海域。"长期以来，在海域权属问题上存在一些模糊认识，出现了一些不正常的现象。个别地方政府或者有关部门擅自将海域的所有权确定为本地所有或者某集体经济组织所有，用湖单位在需要使用海域时直接向乡镇和农民集体经济组织购买或者租用；个别乡镇甚至公开拍卖海域或者滩涂；有的村民错误地认为，祖祖辈辈生活在海边，海就是村里的。这些错误的认识和行为，不仅导致海域使用秩序的混乱，而且严重地损害了国家的所有权权益。因此，法律明确规定海域属于国家所有。海域属于国家所有，指国家享有对海域的占有、使用、收益和处分的权利。这不仅能正本清源，纠正思想上的错误认识，而且有助于树立海域归国家所有的意识和有偿使用海域的观念，使国家的所有权权益能在经济上得到实现。

关联参见

《宪法》第9条；《矿产资源法》第4条；《水法》第3条；《煤炭法》第3条；《海域使用管理法》第3条；《领海及毗连区法》第2条；《乡镇煤矿管理条例》第3条；《对外合作开采陆上石油资源条例》第3条；《对外合作开采海洋石油资源条例》第2条；《矿产资源法实施细则》第3条

第二百四十八条　【无居民海岛的国家所有权】无居民海岛属于国家所有，国务院代表国家行使无居民海岛所有权。

条文解读

无居民海岛 ➲《海岛保护法》第2条第2款规定："本法所称海岛，是指四面环海水并在高潮时高于水面的自然形成的陆地区域，包括有居民海岛和无居民海岛。"《海岛保护法》第4条规定："无居民海岛属于国家所有，国务院代表国家行使无居民海岛所有权。"为了更好地保护国家对无居民海岛的所有权，同时也为了宣示国家对无居民海岛的主权，有必要在《民法典》中明确规定无居民海岛属于国家所有。

关联参见

《海岛保护法》第2条、第4条、第5条

第二百四十九条　【国家所有土地的范围】城市的土地，属于国家所有。法律规定属于国家所有的农村和城市郊区的土地，属于国家所有。

条文解读

国家所有的土地 ➲ 本条规定了国家所有土地的范围，国家所有的土地包括：（1）城市的土地；（2）法律规定属于国家所有的农村和城市郊区的土地。

城市的土地属于国家所有。即指国家对于城市的土地享有所有权，且城市的土地所有权只属于国家。

法律规定属于国家所有的农村和城市郊区的土地属于国家所有。《宪法》第10条第2款规定："农村和城市郊区的土地，除由法律规定属于国家所有的以外，属于集体所有；宅基地和自留地、自留山，也属于集体所有。"这里所指的法律是全国人大及其常委会通过的具有法律约束力的规范性文件，包括宪法和其他法律。国家法律未确定为集体所有的森林和山岭、草原、荒地、滩涂等，均属于国家所有。

关联参见

《宪法》第10条；《土地管理法》第2条、第9条

第二百五十条　【国家所有的自然资源】 森林、山岭、草原、荒地、滩涂等自然资源，属于国家所有，但是法律规定属于集体所有的除外。

条文解读

国家所有的自然资源的范围 ➲ 本条有关森林、山岭、草原、荒地、滩涂等自然资源所有权的规定是依据《宪法》作出的。《宪法》第9条第1款规定："矿藏、水流、森林、山岭、草原、荒地、滩涂等自然资源，都属于国家所有，即全民所有；由法律规定属于集体所有的森林和山岭、草原、荒地、滩涂除外。"我国绝大多数自然资源都属于国家所有。

根据宪法，我国其他法律对自然资源的国家所有权也作出了相应的规定。《森林法》第14条第1款规定：“森林资源属于国家所有，由法律规定属于集体所有的除外。”《草原法》第9条规定：“草原属于国家所有，由法律规定属于集体所有的除外。国家所有的草原，由国务院代表国家行使所有权。任何单位或者个人不得侵占、买卖或者以其他形式非法转让草原。”森林、山岭、草原、荒地、滩涂作为自然资源，一般属于国家所有。依照我国的法律，森林、山岭、草原、荒地、滩涂等自然资源，除了国家所有以外，存在另一种所有权形式，即集体所有。

关联参见

《宪法》第9条；《森林法》第14条；《草原法》第9条；《民族区域自治法》第27条

第二百五十一条 【国家所有的野生动植物资源】法律规定属于国家所有的野生动植物资源，属于国家所有。

条文解读

野生动植物 依据《野生动物保护法》第2条第2款的规定，野生动物，是指珍贵、濒危的陆生、水生野生动物和有重要生态、科学、社会价值的陆生野生动物。依据《野生植物保护条例》第2条第2款的规定，野生植物，是指原生地天然生长的珍贵植物和原生地天然生长并具有重要经济、科学研究、文化价值的濒危、稀有植物。

野生动植物资源属于国家所有，此规定有利于保护我国的野生动植物资源，有利于更加合理地利用野生动植物资源。《野生动物保护法》第3条规定：“野生动物资源属于国家所有。国家保障依法从事野生动物科学研究、人工繁育等保护及相关活动的组织和个人的合法权益。”

关联参见

《野生动物保护法》第2条、第3条；《野生植物保护条例》第2条

第二百五十二条　【无线电频谱资源的国家所有权】 无线电频谱资源属于国家所有。

条文解读

无线电频谱资源 无线电频率是自然界存在的一种电磁波，是一种物质，更是一种各国可均等获得的看不见、摸不着的自然资源，它具有以下六种特性：第一，它是有限的。尽管使用无线电频谱可以根据时间、空间、频率和编码四种方式进行频率的复用，但就某一频段和频率来讲，在一定的区域、一定的时间和一定的条件下使用频率是有限的。第二，它是排他的。无线电频谱资源与其他资源具有共同的属性，即排他性，在一定的时间、地区和频域内，一旦被使用，其他设备是不能再用的。第三，它具备复用性。虽然无线电频谱具有排他性，但在一定的时间、地区、频域和编码条件下，无线电频率是可以重复使用和利用的，即不同无线电业务和设备可以频率复用和共用。第四，它是非耗竭性的。无线电频谱资源又不同于矿产、森林等资源，它可以被人类利用，但不会被消耗掉，不使用它是一种浪费，使用不当更是一种浪费，甚至会由于使用不当产生干扰而造成危害。第五，它具有固有的传播特性。无线电波是按照一定规律传播的，其不受行政地域的限制，传播既无省界也无国界。第六，它具有易污染性。如果无线电频率使用不当，就会受到其他无线电台、自然噪声和人为噪声的干扰而无法正常工作，或者干扰其他无线电台站，使其不能正常工作，使之无法准确、有效和迅速地传送信息。

无线电频谱资源是有限的自然资源。为了充分、合理、有效地利用无线电频谱，保证各种无线电业务的正常运行，防止各种无线电业务、

无线电台站和系统之间的相互干扰，本条规定无线电频谱资源属于国家所有。无线电频谱资源属于国家所有，是指国家对无线电频谱资源享有占有、使用、收益和处分的权利。《无线电管理条例》第3条规定："无线电频谱资源属于国家所有。国家对无线电频谱资源实行统一规划、合理开发、有偿使用的原则。"

关联参见

《无线电管理条例》第3条

第二百五十三条　【国家所有的文物的范围】法律规定属于国家所有的文物，属于国家所有。

条文解读

国家所有的文物 ➲ 需要明确的是，并不是所有的文物都归国家所有，而是法律规定属于国家所有的文物，属于国家所有。文物的所有者可以是各类民事主体，民事主体可以按照法律规定享有对文物的所有权，依照《文物保护法》第5条的规定，以下文物属于国家所有：（1）中华人民共和国境内地下、内水和领海中遗存的一切文物，属于国家所有。（2）古文化遗址、古墓葬、石窟寺属于国家所有。国家指定保护的纪念建筑物、古建筑、石刻、壁画、近代现代代表性建筑等不可移动文物，除国家另有规定的以外，属于国家所有。（3）下列可移动文物，属于国家所有：①中国境内出土的文物，国家另有规定的除外；②国有文物收藏单位以及其他国家机关、部队和国有企业、事业组织等收藏、保管的文物；③国家征集、购买的文物；④公民、法人和其他组织捐赠给国家的文物；⑤法律规定属于国家所有的其他文物。《文物保护法》第5条中还规定，属于国家所有的可移动文物的所有权不因其保管、收藏单位的终止或者变更而改变。国有文物所有权受法律保护，不容侵犯。国有不可移动文物的所有权不因其所依附的土地所有权或者使用权的改变而改变，国家依法享有对法律规定属于国家所有的文物的所有权，也就是国家依法享有对其所有的文物的占有、使用、收益和处分的权利。

关联参见

《文物保护法》第2条、第5条

第二百五十四条　【国防资产、基础设施的国家所有权】 国防资产属于国家所有。

铁路、公路、电力设施、电信设施和油气管道等基础设施，依照法律规定为国家所有的，属于国家所有。

条文解读

国防资产、基础设施的国家所有权 ➲ 本条第1款规定，国防资产属于国家所有。《国防法》第42条第1款规定，国家保护国防资产不受侵害，保障国防资产的安全、完整和有效。本条第2款规定，铁路、公路、电力设施、电信设施和油气管道等基础设施，依照法律规定为国家所有的，属于国家所有。依据本款的规定，并不是所有的铁路、公路、电力设施、电信设施和油气管道等基础设施，都属于国家所有，而是依照法律规定为国家所有的基础设施才属于国家所有。此处的基础设施也不仅仅包括铁路、公路、电力设施、电信设施和油气管道这几种，只要是依照法律规定为国家所有的基础设施都被包括在本条之内。

关联参见

《电力法》第4条、第52条；《国防法》第42条

第二百五十五条　【国家机关的物权】 国家机关对其直接支配的不动产和动产，享有占有、使用以及依照法律和国务院的有关规定处分的权利。

条文解读

国家机关对其占有财产的行使 ➲ 关于国家机关，应注意其处分所占用的国有财产时，要依照法律和国务院有关法规所赋予的权限和程序进行，不得擅自处置，并且国家机关对所占用的国有财产没有收益权。

第二百五十六条　【国家举办的事业单位的物权】国家举办的事业单位对其直接支配的不动产和动产，享有占有、使用以及依照法律和国务院的有关规定收益、处分的权利。

条文解读

国家举办的事业单位对其占有财产的行使 ➲ 国家举办的事业单位，其对占有的国有财产行使收益、处分权时，也要依照法律和国务院有关法规所赋予的权限和程序进行，不得擅自处置。

值得注意的是，事业单位因其类型、财产的特殊性，对其收益和处分的权利也应分别处理：一是国家举办的事业单位对其占用的财产毫无处分权利；二是经过审批，国家举办的事业单位对其占用的财产具有部分处分权利；三是国家举办的事业单位对其占用的财产具有完全的处分权利。此处只是原则性规定，还有待以后制定国有财产管理法对国家举办的事业单位如何有效行使、如何处分其占用的财产作出明确规定。

第二百五十七条　【国有企业出资人制度】国家出资的企业，由国务院、地方人民政府依照法律、行政法规规定分别代表国家履行出资人职责，享有出资人权益。

条文解读

国家出资的企业中国有财产权的行使 ➲ 第一，国家出资的企业，不仅包括国家出资兴办的企业，如国有独资公司，也包括国家控股、参股有限责任公司和股份有限公司等。当然国家出资的企业不仅仅是以公司形式，也包括未进行公司制改造的其他企业。

第二，由国务院和地方人民政府分别代表国家履行出资人的职责。值得注意的是，国家实行国有企业出资人制度的前提是国家统一所有，国家是国有企业的出资人。中央政府与地方政府都只是分别代表国家履行出资人职责，享有出资人权益。不能把国家所有与政府所有等同起来，更不能把国家所有与地方政府所有等同。根据《企业国有资产法》以及《企业国有资产监督管理暂行条例》的规定，国务院和地方人民政府的具体分工是：国务院代表国家对关系国民经济命脉和国家安全的大型国有及国有控股、国有参股企业，重要基础设施和重要自然资源等领域的国有及国有控股、国有参股企业，履行出资人职责。省、自治区、直辖市人民政府和设区的市、自治州人民政府分别代表国家对由国务院履行出资人职责以外的国有及国有控股、国有参股企业，履行出资人职责。

关联参见

《公司法》第64—70条；《企业国有资产法》；《企业国有资产监督管理暂行条例》

第二百五十八条　【国有财产的保护】国家所有的财产受法律保护，禁止任何组织或者个人侵占、哄抢、私分、截留、破坏。

第二百五十九条　【国有财产管理法律责任】履行国有财产管理、监督职责的机构及其工作人员，应当依法加强对国有财产的管理、监督，促进国有财产保值增值，防止国有财产损失；滥用职权，玩忽职守，造成国有财产损失的，应当依法承担法律责任。

违反国有财产管理规定，在企业改制、合并分立、关联交易等过程中，低价转让、合谋私分、擅自担保或者以其他方式造成国有财产损失的，应当依法承担法律责任。

第二百六十条　【集体财产范围】 集体所有的不动产和动产包括：

（一）法律规定属于集体所有的土地和森林、山岭、草原、荒地、滩涂；

（二）集体所有的建筑物、生产设施、农田水利设施；

（三）集体所有的教育、科学、文化、卫生、体育等设施；

（四）集体所有的其他不动产和动产。

第二百六十一条　【农民集体所有财产归属及重大事项集体决定】 农民集体所有的不动产和动产，属于本集体成员集体所有。

下列事项应当依照法定程序经本集体成员决定：

（一）土地承包方案以及将土地发包给本集体以外的组织或者个人承包；

（二）个别土地承包经营权人之间承包地的调整；

（三）土地补偿费等费用的使用、分配办法；

（四）集体出资的企业的所有权变动等事项；

（五）法律规定的其他事项。

条文解读

农民集体所有 ➔ 农民集体所有包括集体财产集体所有、集体事务集体管理、集体利益集体分享三层含义，并且只有本集体的成员才能享有这些权利。农村集体成员有两个特征：一是平等性。即不分加入集体时间长短，不分出生先后，不分贡献大小，不分有无财产投入等，其成员资格都一律平等。二是地域性和身份性。农村集体组织成员一般来说就是当地的村民，他们所生子女，自出生后自动取得该集体成员资格。此外，也有的成员是通过婚姻、收养关系或者移民迁入本集体而取得成员资格。农民只能在一个集体内享有成员权利，不能同时享有两个或者多个集体成员权利。

涉及村民利益的下列事项，经村民会议讨论决定方可办理：（1）本村享受误工补贴的人员及补贴标准；（2）从村集体经济所得收益的使用；（3）本村公益事业的兴办和筹资筹劳方案及建设承包方案；（4）土地承包经营方案；（5）村集体经济项目的立项、承包方案；（6）宅基地的使用方案；（7）征地补偿费的使用、分配方案；（8）以借贷、租赁或者其他方式处分村集体财产；（9）村民会议认为应当由村民会议讨论决定的涉及村民利益的其他事项。村民会议可以授权村民代表会议讨论决定前述事项。法律对讨论决定村集体经济组织财产和成员权益的事项另有规定的，依照其规定。

实务应用

09. 如何确定农村集体经济组织成员的资格？

（1）出生时，父母双方或者一方是本集体经济组织成员或者因为婚姻、收养以及国防建设或者其他政策性迁入等原因，在集体经济组织所在地生产、生活并依法登记了常住户口的人。

（2）因外出经商、务工等原因，脱离常住户口所在地集体经济组织生产、生活的人，在丧失集体经济组织成员资格之前，应当认定其仍然有成员资格。

（3）因学习、服义务兵或初级士官兵役等原因注销、迁出常住户口的人，在丧失集体经济组织成员资格之前，应当认定其仍然具有成员资格。

（4）如果婚姻关系发生在持农业户口和非农业户口人员之间的，在丧失集体经济组织成员资格之前，应当认定持农业户口一方具有户口所在地集体经济组织成员资格。农嫁农人员成员资格的确定，如果已进入本集体经济组织实际生产、生活的农户，即使常住户口尚未迁入本集体经济组织所在地，也应当认定其具有本集体经济组织成员资格。农户从进入本集体经济组织时起，其原集体经济组织成员资格丧失。

案例指引

04. 女子离婚后，户口尚未从原居民小组迁出，是否享有平等分配土地补偿费的权利？①

某村第二小组现有户籍人口 134 人。2007 年，肖某云嫁至此村并将户口迁入第二小组，且在第二小组内承包了责任田。2018 年 12 月，肖某云与其丈夫离婚，但其户口至今未从第二小组迁出。2019 年，第二小组内的集体土地因建设需要两次被相关单位征用，其中第一次征地面积为 103 亩，第二小组获得征地补偿款金额为 600000 元，第二次征地面积为 20 亩，约定征地补偿款金额为 1100000 元，但用地单位至今未向第二小组支付该笔征地补偿款，而是向第二小组出具了一张 1100000 元的欠条并约定支付利息。同年 10 月，第二小组召开居民小组会议，会议通过了一项决定第 9 条规定，“男孩中途离婚者，女方不迁出户口可以，但不享受本组待遇”。会后，第二小组按 122 人的总人数将第一次的征地补偿款 60 万元和第二次征地补偿款的利息进行了分配，每人实际共分得土地补偿款 6200 元。第二小组以肖某云已离婚为由拒绝支付征地补偿款，肖某云遂诉至法院。

法院经审理认为：农民集体所有的不动产和动产，属于本集体成员集体所有，凡具有本集体经济组织成员资格的人，对本集体土地补偿费享有平等的分配权利。肖某云因婚姻关系将户口迁入第二小组后，在第二小组承包了责任田，并长期在第二小组内生活，故肖某云具有第二小组的集体经济组织成员资格，享有平等分配土地补偿费的权利。对第二小组提出根据村规民约的规定，肖某云离婚后不具有参与分配土地补偿款资格的辩解观点，法院认为，该村规民约违反了法律规定，肖某云亦未在该村规民约上签字同意，故该村规民约对肖某云不具有约束力。

---

① 参见《肖某云诉祁东县黄土铺镇某社区第二居民小组侵害集体经济组织成员权益案》，案号：（2020）湘 0426 民初字第 73 号，载国家法官学院、最高人民法院司法案例研究院编：《中国法院 2022 年度案例．物权纠纷》，中国法制出版社 2022 年版，第 112 页。

关联参见

《土地管理法》第 9 条、第 10 条；《农村土地承包法》第 29 条；《村民委员会组织法》第 21—24 条

第二百六十二条　【行使集体所有权的主体】 对于集体所有的土地和森林、山岭、草原、荒地、滩涂等，依照下列规定行使所有权：

（一）属于村农民集体所有的，由村集体经济组织或者村民委员会依法代表集体行使所有权；

（二）分别属于村内两个以上农民集体所有的，由村内各该集体经济组织或者村民小组依法代表集体行使所有权；

（三）属于乡镇农民集体所有的，由乡镇集体经济组织代表集体行使所有权。

条文解读

村 ➲ “村”是指行政村，即设立村民委员会的村，而非自然村。该行政村农民集体所有的土地等集体财产，就由该行政村集体经济组织来代表集体行使所有权。在许多农村没有村集体经济组织或者该集体经济组织已不健全，难以履行集体所有土地的经营、管理等行使所有权任务的情况下，需要由行使自治权的村民委员会来代表行使集体所有权。

分别属于村内两个以上农民集体所有 ➲ “分别属于村内两个以上农民集体所有”主要是指该农民集体所有的土地和其他财产在改革开放以前就分别属于两个以上的生产队，现在其土地和其他集体财产仍然分别属于相当于原生产队的各该农村集体经济组织或者村民小组的农民集体所有。这里的“村民小组”是指行政村内的由村民组成的自治组织。根据《村民委员会组织法》的规定，村民委员会可以根据居住地区划分若干个村民小组。如果村内有集体经济组织的，就由村内的集体经济组

织行使所有权；如果没有村内的集体经济组织，则由村民小组来行使。

属于乡镇农民集体所有的，由乡镇集体经济组织代表集体行使所有权。这种情况包括：一是指改革开放以前，原来以人民公社为核算单位的土地，在公社改为乡镇以后仍然属于乡镇农民集体所有；二是在人民公社时期，公社一级掌握的集体所有的土地和其他财产仍然属于乡镇农民集体所有。

关联参见

《土地管理法》第 11 条；《农村土地承包法》第 13 条

第二百六十三条　【城镇集体财产权利】 城镇集体所有的不动产和动产，依照法律、行政法规的规定由本集体享有占有、使用、收益和处分的权利。

条文解读

城镇集体财产权利 ➲ 本条是关于城镇集体财产行使的规定。适用时应注意：集体财产权的客体是属于该城镇集体所有的不动产和动产。如果城镇集体企业已经改制，如成为有限责任公司或者股份有限公司、个人独资企业或者合伙企业的，就不适用本条，而分别适用《公司法》、《个人独资企业法》或者《合伙企业法》的有关规定。

第二百六十四条　【集体财产状况的公布】 农村集体经济组织或者村民委员会、村民小组应当依照法律、行政法规以及章程、村规民约向本集体成员公布集体财产的状况。集体成员有权查阅、复制相关资料。

条文解读

集体财产状况的公布 ➲ 本条从广大集体劳动群众普遍关心的和涉

及群众切身利益的实际问题入手，规定了集体经济组织等行使集体财产所有权的组织应当向本集体成员公布集体财产的状况，这是完善集体事务民主监督和民主管理的基础。

1. 本条规范的主体是行使集体财产所有权的组织，包括农村集体经济组织、城镇集体企业，也包括代表集体行使所有权的村民委员会、村民小组。

2. 公布的内容是本集体的财产状况，包括集体所有财产总量的变化（如集体财产的收支状况、债权债务状况），所有权变动的情况（如转让、抵押），集体财产使用情况（如农村集体土地承包），集体财产分配情况（如征收补偿费的分配）等涉及集体成员利益的重大事项。

3. 公布的要求。本条规定，向本集体成员公布集体财产状况，应当依照法律、行政法规以及章程、村规民约。如根据《村民委员会组织法》第30条的规定，村民委员会实行村务公开制度。村民委员会应当及时公布下列事项，接受村民的监督：（1）依法由村民会议、村民代表会议讨论决定的事项及其实施情况；（2）国家计划生育政策的落实方案；（3）政府拨付和接受社会捐赠的救灾救助、补贴补助等资金、物资的管理使用情况；（4）村民委员会协助人民政府开展工作的情况；（5）涉及本村村民利益，村民普遍关心的其他事项。上述事项中，一般事项至少每季度公布一次；集体财务往来较多的，财务收支情况应当每月公布一次；涉及村民利益的重大事项应当随时公布。此外，公布集体财产状况，还要做到以下几点：一是公布内容简洁明了，便于集体成员了解。公布的形式和方法可根据实际情况因地制宜、灵活多样，如采用张榜公布、召开集体成员大会或者代表大会等。二是公布要做到及时。可以采取定期的形式，也可以根据集体财产重大变动事项，还可以根据进展的不同阶段随时公布。三是公布要做到内容真实。公布的内容要真实可靠，有凭有据，不得谎报、虚报、瞒报。

根据《村民委员会组织法》第31条的规定，村民委员会不及时公布应当公布的事项或者公布的事项不真实的，村民有权向乡、民族乡、镇的人民政府或者县级人民政府及其有关主管部门反映，有关人民政府或者主管部门应当负责调查核实，责令依法公布；经查证确有违法行为的，有关人员应当依法承担责任。

4. 集体成员有权查阅、复制相关资料。《村民委员会组织法》规定了村民委员会实行村务公开制度。《村民委员会组织法》第 30 条第 4 款规定，村民委员会应当保证所公布事项的真实性，并接受村民的查询。但是上述法律对集体成员是否有权主动查阅、是否有权对相关资料进行复制没有明确规定。为了使集体成员可以更好地监督集体财产状况，保障集体财产的安全，本条明确规定“集体成员有权查阅、复制相关资料”，切实保障集体成员的知情权。

关联参见

《宪法》第 17 条；《村民委员会组织法》第 30—31 条

第二百六十五条　【集体财产的保护】集体所有的财产受法律保护，禁止任何组织或者个人侵占、哄抢、私分、破坏。

农村集体经济组织、村民委员会或者其负责人作出的决定侵害集体成员合法权益的，受侵害的集体成员可以请求人民法院予以撤销。

条文解读

集体成员的诉权 ➔ 关于该诉权，应把握以下内容：一是享有该诉权的主体是每个集体经济组织的成员；二是提起诉讼的事由，是集体经济组织、村民委员会或者其负责人作出的决定，侵害了该集体成员的合法财产权益；三是该诉为撤销之诉。权益人可以请求法院撤销集体组织的决定，但不能请求变更或确认。这个撤销权没有规定除斥期间，原则上应当适用《民法典》第 152 条有关除斥期间为 1 年的规定。

第二百六十六条　【私人所有权】 私人对其合法的收入、房屋、生活用品、生产工具、原材料等不动产和动产享有所有权。

条文解读

私人 “私人”是和国家、集体相对应的物权主体，不但包括我国的公民，也包括在我国合法取得财产的外国人和无国籍人。不仅包括自然人，还包括个人独资企业、个人合伙等组织。

私有财产 私有财产的范围：(1) 收入。是指人们从事各种劳动获得的货币收入或者有价物。主要包括：工资，指定期支付给员工的劳动报酬，包括计时工资、计件工资、职务工资、级别工资、基础工资、工龄工资、奖金、津贴和补贴、加班加点工资和特殊情况下支付的报酬等；从事智力创造和提供劳务所取得的物质权利，如稿费、专利转让费、讲课费、咨询费、演出费等；因拥有债权、股权而取得的利息、股息、红利所得；出租建筑物、土地使用权、机器设备、车船以及其他财产所得；转让有价证券、股权、建筑物、土地使用权、机器设备、车船以及其他财产所得；得奖、中奖、中彩以及其他偶然所得；从事个体经营的劳动收入、从事承包土地所获得的收益等。(2) 房屋。包括依法购买的城镇住宅，也包括在农村宅基地上依法建造的住宅，还包括商铺、厂房等建筑物。根据《土地管理法》、《城市房地产管理法》以及《民法典》的规定，房屋仅指在土地上的建筑物部分，不包括其占有的土地。(3) 生活用品。是指用于生活方面的物品，如家用电器、私人汽车、家具等。(4) 生产工具和原材料。生产工具是指人们在进行生产活动时所使用的器具，如机器设备、车辆、船舶等运输工具。原材料是指生产产品所需的物质基础材料，如矿石、木材、钢铁等。生产工具和原材料是重要的生产资料，是生产所必需的基础物质。

除上述外，私人财产还包括其他的不动产和动产，如图书、个人收藏品、牲畜和家禽等。

案例指引

05. 埋藏于公民祖宅内的文物，法院应如何判定其归属？[①]

原告汪秉诚等六人的祖辈即居住在淮安市东长街306号房屋。2007年4月，该地块被列入拆迁范围。拆迁前，原告方向拆迁项目部现场办公室及当地居委会反映，其宅基下有祖父埋藏的古钱币若干。在拆迁期间，原告方与拆迁部门没有达成拆迁补偿安置协议。2009年9月27日晚，拆迁办工作人员与原告方在其他地点商谈有关拆迁事项时，原告祖宅被相关单位拆除。2009年10月13日，该拆迁工地人员挖掘出涉案埋藏的钱币时，现场有市民拾捡和哄抢，后经博物馆挖掘清理，现被博物馆收藏。经江苏省文物局委托淮安市文物局进行鉴定，上述钱币属一般可移动文物，具有一定的历史和文化价值。涉案钱币为机制铜元，为清代晚期至民国期间钱币。原告索还古钱币未果，遂诉至法院请求判令被告博物馆返还涉案古钱币。一审法院判决被告返还原告汪秉诚等六人古钱币两箱，博物馆不服一审判决，提出上诉。

二审法院认为：一、关于涉案古钱币是否为被上诉人祖父所有问题。被上诉人汪秉诚等六人在一、二审提供的证据，能够证明涉案古钱币为被上诉人祖父所有。二、关于涉案古钱币归属问题。私人可以成为文物的所有权人。《文物保护法》第5条将中华人民共和国境内地下遗存的文物一般推定为“属于国家所有”。但埋藏或隐藏于公民祖宅且能够基本证明属于其祖产的埋藏物，在无法律明文规定禁止其拥有的情况下，应判定属于公民私人财产。被上诉人汪秉诚等六人能够证明涉案古钱币属其祖父所有，且被上诉人对其祖父的财产依法亦享有继承的权利，故涉案文物为祖传文物，属有主物。

---

① 参见《汪秉诚等六人诉淮安市博物馆返还祖宅的埋藏文物纠纷案》，载《最高人民法院公报》2013年第5期。

关联参见

《宪法》第 13 条；《刑法》第 92 条

第二百六十七条　【私有财产的保护】 私人的合法财产受法律保护，禁止任何组织或者个人侵占、哄抢、破坏。

条文解读

私人的合法财产 ➲ 私有财产，是指私人拥有所有权的财产，不但包括合法的收入、房屋、生活用品、生产工具、原材料等不动产和动产，也包括私人合法的储蓄、投资及其收益，以及上述财产的继承权。

私有财产受到法律保护的前提是这些财产是合法的财产，非法取得的财产不受法律保护。例如，通过侵占、贪污、盗窃国有、集体资产而取得的财产，法律不但不予以保护，而且还要依法追缴。行为人构成犯罪的，还要承担刑事责任。

第二百六十八条　【企业出资人的权利】 国家、集体和私人依法可以出资设立有限责任公司、股份有限公司或者其他企业。国家、集体和私人所有的不动产或者动产投到企业的，由出资人按照约定或者出资比例享有资产收益、重大决策以及选择经营管理者等权利并履行义务。

条文解读

企业出资人的权利 ➲ 出资人是对企业投入资本的自然人、法人或者非法人组织。国家、集体和私人依法可以出资设立有限责任公司、股份有限公司或者其他企业。既然向有限责任公司、股份有限公司或者其他企业投资，出资人就对该企业享有股权以及其他投资性权利。国家、集体和私人所有的不动产或者动产投到企业的，由出资人按照约定或者出资比例享有股权，包括：（1）资产收益。出资人有权通过企业盈余分配，从中获得红利；（2）重大决策。出资人通过股东会或者股东大会等作出决议的方式，决定企业的重大行为；（3）选择经营管理者。出资人有权通过股东会或者股东大会作出决议选择、更换公司的董事或者监事，决定董事或者监事的薪酬，通过董事会聘任或者解聘经理等企业高管；（4）其他权利。出资人同时也应当履行相应的义务，例如按照约定或者章程的规定，按期、足额地缴纳出资，不得滥用出资人的权利干涉企业正常的经营活动等。

值得注意的是：第一，投资行为是一种处分其所有的财产的行为，本条因此规定了出资人的相应权利，以体现对出资人所享有的不动产和动产所有权的保护，但出资人权利主要规定于《公司法》和其他企业法中。关于出资人的具体出资程序及权利内容应结合其他专门法律规定应用。第二，此时出资人不再直接对其投资的财产享有所有权，而是转化为出资人的股权等其他权利，只能通过行使股权，比如资产收益权、重大决策权和企业经营者选择权等权利来实现其财产利益，但并不直接干预企业的经营活动；同时，出资人还应按其投入企业的资本额对企业的债务承担责任。

关联参见

《公司法》第4条；《企业国有资产监督管理暂行条例》第5条

第二百六十九条　【法人财产权】 营利法人对其不动产和动产依照法律、行政法规以及章程享有占有、使用、收益和处分的权利。

营利法人以外的法人，对其不动产和动产的权利，适用有关法律、行政法规以及章程的规定。

条文解读

法人 ➜ 法人，是指具有民事权利能力和民事行为能力，依法独立享有民事权利和承担民事义务的组织。法人应当具备以下条件：（1）依法成立；（2）有必要的财产或者经费；（3）有自己的名称、组织机构和场所；（4）能够独立承担民事责任。

营利法人财产权 ➔ 以取得利润并分配给股东等出资人为目的成立的法人，为营利法人。营利法人包括有限责任公司、股份有限公司和其他企业法人等。出资人将其不动产或者动产投入营利法人后，即构成了法人独立的财产。营利法人享有法人财产权，即依照法律、行政法规和章程的规定对该财产享有占有、使用、收益和处分的权利，出资人个人不能直接对其投入的资产进行支配，这是营利法人实现自主经营、自负盈亏，独立承担民事责任的物质基础。

营利法人以外的法人财产权 ➔ 企业法人之外的法人包括机关法人、事业单位法人、社团法人等。其中机关法人和国家举办的事业单位法人，其财产属于国家所有，对其直接支配的不动产和动产的收益权和处分权要受到法律和国务院有关规定的限制。

关联参见

《公司法》第3条

第二百七十条　【社会团体法人、捐助法人合法财产的保护】

社会团体法人、捐助法人依法所有的不动产和动产，受法律保护。

条文解读

本条保护的对象是社会团体所有的财产，如房屋、储蓄、活动基金、图书资料、办公和生活用品等，属于国家的和集体组织的财产不能作为社会团体所有权的客体，不是本条规范的对象。

社会团体法人 ➔ 社会团体法人是指基于会员的共同意愿，为实现公益目的或者会员共同利益等非营利目的设立的非营利法人。其特征是：（1）设立的目的具有公益性或者团体性，是为了实现公益目的或者会员的共同利益而设立事业单位法人；（2）社会团体法人的设立是基于会员的共同意愿，经过发起人发起，会员集资形成法人的财产；（3）从事的活动比较广泛，既有公益性活动，也有基于会员共同利益进行的活动；（4）性质属于非营利法人，须符合法人条件，不得进行商业经营活动，不得获取经营利益。

捐助法人 ➡ 捐助法人，是指由自然人或者法人、非法人组织为实现公益目的，自愿捐助一定资金为基础而成立，以对捐助资金进行专门管理为目的的非营利法人。捐助法人的特点是：（1）捐助法人是财产集合体，是以财产的集合为基础成立的法人，为财团法人；（2）捐助法人没有成员或者会员，不存在通常的社会团体法人由会员大会组成的权力机构，只设立理事会和监事会；（3）捐助法人具有非营利性，活动宗旨是通过资金资助进行科学研究、文化教育、社会福利和其他公益事业的发展，不具有营利性，为公益法人。

实务应用

10. 非营利性学校的出资人对学校财产享有特殊财产权吗？

非营利性民办学校对投入学校的资产和积累享有独立的法人财产权，出资人对学校财产不享有所有权、共有权或收益权，非营利性民办学校终止时，剩余财产也是继续用于其他非营利性学校办学，出资人对非营利性民办学校不享有类似于公司股东的财产权利。

第六章　业主的建筑物区分所有权

第二百七十一条　【建筑物区分所有权】 业主对建筑物内的住宅、经营性用房等专有部分享有所有权，对专有部分以外的共有部分享有共有和共同管理的权利。

条文解读

建筑物区分所有权 ➡ 建筑物区分所有权人，对建筑物内的住宅、商业用房等专有部分享有所有权，对专有部分以外的共有部分如电梯、过道、楼梯、水箱、外墙面、水电气的主管线等享有共有和共同管理的权利。业主可以自行管理建筑物及其附属设施，也可以委托物业服务企业或者其他管理人管理。业主可以设立业主大会，选举业主委员会，制定或者修改业主大会议事规则和建筑物及其附属设施的管理规约，选举业主委员会和更换业主委员会成员，选聘和解聘物业服务企业或者其他管理人，筹集和使用建筑物及其附属设施的维修资金，改建和重建建筑物及其附属设施等。业主大会和业主委员会，对任意弃置垃圾、排放大气污染物或者噪声、违反规定饲养动物、违章搭建、侵占通道、拒付物业费等损害他人合法权益的行为，有权依照法律、法规以及管理规约，要求行为人停止侵害、消除危险、排除妨害、赔偿损失。

实务应用

11. 如何认定业主的身份？

依法登记取得或者根据《民法典》第二章第三节规定取得建筑物专有部分所有权的人，应当认定为业主。基于与建设单位之间的商品房买卖民事法律行为，已经合法占有建筑物专有部分，但尚未依法办理所有权登记的人，可以认定为业主。

12. 谁是小区内商业广告的获利主体？

《物业管理条例》第 54 条规定：“利用物业共用部位、共用设施设备进行经营的，应当在征得相关业主、业主大会、物业服务企业的同意后，按照规定办理有关手续。业主所得收益应当主要用于补充专项维修资金，也可以按照业主大会的决定使用。”小区的楼顶、电梯和建筑外墙属于共有部分，业主是其所有人，而在楼顶上搭建广告牌、在楼房外墙上涂刷广告、在小区电梯里张贴广告都是对共有部分的使用，因此业主对小区内张贴广告享有处分权和收益权。如果物业未得到业主的事先许可和事后追认而擅自张贴广告就构成了对业主所有权的侵害。

案例指引

06. 放在楼道里的收藏品被清理，业主能否要求物业公司赔偿？[①]

原告孙先生诉称，其爱人为方便收拾家务，将其保存多年的书籍放至整理箱内，并暂放到门口楼道内，但其爱人不知书籍内夹有收藏的多张第四版面值100元人民币。此后，其与爱人外出购物，回家时发现整理箱丢失，遂报警处理，经派出所民警现场询问得知系物业公司工作人员将整理箱进行清理，并当作废品变卖，物业公司拒绝对损失进行赔偿。物业公司未尽到告知义务，将暂放至门口楼道内的整理箱进行清理，严重侵害了其合法权益。故诉至法院提出上述诉请。

被告物业公司辩称，不同意孙先生的诉讼请求。首先，孙先生办理入住手续时曾签订《入住协议》，协议明确约定住户不得占用楼梯间、通道等公用设施而影响其他人正常使用。孙先生应当遵守协议内容，其如因违反协议堆放私人物品而造成损失，应自行承担后果。其次，此前小区一住户失火，物业通报此次火情，并按小区单元门张贴通知，告知大家将开始对小区楼宇内公共楼道等公用空间内违法堆放物品进行全方面清理。但物业公司并未拉走和变卖所述物品。综上，孙先生提出的诉求与事实不符，且没有法律依据，其所述损失系自身原因造成，与物业公司无关。

法院经审理后认为，物业公司为维护小区正常生活秩序，消除小区火灾隐患，保障小区业主生命、财产安全，在提前限期通知小区业主自行将堆放在楼道、楼前、楼后的物品收回室内的情况下，对小区内仍旧堆放在公共区域的杂物按无主财物进行清理，该项整顿行为属于正当履职范围，未侵犯小区业主的合法财产权益。孙先生作为小区业主，应当配合物业公司针对小区安全进行的清理整顿工作。现孙先生主张物业公

---

① 参见吴昆：《放在楼道里的收藏品被清理　状告物业公司未获支持》，载北京法院网 https://bjgy.bjcourt.gov.cn/article/detail/2022/07/id/6803507.shtml，最后访问日期：2023年2月27日。

司在清理楼道内堆放物品过程中，违法处分其存放财物，造成其经济损失3000元，未提供充分证据，且与法院查明事实亦不相符，故法院对孙先生相关诉讼请求，不予支持。法院最终判决驳回孙先生的全部诉请。

关联参见

《物业管理条例》第6条；《最高人民法院关于审理建筑物区分所有权纠纷案件适用法律若干问题的解释》（以下简称《建筑物区分所有权解释》）第1条

第二百七十二条　【业主对专有部分的专有权】 业主对其建筑物专有部分享有占有、使用、收益和处分的权利。业主行使权利不得危及建筑物的安全，不得损害其他业主的合法权益。

条文解读

建筑物专有部分 ➲ 建筑区划内符合下列条件的房屋，以及车位、摊位等特定空间，应当认定为本章所称的专有部分：(1) 具有构造上的独立性，能够明确区分；(2) 具有利用上的独立性，可以排他使用；(3) 能够登记成为特定业主所有权的客体。规划上专属于特定房屋，且建设单位销售时已经根据规划列入该特定房屋买卖合同中的露台等，应当认定为本章所称专有部分的组成部分。

业主对专有部分所有权的限制 ➲ 对于建筑物区分所有权人对专有部分享有的权利，一方面，应明确其与一般所有权相同，具有绝对性、永久性、排他性。所有权人在法律限制范围内可以自由使用、收益、处分专有部分，并排除他人干涉。另一方面，也应注意到其与一般所有权的不同：业主的专有部分是建筑物的重要组成部分，与共有部分具有一体性、不可分离性，例如没有电梯、楼道、走廊，业主不可能出入自己的居室、经营性用房等专有部分；没有水箱，水、电等管线，业主无法使用自己的居室、经营性用房等专有部分。因此业主对专有部分行使所有权应受到一定限制。例如，业主对专有部分装修时，不得拆除房屋内的承重墙，不得在专有部分内储藏、存放易燃易爆危险等物品，危及整个建筑物的安全，损害其他业主的合法权益。

关联参见

《建筑物区分所有权解释》第2条

第二百七十三条　【业主对共有部分的共有权及义务】业主对建筑物专有部分以外的共有部分，享有权利，承担义务；不得以放弃权利为由不履行义务。

业主转让建筑物内的住宅、经营性用房，其对共有部分享有的共有和共同管理的权利一并转让。

条文解读

业主对共有部分的共有权及义务 ➜ 关于业主对共有部分的权利，主要应注意，业主对专有部分以外的共有部分既享有权利，又承担义务。并且，业主不得以放弃权利为由不履行义务。例如，业主不得以不使用电梯为由，不交纳电梯维修费用；在集中供暖的情况下，不得以冬季不在此住宅居住为由，不交纳暖气费用。关于如何行使该项共有权利义务还要依据《民法典》及相关法律、法规和建筑区划管理规约的规定。

实务应用

13. 业主能否单独转让其对建筑物专有部分的所有权？

业主对其建筑物专有部分的所有权不能单独转让，而必须与其共用部分持有权和成员权一同转让。业主的建筑物区分所有权是一个集合权，包括对专有部分享有的所有权、对建筑区划内的共有部分享有的共有权和共同管理的权利，这三种权利具有不可分离性。在这三种权利中，业主对专有部分的所有权占主导地位，是业主对专有部分以外的共有部分享有共有权以及对共有部分享有共同管理权的前提与基础。而且，区分所有人所有的专有部分的大小，也决定了其对建筑物共有部分享有的共有和共同管理权利的份额大小。因此本条规定，业主转让建筑物内的住宅、经营性用房，其对共有部分享有的共有和共同管理的权利一并转让。

14. 建筑物专有部分以外的共有部分在物业管理期间产生的收益归谁所有？

根据《民法典》第273条的规定，业主对建筑物专有部分以外的共有部分，享有权利，承担义务。共有部分在物业服务企业物业管理（包括前期物业管理）期间所产生的收益，在没有特别约定的情况下，应属全体业主所有，并主要用于补充小区的专项维修资金。物业服务企业对共有部分进行经营管理的，可以享有一定比例的收益。

关联参见

《建筑物区分所有权解释》第3条

第二百七十四条　【建筑区划内的道路、绿地等场所和设施属于业主共有财产】 建筑区划内的道路，属于业主共有，但是属于城镇公共道路的除外。建筑区划内的绿地，属于业主共有，但是属于城镇公共绿地或者明示属于个人的除外。建筑区划内的其他公共场所、公用设施和物业服务用房，属于业主共有。

条文解读

建筑区划内的场所和设施的归属 ➔ 区分所有建筑物中的道路属于业主共有，但属于城镇公共道路的除外。只要小区中的道路不是城镇公共道路，就都属于业主共有，是“私家路”，不属于“私家路”的才是公共道路，界限应当清楚。

确定区分所有建筑物绿地的权属规则是：小区的绿地属于全体业主共有。除外的是：（1）属于城镇公共绿地的除外，城镇公共绿地属于国家，不能归属于全体业主或者个别业主。（2）明示属于个人的除外，以下两项绿地属于明示属于个人：连排别墅业主的屋前屋后的绿地，明示属于个人的，归个人所有或者专有使用；独栋别墅院内的绿地，明示属于个人的，归个人所有或者专有使用。至于普通住宅的一层业主的窗前绿地的权属问题，开发商把窗前绿地赠送给一层业主，实际上等于把绿地这一部分共有的建设用地使用权和草坪的所有权都给了一层业主。如果没有解决土地使用权和绿地所有权的权属，这样做不妥。如果在规划中就确定一层业主窗前绿地属于一层业主，并且对土地使用权和绿地所有权的权属有明确约定，缴纳必要费用，不存在侵害全体业主共有权的，可以确认窗前绿地为"明示属于个人"，不属于共有部分。

其他公共场所属于确定的共有部分，不得归属于开发商所有。相对于会所以外的，为全体业主使用的广场、舞厅、图书室、棋牌室等，属于其他公共场所。而园林属于绿地，走廊、门庭、大堂等则属于建筑物的构成部分，本来就是共有部分，不会出现争议，不必专门规定。

公用设施是指小区内的健身设施、消防设施，属于共有部分，不存在例外。

现代住宅建筑物的物业管理是必要的，故建设住宅建筑物必须建设物业服务用房。物业服务用房属于业主共有，不得另行约定。

实务应用

15. 开发商在小区内建造的房屋是否属于全体业主所有？

开发商与小区业主对开发商在小区内建造的房屋发生权属争议时，应由开发商承担举证责任。如开发商无充分证据证明该房屋系其所有，且其已将该房屋建设成本分摊到出售给业主的商品房中，则该房屋应当属于小区全体业主所有。开发商在没有明确取得业主同意的情况下，自行占有使用该房屋，不能视为业主默示同意由开发商无偿使用，应认定开发商构成侵权。业主有权参照自该房屋应当移交时起的使用费向开发商主张赔偿责任。

16. 与业主所购房屋毗邻庭院绿地的归属如何确定？

对于与业主所购房屋毗邻庭院绿地的权属问题，不能仅仅依据房地产开发商的售楼人员曾向业主口头承诺“买一楼房屋送花园”，以及该庭院绿地实际为业主占有、使用的事实，即认定业主对该庭院绿地享有独占使用权。该庭院绿地作为不动产，其使用权的归属必须根据房屋买卖双方正式签订的商品房买卖协议及物权登记情况加以确定。

业主不得违反业主公约及物业管理规定，基于个人利益擅自破坏、改造与其房屋毗邻的庭院绿地。即使业主对于该庭院绿地具有独占使用权，如果该庭院绿地属于小区绿地的组成部分，业主在使用该庭院绿地时亦应遵守业主公约、物业管理规定关于小区绿地的管理规定，不得擅自破坏该庭院绿地，损害小区其他业主的合法权益。

17. 物业管理用房归业主共有吗？

物业管理用房依规划定点建造，为区分所有权建筑物管理人进行管理维护业务必需的场所，依照《民法典》第 273 条的规定，为业主共有。在建筑物竣工验收交付后，物业管理用房的分割、转移、调整或重新配置，应当由业主共同或业主大会决定。

案例指引

07. 小区内的通信管道是否属于业主共有？[1]

2013 年 9 月 18 日，原告长城公司（甲方）与南京仟泰物业管理有限公司（乙方，以下简称仟泰公司）签订《社区宽带互联接入业务合作

---

① 参见《长城宽带网络服务有限公司江苏分公司诉中国铁通集团有限公司南京分公司恢复原状纠纷案》，载《最高人民法院公报》2019 年第 12 期。

运营协议》1 份，约定：甲乙双方在南方花园小区共同建设社区宽带网络；甲方承担信息化社区的网络工程建设的投资、设计、施工、维护以及技术改造，为该小区提供互联网宽带接入服务；甲方有权使用社区内现有的网络线路、设备。后长城公司在南方花园小区的户外通信管道以及楼内户线通道内进行了缆线的铺设。2014 年 9 月，被告铁通南京分公司工作人员将长城公司在南方花园小区 C 组团铺设的双绞线剪断并将其中的双绞线抽出带走。长城公司工作人员发现缆线被剪断以及丢失后于 2014 年 9 月 27 日报警，经派出所调解未果，长城公司诉至法院，请求法院判令铁通南京分公司将剪断的光缆以及双绞线恢复原状并承担本案案件受理费。

审理中，铁通江苏分公司出具《情况说明》1 份，载明：其在 2001 年 10 月与经纬公司签订了《经纬房产南方花园 C 组电话协议书》，协议签订后铁通南京分公司成立，其将南京地区的资产转交给铁通南京分公司，与之所涉及相关协议的权利及义务也一并转移给铁通南京分公司。

南京市江宁区人民法院一审认为：法人的财产权受法律保护。铁通江苏分公司与经纬公司签订的《经纬房产南方花园 C 组电话协议书》的小区内通信管线等通信设施由通信运营公司享有专有使用权的条款，侵犯了业主的共有权，侵犯了业主选择电信服务的自由选择权，应属无效。建筑区划内的其他公共场所、公用设施和物业服务用房，属于业主共有。小区内配套的通信管道应属于公用设施的一种，开发商将房屋交付后，通信管道应该属于业主共有。仟泰公司为小区全体业主提供前期物业服务，有权处分业主共有的通信管道，原告长城公司依据与仟泰公司签订的《社区宽带互联接入业务合作运营协议》有权在南方花园小区的通信管道内铺设缆线。铁通南京分公司在发现通信管道内有非属其公司的缆线后，未查明缆线所有权人自行采取剪断缆线并抽出部分缆线带走的行为侵害了长城公司的财产权，应当承担侵权责任。长城公司要求恢复原状，于法有据，法院予以支持。一审判决宣判后，双方当事人在法定期间内均未上诉，该判决已经发生法律效力。

08. 开发商能否将物业服务用房作为商品房进行预售？[1]

某置业公司系鲁山县某小区的开发商，经鲁山县城市规划委员会批准的该项目规划图显示：18 号楼第三层为物业用房，面积为 507 平方米。某置业公司于 2013 年 9 月 6 日取得商品房预售许可证，开始进行预售。某置业公司未如期交付物业用房，经多次协商无果，小区业主大会经集体讨论，半数以上业主同意授权某业主委员会通过诉讼途径要求某置业公司交付物业用房。

另，2016 年 9 月 9 日，某置业公司与师某红签订《购房合同》，将 18 号楼 2 号商铺（第三层）出售给师某红，师某红以应获得的某置业公司违约金作为该房款予以抵扣，剩余部分房款未付。某置业公司因无力继续建房，与师某红签订建设协议，由师某红自己出资建设了 18 号楼的三层房屋。剩余房款支付完毕后，双方在 2017 年 9 月 27 日又重新签订了涉案房屋的《购房合同》，目前涉案房屋没有办理房屋所有权证。

法院经审理认为，某小区的规划图中显示的物业用房的性质明确，某置业公司不得改变其使用功能。某置业公司擅自将案涉房产予以销售，违反了法律、行政法规的强制性规定，该《购房合同》系无效合同。师某红虽然与某置业公司签订了《购房合同》，并实际进行了建设，但因《购房合同》无效，师某红至今也未取得涉案房屋所有权证，师某红不符合善意取得的构成要件。至于师某红的损失，其可以另行主张。

关联参见

《物业管理条例》第 37 条；《建筑物区分所有权解释》第 3 条

第二百七十五条　【车位、车库的归属规则】 建筑区划内，规划用于停放汽车的车位、车库的归属，由当事人通过出售、附赠或

---

① 参见《某业主委员会诉某置业公司物权保护案》，案号：(2021) 豫 04 民再 26 号，载国家法官学院、最高人民法院司法案例研究院编：《中国法院 2022 年度案例．物权纠纷》，中国法制出版社 2022 年版，第 34 页。

者出租等方式约定。

占用业主共有的道路或者其他场地用于停放汽车的车位，属于业主共有。

条文解读

建筑区划内车位、车库的归属规则 ➡ 建筑区划内，规划用于停放汽车的车位和车库的权属应当依据合同确定。通过出售和附赠取得车库车位的，所有权归属于业主；车库车位出租的，所有权归属于开发商，业主享有使用权。确定出售和附赠车位、车库的所有权属于业主的，车库车位的所有权和土地使用权也应当进行物权登记，在转移专有权时，车库车位的所有权和土地使用权并不必然跟随建筑物的权属一并转移，须单独进行转让或者不转让。

占用业主共有道路或者其他场地建立的车位，属于全体业主共有。至于如何使用，确定的办法是：(1) 应当留出适当部分作为访客车位；(2) 其余部分不能随意使用，应当建立业主的专有使用权，或者进行租赁，均须交付费用，而不是随意由业主使用，保持业主对车位利益的均衡；(3) 属于共有的车位取得的收益，除管理费外，归属于全体业主，由业主大会或业主委员会决定，将其归并于公共维修基金或者按照面积分给全体业主。

案例指引

09. 司法拍卖房屋时，没有对车库权属进行处理，后手房屋买受人能否根据“从物附属于主物”的原则享有车库权属？[①]

2018 年 6 月 20 日，李某在法院司法拍卖中以 70 万元的最高价竞得牟某云名下涉案房屋。法院向李某出具《法院拍卖成交确认书》。

---

① 参见《牟某云诉李某、项某宇物权保护案》，案号：(2020) 浙 0382 民初 6139 号，载国家法官学院、最高人民法院司法案例研究院编：《中国法院 2022 年度案例 . 物权纠纷》，中国法制出版社 2022 年版，第 38 页。

（2017）浙0382执6142号之一执行裁定书第一项写明，牟某云涉案房屋所有权归买受人李某所有，其相应的土地使用权归买受人李某享有。2018年7月10日，不动产登记服务中心土地使用权分割登记凭证载明案涉房屋建筑面积为134.14平方米。2019年10月7日，李某与项某宇签订《商品房买卖协议书》，约定：房屋建筑面积为134.14平方米，连同附着物车库一个在内归项某宇所有，成交金额为100万元。牟某云认为案涉车库并未在司法拍卖中拍卖，车库权属仍然归于自己，要求李某、项某宇腾空车库并返还给牟某云且支付占用使用车库的费用。李某、项某宇称，该车库未进行产权登记，车库附属于房屋，符合本地民间房屋买卖市场交易中房屋连带车库一并出卖的交易习惯，车库自然包括在房屋买卖合同范围内，且车库实际是作为储藏室在使用，一直都放有加压水泵供涉案房屋使用。

法院经审理认为，涉案车库并未随案涉房屋一并被拍卖转让，李某不享有该车库的相关权益。司法拍卖中没有对车库权属进行处理，后手房屋买受人项某宇不能根据“从物附属于主物”的原则享有车库权属。首先，根据李某、项某宇提供的房屋实测的《建筑面积测绘成果》显示，车库建筑面积与住宅建筑面积系分别计算，诉争车库面积未计入案涉房屋登记的建筑面积134.14平方米之内；其次，从构造上来看，案涉车库独立于房屋；最后，从功能上来看，案涉车库一直是作为储藏室在使用。综上，诉争车库是归属于权利人的区分建筑物所有权的专有部分，不是买受房屋的从物。即项某宇基于房屋买卖合同只取得房屋所有权，对该车库不享有权益。

10. 非小区业主能否取得小区车位使用权？①

某置地公司是某小区的开发商。2016年1月25日，某置地公司与

---

① 参见《房某平诉某物业公司撤销权案》，案号：（2020）苏0206民初926号，载国家法官学院、最高人民法院司法案例研究院编：《中国法院2022年度案例．物权纠纷》，中国法制出版社2022年版，第126页。

房某平签订《车位永久使用协议》，将小区地下车库 78 号、79 号车位使用权转让给房某平，使用期限从 2016 年 1 月 25 日起，截止日期与某小区商品房使用期限相同，房某平向某置地公司支付了相应价款。房某平并非某小区业主，在某小区并无房产。某物业公司是某小区的物业公司，因某置地公司结欠某物业公司债务，某置地公司将地下车库车位交给某物业公司销售（包括案涉 78 号、79 号两个车位），销售回款用来冲抵其结欠某物业公司的债务。2017 年 12 月 19 日，某物业公司与小区业主陆某玉签订《地下车库使用权转让协议》，某物业公司将小区地下车库 78 号、79 号车位使用权转让给陆某玉使用，陆某玉向某物业公司支付了相应价款。后房某平诉至法院。

法院经审理认为，某置地公司同意并委托某物业公司转让某小区地下车位使用权，转让款用来冲抵某置地公司结欠某物业公司的欠款，某物业公司将 78 号、79 号车位使用权转让给陆某玉，有合法授权。《民法典》第 276 条规定，建筑区划内，规划用于停放汽车的车位、车库应当首先满足业主的需要。陆某玉系某小区业主，居住在某小区，并向物业公司交纳了物业管理费和车位管理费，占有了案涉车位，房某平并非该小区业主，未交纳车位管理费，也未有证据证明其占有车位。某置地公司违反法律规定，将建筑区划内的车位使用权出让给小区业主以外的人，某置地公司与房某平签订的《车位永久使用协议》因违反法律的强制性规定，属无效协议。综上，房某平不能取得 78 号、79 号地下车位的使用权。

关联参见

《建筑物区分所有权解释》第 6 条

第二百七十六条　【车位、车库优先满足业主需求】 建筑区划内，规划用于停放汽车的车位、车库应当首先满足业主的需要。

条文解读

车位、车库优先满足业主需求 ➲ 车位、车库只有在业主的需求解决之后，才可以向外出售或者出租。这是从实际情况出发规定的内容，有利于纠纷的解决和预防。何谓首先满足业主的需要，司法实践经验是，建设单位按照配置比例将车位、车库，以出售、附赠或者出租等方式处分给业主的，应当认定其符合“应当首先满足业主的需要”的规定；反之，超出配置比例处分给业主的，就是没有首先满足业主需要。此处的配置比例是指规划确定的建筑区划内用于停放汽车的车位、车库与房屋套数的比例。至于没有首先满足业主需要的应当如何处理，受到损害的业主有权向人民法院起诉，对于超出配置比例处分给业主车车位、库的行为，应当认定为无效。

关联参见

《建筑物区分所有权解释》第5条

第二百七十七条　【设立业主大会和选举业主委员会】 业主可以设立业主大会，选举业主委员会。业主大会、业主委员会成立的具体条件和程序，依照法律、法规的规定。

地方人民政府有关部门、居民委员会应当对设立业主大会和选举业主委员会给予指导和协助。

条文解读

业主大会 ➲ 业主大会是业主的自治组织，是基于业主的建筑物区分所有权的行使产生的，由全体业主组成，是建筑区划内建筑物及其附属设施的管理机构。业主大会的职责是：对外，代表该建筑物的全体业主，其性质为非法人组织性质的管理团体，代表全体所有人为民事法律行为和诉讼行为，具有非法人组织的功能；对内，对建筑物的管理工作作出决策，对共同事务进行决议，如制定管理规约，选任、解任管理人，共有部分的变更，建筑物部分毁损的修建等。业主大会应当定期召开，每年至少召开1次至2次。

业主委员会 ➜ 业主委员会是业主大会的执行机构，由业主大会选举产生，执行业主大会的决议，履行下列职责：（1）召集业主大会会议，报告物业管理的实施情况；（2）代表业主与业主大会选聘的物业管理企业签订物业服务合同；（3）及时了解业主、物业使用人的意见和建议，监督和协助物业管理企业履行物业服务合同；（4）监督管理规约的实施；（5）业主大会赋予的其他职责。

关联参见

《物业管理条例》第8—20条

第二百七十八条　【由业主共同决定的事项以及表决规则】

下列事项由业主共同决定：

（一）制定和修改业主大会议事规则；

（二）制定和修改管理规约；

（三）选举业主委员会或者更换业主委员会成员；

（四）选聘和解聘物业服务企业或者其他管理人；

（五）使用建筑物及其附属设施的维修资金；

（六）筹集建筑物及其附属设施的维修资金；

（七）改建、重建建筑物及其附属设施；

（八）改变共有部分的用途或者利用共有部分从事经营活动；

（九）有关共有和共同管理权利的其他重大事项。

业主共同决定事项，应当由专有部分面积占比三分之二以上的业主且人数占比三分之二以上的业主参与表决。决定前款第六项至第八项规定的事项，应当经参与表决专有部分面积四分之三以上的业主且参与表决人数四分之三以上的业主同意。决定前款其他事项，应当经参与表决专有部分面积过半数的业主且参与表决人数过半数的业主同意。

条文解读

其他重大事项 ➜ 处分共有部分，以及业主大会依法决定或者管理规约依法确定应由业主共同决定的事项，应当认定为本条规定的有关共有和共同管理权利的“其他重大事项”。

专有部分面积的计算 ➜ 本条规定中的专有部分面积，可以按照不动产登记簿记载的面积计算；尚未进行物权登记的，暂按测绘机构的实测面积计算；尚未进行实测的，暂按房屋买卖合同记载的面积计算。本条规定中的业主人数，可以按照专有部分的数量计算，一个专有部分按一人计算。但建设单位尚未出售和虽已出售但尚未交付的部分，以及同一买受人拥有一个以上专有部分的，按一人计算。

关联参见

《建筑物区分所有权解释》第7—9条、第13条

第二百七十九条　【业主将住宅转变为经营性用房应当遵循的规则】 业主不得违反法律、法规以及管理规约，将住宅改变为经营性用房。业主将住宅改变为经营性用房的，除遵守法律、法规以及管理规约外，应当经有利害关系的业主一致同意。

条文解读

有利害关系的业主 ➜ 业主负有维护住宅建筑物现状的义务，其中包括不得将住宅改变为经营性用房。如果业主要将住宅改变为经营性用房，除应当遵守法律、法规以及管理规约外，还应当经过有利害关系的业主的一致同意，有利害关系的业主只要有一人不同意，就不得改变住宅用房的用途。有利害关系的业主，应当根据改变为经营性用房用途的不同，影响范围和影响程度的不同，具体分析确定。具体而言，业主将住宅改变为经营性用房，本栋建筑物内的其他业主，应当认定为本条所称“有利害关系

的业主”。建筑区划内，本栋建筑物之外的业主，主张与自己有利害关系的，应证明其房屋价值、生活质量受到或者可能受到不利影响。

业主将住宅改变为经营性用房，未依据本条的规定经有利害关系的业主一致同意，有利害关系的业主请求排除妨害、消除危险、恢复原状或者赔偿损失的，人民法院应予支持。将住宅改变为经营性用房的业主以多数有利害关系的业主同意其行为进行抗辩的，人民法院不予支持。

实务应用

18. 有利害关系的业主同意“住改商”的，应当采“一致决”还是“多数决”？

业主欲将住宅改为经营性用房的，需要遵守法律、行政法规和管理规约的要求，包括经营项目限制、审批程序等。除此之外，还应当经有利害关系的业主，即房屋改变用途将影响其权利和合法利益的业主的同意。为保护各业主的利益，有利害关系的业主对住宅改为经营性用房的同意，应当采“一致决”而不能采“多数决”。由于邻居将住宅改为经营性用房，带来噪声和空气污染等，业主的正常生活受到影响的，可以自己与邻居协商，或找业主委员会调解，也可以向法院起诉。

19. 房屋承租人将住宅改变为经营性用房的，是否应当经过有利害关系的业主同意？

在审理建筑物区分所有权案件时，即使业主对房屋的使用没有给其他区分所有权人造成噪声、污水、异味等影响，只要房屋的用途发生改变，由专供个人、家庭日常生活居住使用改变为用于商业、工业、旅游、办公等经营性活动，即可认定该行为影响了业主的安宁生活，属于将住宅改变为经营性用房，应依照《民法典》关于业主改变住宅用途的规定处理。房屋使用人将住宅改变为经营性用房的，应承担与业主相同的法定义务，除遵守法律、法规和管理规约外，还应当经有利害关系的业主同意。

关联参见

《建筑物区分所有权解释》第 10 条、第 11 条

第二百八十条　【业主大会、业主委员会决定的效力】 业主大会或者业主委员会的决定，对业主具有法律约束力。

业主大会或者业主委员会作出的决定侵害业主合法权益的，受侵害的业主可以请求人民法院予以撤销。

条文解读

业主大会、业主委员会决定的效力 ➲ 对业主具有约束力的业主大会或者业主委员会的决定，必须是依法设立的业主大会、业主委员会作出的，必须是业主大会、业主委员会依据法定程序作出的，必须是符合法律、法规及规章，不违背社会道德，不损害国家、公共利益和他人利益的决定。上述三点必须同时具备，否则业主大会、业主委员会的决定对业主没有约束力。

本条第 2 款赋予了业主请求人民法院撤销业主大会或者业主委员会作出的不当决定的权利。业主以业主大会或者业主委员会作出的决定侵害其合法权益或者违反了法律规定的程序为由，依据本条第 2 款的规定请求人民法院撤销该决定的，应当在知道或者应当知道业主大会或者业主委员会作出决定之日起 1 年内行使。

实务应用

20. 小区业主大会或者业主委员会选举中出现的争议，是否属于法院受理民事诉讼的范围？

对于小区业主大会或者业主委员会选举中出现的争议，业主提出异议向人民法院起诉的，不属于民事争议，人民法院不予受理。但根据《物业管理条例》第 10 条及第 19 条第 2 款的规定，物业所在地的区、

县人民政府房地产行政主管部门或者街道办事处、乡镇人民政府对业主大会的成立、业主委员会的选举事宜负有指导的职责，若业主对业主委员会选举中的事宜有异议，应当向物业所在地的区、县人民政府房地产行政主管部门或者街道办事处、乡镇人民政府申请解决，在业主大会、业主委员会作出的决定违反法律、法规的情形下，物业所在地的区、县人民政府房地产行政主管部门或者街道办事处、乡镇人民政府有权责令限期改正或者撤销其决定。因此，小区业主大会或者业主委员会选举中产生的纠纷是政府相关部门的主管范围。如果业主对选举中的事宜有异议，应当向有关行政主管部门申请解决。

关联参见

《物业管理条例》第 10 条、第 12 条、第 19 条；《建筑物区分所有权解释》第 12 条、第 13 条

第二百八十一条　【建筑物及其附属设施维修资金的归属和处分】 建筑物及其附属设施的维修资金，属于业主共有。经业主共同决定，可以用于电梯、屋顶、外墙、无障碍设施等共有部分的维修、更新和改造。建筑物及其附属设施的维修资金的筹集、使用情况应当定期公布。

紧急情况下需要维修建筑物及其附属设施的，业主大会或者业主委员会可以依法申请使用建筑物及其附属设施的维修资金。

条文解读

建筑物及其附属设施的维修资金属于业主所有，专项用于物业保修期满后物业共用部位、共用设施设备的维修和更新、改造，不得挪作他用。维修资金的使用方法是：（1）经业主共同决定，可以用于电梯、屋顶、外墙、无障碍设施等共有部分的维修、更新和改造。（2）紧急情况下需要维修建筑物及其附属设施的，业主大会或者业主委员会可以依法

申请使用维修资金。此处对紧急情况下需要维修建筑物及其附属设施使用维修资金作了指引性规定，即需“依法申请”，此处的“依法”，既包括法律，也包括行政法规、部门规章和地方性法规等。(3) 维修资金的筹集、使用情况，应当向全体业主定期公布，增加透明度，便于监督管理。

实务应用

21. 业主能否请求公布、查阅建筑物及其附属设施的维修基金使用、业委会的决定及会议记录、共有部分的收益、物业服务合同等情况和资料？

业主知情权是指业主了解建筑区划内涉及业主共有权以及共同管理权相关事项的权利。根据《建筑物区分所有权解释》第 13 条的规定，业主请求公布、查阅建筑物及其附属设施的维修基金使用、业委会的决定及会议记录、共有部分的收益、物业服务合同等情况和资料的，人民法院应予支持。司法解释对于业主知情权的范围作出了明确的规定，业主以合理的方式行使知情权，应当受到法律保护。

关联参见

《物业管理条例》第 53 条、第 54 条、第 60 条；《建筑物区分所有权解释》第 13 条

第二百八十二条　【业主共有部分产生收入的归属】建设单位、物业服务企业或者其他管理人等利用业主的共有部分产生的收入，在扣除合理成本之后，属于业主共有。

条文解读

业主共有部分产生收入的归属 ➲ 区分所有建筑物的共有部分属于业主共有，如果共有部分发生收益，应当归属于全体业主所有。物业服

务机构将这些收益作为自己的经营收益，侵害全体业主的权利的，构成侵权行为。

处置这些共有部分发生收益的办法是：（1）应当扣除物业服务企业合理的管理成本，这是应当负担的部分，不应当由物业服务企业自己负担。（2）应当给物业服务企业必要的利润。物业服务企业也是经营者，为经营业主的共有部分获得收益付出了代价，应当有一定的回报，但应当实事求是。（3）其余部分，归属于全体业主共有。至于如何处置，应当由业主大会决定。如果业主大会决议归属于公共维修资金，应当归入公共维修资金；如果业主大会决议分给全体业主个人享有，应当按照每一个业主专有部分的建筑面积比例分配。

案例指引

11. 物业公司在搬离某小区后，能否带走利用业主的共有部分产生的收入？①

2020年6月，某小区召开业主大会，会上表决“选聘物业服务企业方案表决”，其中，75.85%的业主户数选择解聘前期物业服务公司。因此，此次物业大会的决议为：解聘前期物业服务企业并授权业主大会公开招标新的物业服务企业。随后，此表决公告在社区各公示栏进行公告。同年11月，某小区业主代表大会启动民事诉讼程序，向前期物业服务公司追索公共收益。12月，某小区业委会向原物业服务公司送达了《撤场告知书》，告知其于次年2月底撤场。

原告业委会表示，被告原物业公司自2014年起向原告所在小区提供物业管理服务期间收取的停车费、多种经营等公共收益中属于原告的部分共计1375457元未及时向原告移交。原告请求法院判令被告原物业公司向原告返还2014年—2021年2月的公共收益1375457元，并支付

---

① 参见田婧：《小区共有部分收入你拿到了吗》，载北京法院网 https：//bjgy. bjcourt. gov. cn/article/detail/2022/09/id/6918805. shtml，最后访问日期：2023年2月27日。

相应的利息损失。

被告原物业公司辩称，其自合同开始履行起，一直尽自己所能为小区业主提供高品质的服务，后由于各种原因，原告于 2020 年 11 月 26 日向被告发出撤场通知，被告根据合同约定于 2021 年 2 月 28 日中止履行合同并完成撤场。原被告就合同履行期间公共收益问题的主要分歧是，原告未将 2014 年—2018 年停车费收入的税后及 2018 年多经收入税收扣除，未将被告提前从停车费中提取的停车管理费作为成本进行扣除，导致原告汇总的合计金额高于被告核算数据。综上，被告认为对于应属于原告部分的公共收益 737111 元应尽快向原告返还，对于超出被告认可部分请求法院予以驳回。

法院经审理认为，根据《民法典》相关规定，业主对建筑物内的住宅、经营性用房等专有部分享有所有权，对专有部分以外的共有部分享有共有和共同管理的权利。物业服务企业利用业主的共有部分产生的收入在扣除合理成本之后，属于业主共有。被告原物业公司在搬离某小区后，理应将属于该小区全体业主共有的收入支付给原告，现在逾期支付已经构成违约，应承担继续履行、赔偿损失等违约责任。原被告双方对停车费和多种经营收入金额、分配方案无异议。就存在争议的成本计算问题，被告原物业公司认为停车费收入应按照每个车位每月 60 元的标准扣除成本。法院认为，虽然合同中约定被告可以从停车费中按照每个车位每月 60 元提取服务费，但前提应当是车位产生了收益，即有人使用车位并交纳了费用，被告在未考虑车位是否产生收益的情况下，直接按照车位数量计算成本明显不当。原告按照总收入核算车位使用数量，再按照每个车位每月 60 元的标准在收入中扣除成本，该计算方式符合约定。另外，就被告主张的多种经营收入应扣减成本的意见，相关证据材料不能反映出被告就原告所主张的案涉收入已实际缴纳税金，被告未能提供相关证据佐证，应承担举证不能的法律后果。最终法院判决被告原物业公司应向原告业主委员会支付公共收益 1375457 元。因被告逾期支付，应支付相应的利息损失。

12. 电梯广告收益，物业公司能否私自处分？[1]

某小区的业主委员会发现，物业公司在小区的楼道、大堂、电梯内等公共区域刊登了大量的广告，而物业公司却未将电梯广告费用进行公示，也未向业主进行分配。小区业主委员会认为，物业公司在未经业主同意的情况下，擅自利用共用部位、公用设施设备经营广告，收取广告费用并据为己有的行为损害了业主的合法权益，违反了法律法规，将物业公司诉至法院要求返还电梯广告租赁费用。

物业公司辩称，其于2019年与某广告公司签订《物业电梯广告合作协议》，协议约定电梯投放广告费用每部每年500元，共20部电梯，租赁期限为2年，合计20万元。物业公司表示，该部分款项已经支出，一部分用于成本支出，一部分用于部分业主欠缴的物业费，但仅提供了成本支出方面的证据，并未提供其他证据。

法院经审理认为，根据《民法典》相关规定，小区内电梯属于业主共有范围，物业公司将业主共有部分进行经营与收益应单独列账，并及时向业主公示，按照业主或业主委员会的意见进行分配。本案中，物业公司将业主共有电梯租赁给广告公司使用获得的收益应属于业主共有，而物业公司并未对此收益进行单独列支、公示，也未向业主进行分配，损害了业主的合法权益，应当返还给业主。物业公司与广告公司在履行合同过程中产生的成本费用，应从业主共有的广告收益中扣除。对于物业公司所称部分费用用于业主欠缴物业费，法院认为，欠缴物业费的仅为部分业主，而共有部分产生的收益属于业主共有，双方债权债务主体不同，不符合法定抵销的规定，因此，物业公司行使抵销权的主张未予支持。最终法院判决物业公司扣除合理成本后向业主返还电梯广告收益。

---

① 参见田婧：《小区共有部分收入你拿到了吗》，载北京法院网 https：//bjgy. bjcourt. gov. cn/article/detail/2022/09/id/6918805. shtml，最后访问日期：2023年2月27日。

关联参见

《物业管理条例》第54条、第63条；《建筑物区分所有权解释》第17条

第二百八十三条　【建筑物及其附属设施的费用分摊和收益分配确定规则】建筑物及其附属设施的费用分摊、收益分配等事项，有约定的，按照约定；没有约定或者约定不明确的，按照业主专有部分面积所占比例确定。

第二百八十四条　【建筑物及其附属设施的管理】业主可以自行管理建筑物及其附属设施，也可以委托物业服务企业或者其他管理人管理。

对建设单位聘请的物业服务企业或者其他管理人，业主有权依法更换。

条文解读

建筑物及其附属设施的管理 ➜ 实践中，对建筑物及其附属设施进行管理主要有两种形式：一是业主委托物业服务企业或者其他管理人管理；二是业主自行管理。故本条第1款规定，业主可以自行管理建筑物及其附属设施，也可以委托物业服务企业或者其他管理人管理。

通常情况下，一栋楼或者一个住宅小区建好后，就要对建筑物及其附属设施进行管理，但业主们是陆续迁入居住的，业主大会尚未成立，不能及时委托物业管理公司。在这种情况下，只能由建设单位选聘物业管理公司对建筑物及其附属设施进行管理。《民法典》第939条规定，建设单位依法与物业服务人订立的前期物业服务合同，以及业主委员会与业主大会依法选聘的物业服务人订立的物业服务合同，对业主具有法律约束力。建设单位与物业买受人签订的买卖合同应当包含前期物业服务合同约定的内容。前期物业服务合同可以约定期限；但是，期限未

满、业主委员会与物业服务企业签订的物业服务合同生效的，前期物业服务合同终止。

关联参见

《物业管理条例》第 2 条、第 32—36 条

第二百八十五条　【物业服务企业或其他接受业主委托的管理人的管理义务】 物业服务企业或者其他管理人根据业主的委托，依照本法第三编有关物业服务合同的规定管理建筑区划内的建筑物及其附属设施，接受业主的监督，并及时答复业主对物业服务情况提出的询问。

物业服务企业或者其他管理人应当执行政府依法实施的应急处置措施和其他管理措施，积极配合开展相关工作。

条文解读

业主委员会应当与业主大会选聘的物业服务企业订立书面的物业服务合同。物业服务合同应当对物业管理事项、服务质量、服务费用、双方的权利义务、专项维修资金的管理与使用、物业管理用房、合同期限、违约责任等内容进行约定。物业服务企业应当按照物业服务合同的约定，提供相应的服务。物业服务企业未能履行物业服务合同的约定，导致业主人身、财产安全受到损害的，应当依法承担相应的法律责任。

关联参见

《物业管理条例》第 34 条

第二百八十六条　【业主守法义务和业主大会与业主委员会职责】 业主应当遵守法律、法规以及管理规约，相关行为应当符合节约资源、保护生态环境的要求。对于物业服务企业或者其他管理人

执行政府依法实施的应急处置措施和其他管理措施，业主应当依法予以配合。

业主大会或者业主委员会，对任意弃置垃圾、排放污染物或者噪声、违反规定饲养动物、违章搭建、侵占通道、拒付物业费等损害他人合法权益的行为，有权依照法律、法规以及管理规约，请求行为人停止侵害、排除妨碍、消除危险、恢复原状、赔偿损失。

业主或者其他行为人拒不履行相关义务的，有关当事人可以向有关行政主管部门报告或者投诉，有关行政主管部门应当依法处理。

条文解读

业主守法义务 ➲ 业主守法义务，除了遵守法律、行政法规之外，还要遵守管理规约的规定，相关行为应当符合节约资源、保护生态环境的要求。对物业服务企业或其他管理人执行政府实施的应急处置和其他管理措施，业主也应积极予以配合。管理规约是业主大会制定的区分所有建筑物管理的自治规则，内容是业主为了增进共同利益，确保良好的生活环境，经业主大会决议的共同遵守事项。管理规约的订立、变更或废止，都必须经过业主大会决议，经参与表决专有部分面积过半数的业主且参与表决人数过半数的业主同意。

损害他人合法权益的行为 ➲ 业主或者其他行为人违反法律、法规、国家相关强制性标准、管理规约，或者违反业主大会、业主委员会依法作出的决定，实施下列行为的，可以认定为本条第2款所称的其他“损害他人合法权益的行为”：(1) 损害房屋承重结构，损害或者违章使用电力、燃气、消防设施，在建筑物内放置危险、放射性物品等危及建筑物安全或者妨碍建筑物正常使用；(2) 违反规定破坏、改变建筑物外墙面的形状、颜色等损害建筑物外观；(3) 违反规定进行房屋装饰装修；(4) 违章加建、改建，侵占、挖掘公共通道、道路、场地或者其他共有部分。

关联参见

《物业管理条例》第17条、第45条、第50条；《建筑物区分所有权解释》第15条

第二百八十七条　【业主请求权】业主对建设单位、物业服务企业或者其他管理人以及其他业主侵害自己合法权益的行为，有权请求其承担民事责任。

条文解读

业主请求权➜业主对建设单位、物业服务企业或者其他管理人以及其他业主侵害自己合法权益的行为，有权请求其承担民事责任，维护自己的合法权益。业主行使该请求权，可以直接向建设单位、物业服务企业和其他管理人请求，可以向有关行政主管部门投诉，也可以向人民法院起诉，由人民法院判决。

关联参见

《物业管理条例》第6条；《最高人民法院关于审理物业服务纠纷案件适用法律若干问题的解释》

第七章　相邻关系

第二百八十八条　【处理相邻关系的原则】不动产的相邻权利人应当按照有利生产、方便生活、团结互助、公平合理的原则，正确处理相邻关系。

条文解读

相邻关系➜相邻关系，是指相互毗邻的不动产权利人之间在行使所有权或者使用权时，因相互间给予便利或者接受限制所发生的权利义

务关系。相邻权利义务关系也可以从权利的角度称其为相邻权。相邻关系是法定的：不动产权利人对相邻不动产权利人有避免妨害的注意义务；不动产权利人在非使用邻地就不能对自己的不动产进行正常使用时，有权在对邻地损害最小的范围内使用邻地，邻地权利人不能阻拦。

相邻权利人 ➔ 本条中规定的相邻权利人的范围，既包括相邻不动产的所有权人，也包括相邻不动产的用益物权人和占有人。

案例指引

13. 经民主决策以合理方式在老旧小区加装电梯受法律保护吗？①

某老旧小区业主打算加装电梯。经业主讨论后，绝大多数业主签字同意加装电梯。同意安装电梯的业主占比和其所有的专有部分占建筑物总面积的比例均达到法律规定的要求。根据该小区业主的申请，有关部门于 2020 年 10 月 22 日对该小区加装电梯进行了批前公示并按照相关要求办理了《建设工程规划许可证》。2021 年 6 月，该小区加装的电梯安装完毕并投入使用。2 单元 102 号房的业主方某某、黄某某以建设电梯未有效公示，建设电梯造成其住宅的通风、采光、日照、隐私等权利受到侵害为由，向人民法院起诉请求判令周某、陈某某等人停止使用电梯、拆除电梯设施、恢复原状，并向其赔偿损失 10 万元。

人民法院认为，案涉电梯的加装符合法律规定的程序。基于现场查看情况，案涉电梯与 2 单元房屋之间留有足够的距离，对该单元业主的通行并没有造成妨碍；案涉电梯正对 2 单元楼道的中部，长度为 2.9 米，超过楼道两侧的距离分别只有 0.4 米，而面对电梯的阳台长度达到 5.7 米，电梯对 2 单元房屋的采光和通风没有造成妨碍，且电梯运行声响很小，未产生明显噪声。老旧小区加装电梯涉及广大群众的出行方便，关系到社会的和谐稳定。即便加装电梯确实给低层住户的居住环境

---

① 参见《第二批人民法院大力弘扬社会主义核心价值观典型民事案例》（2022 年 2 月 23 日发布），方某某、黄某某诉周某、陈某某等物权保护纠纷案，载最高人民法院网 https：//www.court.gov.cn/zixun-xiangqing-346671.html，最后访问日期：2023 年 3 月 3 日。

带来一定的变化，但在整体上不妨碍采光、通行、通风等相应权利的情况下，低层住户对小区加装电梯的行为，应负有一定的容忍义务。故判决驳回方某某、黄某某的全部诉讼请求。

崇德修睦、包容互让是构建和谐邻里关系的重要条件。人们生活的距离越近，越需要包容和体谅。城市化让建筑物区分所有成为房屋所有权的常见形式。在多户同住一栋楼的情况下，无论是使用专有部分还是管理共有部分，都需要考虑其他业主的利益，按照法律规定的方式和程序进行。为老旧小区加装电梯，方便住在高层的住户出行，尤其是老年人出行，具有重要意义。当前，这一问题具有普遍性。各地政府亦纷纷出台政策支持老旧住宅加装电梯。由该问题引发楼上楼下的纠纷，不仅涉及每栋住宅中住户的权益，亦关系到社会和谐稳定。本案中安装电梯的决定经过绝大部分住户同意，未明显影响低层住户利益。在个别低层住户反对时，人民法院通过明确低层住户对加装电梯的适度容忍义务，既保障了高楼层住户的通行方便，体现了和谐、友善的社会主义核心价值观，充分彰显了司法裁判在社会治理中的规则引领和价值导向作用，对于维护团结互助的社区环境，营造和谐友爱的邻里关系具有积极意义。

14. 在建筑物相邻关系制度中，如何判断是否构成采光、日照妨碍？①

孟筠、李曰福系案涉房屋的共有权人。云南铜业房地产开发有限公司（以下简称铜业公司）于2011年8月取得案涉地块土地使用权，在该地块上建设楼盘。孟筠、李曰福诉至法院，请求铜业公司赔偿因建盖楼盘，侵害其通风、采光、日照时间而造成的损失。一审审理中，经鉴定确认，案涉建设行为对鉴定对象通风无影响；对日照、采光有影响，

---

① 参见《2019年度人民法院环境资源典型案例》（2020年5月8日发布），孟筠、李曰福诉云南铜业房地产开发有限公司相邻采光、日照纠纷案，载最高人民法院网 https://www.court.gov.cn/zixun-xiangqing-228361.html，最后访问日期：2023年3月3日。

该影响不符合《城市居住区规划设计规范》（GBJ50180—93）、《住宅设计规范》（GB50096—2011）、《民用建筑设计通则》（GB50352—2005）和《昆明市城乡规划管理技术规定》（2016版）的要求。

云南省昆明市盘龙区人民法院一审认为，在建筑物相邻关系制度中，判断是否构成采光、日照妨碍，应以是否违反国家有关工程建设标准为依据。鉴定结论显示，案涉建设行为对鉴定对象通风无影响，对鉴定对象采光、日照有影响。一审判决，铜业公司赔偿孟筠、李曰福采光、日照损失16.50万元；并支付鉴定费5500元。云南省昆明市中级人民法院二审维持原判。

本案系相邻关系中日照、采光侵权纠纷案件。在土地之上建造建筑物，是土地的所有权人或者使用权人利用土地实现土地效益最为通常的形式，但日照、采光和通风，也是人类需要共同分享的资源。我国《民法典》第293条规定，建造建筑物，不得违反国家有关工程建设标准，不得妨碍相邻建筑物的通风、采光和日照。本案判决按照鉴定结论，以是否违反国家有关工程建设标准为判断依据，认定铜业公司的日照、采光、通风妨碍行为是否超出必要容忍限度，符合法律规定和有利生产、方便生活、团结互助、公平合理原则，有助于相邻不动产权利人之间的利益平衡，促进社会和谐安宁。

15. 邻居擅自改变入户门朝向，影响自家通行，能否起诉？[①]

老王与老赵两家是同一楼层户门相邻的邻居。最初，房屋在交付时入室门均为内开门，但老赵为增加房屋的空间利用率，在装修时未经老王同意，擅自将入室门改为外开门，这给老王家出行造成极大不便。老王要求老赵恢复入室门开门朝向，但老赵并不同意，依旧我行我素。两家因此事僵持不下，老王只能起诉至法院。

---

① 参见汤讷敏、段旭：《擅自改变入户门朝向引纠纷 邻居起诉维权获支持》，载北京法院网 https://bjgy.bjcourt.gov.cn/article/detail/2023/02/id/7155287.shtml，最后访问日期：2023年2月27日。

经现场勘察发现，老王住在楼道内侧，该楼房通道本就狭窄，老赵家房门开启时整个通道几乎被占满，门框距离墙壁仅剩几十厘米，刚好阻碍了老王家出行的通道。

法院审理后认为，该小区交房时均为内开门，老赵未经邻居同意改变入室门朝向，占用了公共通道部分空间，影响了公共设施的使用，对老王一家的出行造成阻碍，并存在一定的安全隐患。因此，判决老赵将入室门恢复为内开。

相邻关系是相邻不动产权利人在用水、排水、通风、采光等方面产生的权利义务关系。《民法典》第288条规定："不动产的相邻权利人应当按照有利生产、方便生活、团结互助、公平合理的原则，正确处理相邻关系。"此项法律规定目的是确保不动产权利人在必要限度内行使权利，避免给他人造成损害。邻里之间如果一方不顾相邻权利人居住使用房屋的正常需要，作出影响他人生活便利且超出他人必要容忍限度的使用行为，则构成侵权，需要承担相应的责任。

本案中，开门朝向并非仅涉及老赵自身对房屋的使用需要，对老王一家也存在潜在影响，特别是涉及过道通行。该小区房屋公共通道本就较窄，改为外开门后无法容纳一人正常通过，影响公共通道的使用，对其他人的出行造成较大不便，存在安全隐患，因此法院判决老赵将门改为内开，保障老王一家能够正常安全通行。

根据《民法典》中权利不得滥用原则，权利人在行使权利应在必要限度内，不得损害他人利益，对于房屋的使用亦是如此，只有在正当范围内行使自身权利，避免损害他人利益，才能共同营造良好的居住环境和和谐的邻里关系。

第二百八十九条　【处理相邻关系的依据】法律、法规对处理相邻关系有规定的，依照其规定；法律、法规没有规定的，可以按照当地习惯。

条文解读

处理相邻关系的依据 ➜ 处理相邻关系，首先是依照法律、法规的规定。当没有法律和行政法规的规定时，可以适用习惯作为处理相邻关系的依据。习惯，是指在长期的社会实践中逐渐形成的，被人们公认的行为准则，具有普遍性和认同性，一经国家认可，就具有法律效力，成为调整社会关系的行为规范。民间习惯虽然没有上升为法律，但它之所以存在，被人们普遍接受和遵从，有其社会根源、思想根源、文化根源和经济根源，只要不违反法律的规定和公序良俗，人民法院在规范民事裁判尺度时就应当遵从。

案例指引

16. 离婚双方同住一院因砌墙引纠纷，能否请求拆除？[①]

夏先生与朱女士原系夫妻，于 2011 年经法院判决离婚，夏先生分得案涉院落内北房东首二间，朱女士分得案涉院落内北房西首二间，2021 年 9 月，朱女士将北房西侧的墙体拆除，并在北房中间房屋和院落中间砌了南北走向的砖墙。夏先生认为严重影响自己正常的生产生活，遂将朱女士诉至法院，要求将北房中间房屋内和院落中间的砖墙拆除，并将北房西侧原墙恢复原状。

朱女士辩称，位于北房西首的两间房是自己个人财产，将属于自己的两间房屋打通不存在安全隐患，砌墙亦为了生活便利和保护隐私。双方没办法在同一个院落居住，院中间砌墙是为了基本生活需要，同时建院墙也能够明确一宅两户，故在北房和院落中砌墙是合理的。

昌平法院经审理后认为，不动产的相邻权利人应当按照有利生产、方便生活、团结互助、公平合理的原则，正确处理相邻关系。夏先生与

---

① 参见李强：《离婚双方同住一院因砌墙引纠纷 法院判决部分拆除以方便生活》，载北京法院网 https://bjgy.bjcourt.gov.cn/article/detail/2022/12/id/7067154.shtml，最后访问日期：2023 年 2 月 27 日。

朱女士经法院判决离婚，双方财产也进行了分割，根据离婚判决和双方陈述，北房东首房屋和中间房屋东侧部分归夏先生所有，北房西首房屋和中间房屋西侧部分归朱女士所有。朱女士在房屋内所砌砖墙位于其所拥有的西首两间房屋内，并未占用夏先生享有的中间房屋部分。因双方已经离婚，理应尊重彼此的个人生活及隐私，现朱女士在自己房屋内砌墙以方便生活，并未对夏先生造成妨害。夏先生并未举证证明朱女士所拆墙体系承重墙，且经现场勘验北房内有房梁和木柱支撑，故对于夏先生要求拆墙依据不足。双方同住一院，应合理使用该院落，并给对方使用提供必要的便利。朱女士在院落内砌墙，对夏先生合理使用院落造成妨害。综上，法院依法判决朱女士将院落内修建的砖墙拆除并驳回了夏先生的其他诉讼请求。

夏先生和朱女士已离婚十年有余，因宅基地项下的权益暂时无法分割，故双方目前均在同一院落生活，实际上彼此成为相邻方。双方理应尊重彼此个人生活及隐私并给予对方生活以方便，朱女士在房屋内砌墙并未对夏先生造成妨害，并无不当。该院落由双方共同使用，不是一方的个人财产，在院落内砌墙影响夏先生的合理使用，也超出其容忍义务，应予以拆除。

关联参见

《建筑法》第39—41条

第二百九十条　【相邻用水、排水、流水关系】不动产权利人应当为相邻权利人用水、排水提供必要的便利。

对自然流水的利用，应当在不动产的相邻权利人之间合理分配。对自然流水的排放，应当尊重自然流向。

条文解读

生产、生活用水的排放 ➜ 关于生产、生活用水的排放，相邻一方必须使用另一方的土地排水的，应当予以准许；但应在必要限度内使用并采取适当的保护措施排水，如仍造成损失的，由受益人合理补偿。相邻一方可以采取其他合理的措施排水而未采取，向他方土地排水毁损或者可能毁损他方财产，他方要求致害人停止侵害、消除危险、恢复原状、赔偿损失的，应当予以支持。

关联参见

《水法》第28条、第48条

第二百九十一条　【相邻关系中的通行权】不动产权利人对相邻权利人因通行等必须利用其土地的，应当提供必要的便利。

条文解读

通行权 ➲ 一方必须在相邻一方使用的土地上通行的，应当予以准许；因此造成损失的，应当给予适当补偿。

对于一方所有的或者使用的建筑物范围内历史形成的必经通道，所有权人或者使用权人不得堵塞。因堵塞影响他人生产、生活，他人要求排除妨碍或者恢复原状的，应当予以支持。但有条件另开通道的，可以另开通道。

实务应用

22. 出卖人出卖不动产时，其基于相邻关系而在他人不动产上享有的通行等权利能否成为转让标的？

出卖人出卖不动产时，其基于相邻关系而在他人不动产上享有的通行等权利不应成为转让标的。即使双方在买卖合同中对该通行权进行了所谓的约定，对第三人也不具有约束力。买受人享有的通行权权源基础同样是相邻关系，而并非买卖合同的约定。当客观情况发生变化，买受人不再符合相邻关系要件时，第三人得拒绝买受人的通行要求，买受人无权以买卖合同中关于通行权的约定约束第三人。

第二百九十二条　【相邻土地的利用】 不动产权利人因建造、修缮建筑物以及铺设电线、电缆、水管、暖气和燃气管线等必须利用相邻土地、建筑物的，该土地、建筑物的权利人应当提供必要的便利。

条文解读

相邻土地的利用 ➔ 相邻一方因施工临时占用另一方土地的，占用的一方如未按照双方约定的范围、用途和期限使用的，应当责令其及时清理现场，排除妨碍，恢复原状，赔偿损失。

在邻地上安设管线，从建筑工程学角度上讲，土地权利人非经过邻人的土地而不能安设电线、水管、煤气管等管线，而此等管线又为土地权利人所必需，该土地权利人有权通过邻人土地的上下安设，但应选择损害最小的处所及方法安设，仍有损害的，应支付赔偿金。

第二百九十三条　【相邻建筑物通风、采光、日照】 建造建筑物，不得违反国家有关工程建设标准，不得妨碍相邻建筑物的通风、采光和日照。

第二百九十四条　【相邻不动产之间不得排放、施放污染物】 不动产权利人不得违反国家规定弃置固体废物，排放大气污染物、水污染物、土壤污染物、噪声、光辐射、电磁辐射等有害物质。

条文解读

相邻一方在处理固体废物，排放大气污染物、水污染物、噪声、光、电磁辐射等有害物质时，应当与邻人生活居住的建筑物保持一定的距离，或采取相应的防范措施，防止空气污染。相邻各方不得制造噪声、喧嚣、震动等妨碍邻人的生产和生活。如果放出的音响和震动已损害邻人的，应及时处理，消除损害。对一些轻微的、正常的音响和震动，相邻他方则应给予谅解。对噪声、污染严重的单位，应按《环境保护法》和有关规定，采取措施加以治理。企业和事业单位排放废水、废渣、废气须遵守国家规定的排放标准，如果因排放“三废”影响邻人的生产、生活、损害邻人健康的，可以认为既侵犯了相邻权，同时也违反了《环境保护法》的规定，此时可以依法要求停止侵害、排除妨碍、赔偿损失。

第二百九十五条　【维护相邻不动产安全】 不动产权利人挖掘土地、建造建筑物、铺设管线以及安装设备等，不得危及相邻不动产的安全。

第二百九十六条　【相邻权的限度】 不动产权利人因用水、排水、通行、铺设管线等利用相邻不动产的，应当尽量避免对相邻的不动产权利人造成损害。

条文解读

相邻权的限度 ➲ 不动产权利人因用水、排水、通行、铺设管线等利用相邻不动产的，应当遵守约定，负有尽量避免对相邻不动产权利人造成损害的义务。对于没有造成损害的，相邻方应当容忍，一般不应要求不动产权利人给付费用。

相邻方违反相邻关系造成对方损害的救济方法，本条没有规定，主要有以下几种：

（1）依据约定进行救济。双方当事人之间事先存在合同约定，或者在区分所有建筑物的业主管理规约有明确规定的，应当按照合同的约定或者管理规约的规定，处理双方的争议。没有按照约定或者管理规约的规定处理相邻纠纷的，违约一方应当承担责任。

（2）强制拆除。对于相邻方建设的建筑物或者其他设施妨害对方权利行使，对方提出强制拆除的，应当予以准许，对妨害相邻关系的建筑物或者其他设施予以强制拆除。

（3）适当补偿。相邻一方给相邻另一方的不动产权利行使提供方便，对自己的权利行使造成妨害的，提供方便的一方可以请求予以适当补偿。对方应当根据实际情况，对造成妨害的对方予以适当补偿。

（4）合理损失赔偿原则。利用相邻方的不动产，对相邻方造成损害的，都应当对实际造成的损失承担赔偿责任。相邻关系的赔偿责任不以过错为要件，只要造成了损害就应当承担赔偿责任。

第八章　共　有

第二百九十七条　【共有及其形式】不动产或者动产可以由两个以上组织、个人共有。共有包括按份共有和共同共有。

条文解读

共有权 共有权，是指两个以上的民事主体对同一项财产共同享有的所有权。其特征是：（1）共有权的主体具有非单一性，须由两个或两个以上的自然人、法人或非法人组织构成。（2）共有物的所有权具有单一性，共有权的客体即共有物是同一项财产，共有权是一个所有权。（3）共有权的内容具有双重性，包括所有权具有的与非所有权人构成的对世性的权利义务关系，以及内部共有人之间的权利义务关系。（4）共有权具有意志或目的的共同性，基于共同的生活、生产和经营目的，或者基于共同的意志发生共有关系。

共有权的类型 共有权包括的类型有：（1）按份共有，即对同一项财产，数个所有人按照既定的份额，享有权利，负担义务。（2）共同共有，即对同一项财产，数个所有人不分份额地享有权利、承担义务。（3）准共有，即共有的权利不是所有权，而是所有权之外的他物权和知识产权。

关联参见

《海商法》第10条

第二百九十八条　【按份共有】 按份共有人对共有的不动产或者动产按照其份额享有所有权。

条文解读

按份共有的概念 按份共有，又称“分别共有”，是与共同共有相对应的一项制度，指数人按应有份额（部分）对共有物共同享有权利和分担义务的共有。

按份共有的特征 按份共有的法律特征有：第一，各个共有人对共有物按份额享有不同的权利。各个共有人的份额又称为应有份，其数额一般由共有人事先约定，或按出资比例决定。如果各个共有人应有部分不明确，则应推定为均等。第二，各个共有人对共有财产享有权利和承担义务是根据其不同的份额确定的。份额不同，各个共有人对共同财产的权利和义务各不相同。第三，各个共有人的权利不是局限于共有财产某一具体部分上，或就某一具体部分单独享有所有权，而是及于财产的全部。

第二百九十九条　【共同共有】 共同共有人对共有的不动产或者动产共同享有所有权。

条文解读

共同共有 共同共有是指两个或两个以上的民事主体，根据某种共同关系而对某项财产不分份额地共同享有权利并承担义务。

共同共有的特征 第一，共同共有根据共同关系而产生，以共同关系的存在为前提，例如夫妻关系、家庭关系。第二，在共同共有关系存续期间内，共有财产不分份额。第三，在共同共有中，各共有人平等地对共有物享受权利和承担义务，共同共有人的权利及于整个共有财产，行使全部共有权。第四，共同共有人对共有物享有连带权利，承担连带义务。基于共有物而设定的权利，每个共同共有人都是权利人，该权利为连带权利；基于共有关系而发生的债务，亦为连带债务，每个共同共有人都是连带债务人；基于共有关系发生的民事责任，为连带民事责任，每个共同共有人都是连带责任人。

我国普遍认为共同共有包括“夫妻共有”、“家庭共有”和“遗产分割前的共有”。

关联参见

《个人独资企业法》第 18 条

第三百条　【共有物的管理】共有人按照约定管理共有的不动产或者动产；没有约定或者约定不明确的，各共有人都有管理的权利和义务。

条文解读

管理 ➲ 本条中规定的“管理”主要是指共有人对共有物的保存、使用方法和简易修缮，不包括对物的处分行为和重大修缮行为。注意，共有人对共有物的使用与共有人决定对共有物的使用方法是两个性质不同的问题。共有人对共有物的使用及收益分配是《民法典》第 298 条、第 299 条调整的内容，即各共有人对共有物享有所有权。而共有人商定对共有物的使用方法则属于对共有物管理的内容。

案例指引

17. 分割已确定财产价值和共有比例的共有物时是否应该考虑被分割财产价值变动等因素?①

徐某明与徐甲于2004年登记结婚，双方婚后于2005年贷款购买了案涉房屋，登记在徐某明名下。2016年，徐某明与徐甲协议离婚，并签订离婚协议书，协议明确财产分割内容：存款由各自处理，案涉房屋变卖后各占50%。双方离婚后，徐某明诉至法院要求确认案涉房屋的所有权，北京市海淀区人民法院于2019年5月作出（2019）京0108民初28073号民事判决书，判决徐某明名下案涉房屋由徐某明、徐甲按份共有，双方各占50%的份额。

现徐某明要求对共有物进行分割。审理中，经徐某明申请，北京市海淀区人民法院委托某房地产土地评估公司进行评估，某房地产土地评估公司于2019年12月19日作出《房地产司法鉴定估价报告》，确定案涉房屋于价值时点2019年12月5日在现状条件下的市场价值为602.1万元。徐某明交纳鉴定费1.7万元。对于房屋的分割问题，徐某明主张，现此房还有贷款及债务未偿还，并提交了相应银行明细和票据。徐某明表示房屋归其所有，由其向徐甲支付房屋折价款，双方共担款项自愿由其个人先行偿还，在其向徐甲支付的房屋折价款中予以扣除。北京市海淀区人民法院判决：徐某明名下案涉房屋归徐某明所有，贷款由徐某明自行偿还；徐某明给付徐甲房屋折价款260万元。徐甲不服，提起上诉。

法院经审理认为：经一审法院委托评估，确定诉争房屋市场价值为602.1万元，应依据该报告的结论确定该房屋的价值。徐甲虽认为案涉房屋评估价值偏低，但并未提供证据否定前述评估报告确定的房屋价值，其该主张缺乏事实依据。根据已查明的事实，案涉房屋《房屋所有

---

① 参见《徐某明诉徐甲共有物分割案》，案号：（2020）京01民终3650号，载国家法官学院、最高人民法院司法案例研究院编：《中国法院2022年度案例．物权纠纷》，中国法制出版社2022年版，第155页。

权证》登记的房屋所有权人为徐某明，该房屋所涉贷款由徐某明偿还，一审法院综合考虑本案因素，判令案涉房屋由徐某明所有并无不当，徐某明应向徐甲支付案涉房屋折价款 301.05 万元。

第三百零一条　【共有人对共有财产重大事项的表决权规则】 处分共有的不动产或者动产以及对共有的不动产或者动产作重大修缮、变更性质或者用途的，应当经占份额三分之二以上的按份共有人或者全体共同共有人同意，但是共有人之间另有约定的除外。

条文解读

本条对原《物权法》第 97 条进行了修改，增加规定对共有的不动产或者动产变更性质或者用途的，亦应当经占份额 2/3 以上的按份共有人或者全体共同共有人同意。

第三百零二条　【共有物管理费用的分担规则】 共有人对共有物的管理费用以及其他负担，有约定的，按照其约定；没有约定或者约定不明确的，按份共有人按照其份额负担，共同共有人共同负担。

条文解读

共有物管理费用的分担规则 ➲ 共有财产的管理费用，是指因保存、改良或者利用共有财产的行为所支付的费用。管理费用也包括其他负担，如因共有物致害他人所应支付的损害赔偿金。

对管理费用的负担规则是：（1）对共有物的管理费用以及其他负担，有约定的，按照约定处理。（2）没有约定或者约定不明确的，按份共有人按照其份额负担，共同共有人共同负担。（3）共有人中的一人支付管理费用，该费用是必要管理费用的，其超过应有份额所应分担的额外部分，对其他共有人可以按其各应分担的份额请求偿还。

第三百零三条　【共有物的分割规则】共有人约定不得分割共有的不动产或者动产，以维持共有关系的，应当按照约定，但是共有人有重大理由需要分割的，可以请求分割；没有约定或者约定不明确的，按份共有人可以随时请求分割，共同共有人在共有的基础丧失或者有重大理由需要分割时可以请求分割。因分割造成其他共有人损害的，应当给予赔偿。

条文解读

共有物的分割规则 ➔ 在共有关系存续期间，共有人负有维持共有状态的义务。

分割共有财产的规则是：

（1）约定不得分割共有财产的，不得分割。共有人约定不得分割共有的不动产或者动产以维持共有关系的，应当按照约定，维持共有关系，不得请求分割共有财产，消灭共有关系。共同共有的共有关系存续期间，原则上不得分割。

（2）有不得分割约定，但有重大理由需要分割共有财产的。共有人虽有不得分割共有的不动产或者动产以维持共有关系的协议，但有重大理由需要分割的，可以请求分割。至于请求分割的共有人究竟是一人、数人或者全体，则不问。共有人全体请求分割共有财产的，则为消灭共有关系的当事人一致意见，可以分割。

（3）没有约定或者约定不明确的，按份共有的共有人可以随时请求分割；共同共有的共有人在共有的基础丧失或者有重大理由需要分割时，也可以请求分割。

（4）造成损害的赔偿。不论是否约定保持共有关系，共有人提出对共有财产请求分割，在分割共有财产时对其他共有人造成损害的，应当给予赔偿。

案例指引

18. 老丈人与女婿共同出资购买婚房，并签订购房协议，分手后如何处理？[1]

小肖与小王自大学时相识相爱已有7年，小肖的父亲老肖十分疼爱女儿，与小王被告共同出资120万元首付款购买一处房子，准备将此处房子作为小两口的婚房。其中，老肖出资40万元，小王出资80万元，房子总价240万元，剩余120万元贷款由小王进行偿还，房子登记于小王名下。同时，老肖与小王签订《共同购房说明》，约定房子为双方共同所有。后小肖与小王感情破裂，老肖与小王打算分割该房产，约定房子归小王所有，由小王向老肖支付房子份额折价款。

老肖认为，与小王签订的《共同购房说明》具有法律约束力，老肖与小王对房子享有共有权，分割房产时应按照份额进行分割。小王除需要返还40万元出资外，仍需向老肖支付22万元的份额价值。而小王则认为，这不是共有物分割，40万元是老肖出借的购房款，而且已经归还了本金及利息。

法律对共同共有的要求很高，一般情况下若双方不具有夫妻关系且无约定的情况下，推定为按份共有。如男女双方在恋爱期间若无明确约定购买的房子，应按按份共有处置。有协议的按照协议分割，没有协议的采取按份原则分割。男女朋友解除恋爱关系后，应本着诚实信用的原则，将双方在恋爱期间共同购置的房子，按各自投入的份额，本着互谅互让的精神合理分割。

本案中，老肖主张双方出于婚姻目的共同出资购房，房子应当归双方按份额共有，并以此为由要求小王支付房子分割差额价款，虽然小王对此不予认可，称涉案房屋是他的个人财产，老肖支付的40万元购房

---

[1] 参见陈淙：《情侣共同出资购房 分手后房子归谁》，载北京法院网 https：//bjgy.bjcourt.gov.cn/article/detail/2022/08/id/6840606.shtml，最后访问日期：2023年2月27日。

款是借款，但购房说明可以证明老肖与小王共同出资购买房子，应按按份共有处置。最后，经法院调解，双方协商一致，涉案房屋归小王所有，小王给付老肖共48万元。

19. 情侣共同出资购买房屋，房屋登记在双方名下，分手后如何处理？①

小杨与小徐相恋多年，共同出资购买一套房屋，并利用小杨的名义办理了住房公积金贷款，房产登记为小杨与小徐二人共同共有，小杨出资装修了房屋，购置了餐桌、椅子、双人床等家具。两人分手后，小杨诉至法院，请求分割双方共同共有的房产。

法院认为，小杨与小徐在恋爱期间共同购买的房子，并在房子产权登记中明确为双方共同共有，现双方结束恋爱关系，小杨要求对案涉房子进行分割，依法应予支持。案涉房子登记为小杨与小徐共同共有，即双方对于案涉房子共同享有所有权，享有平等权益。小杨与小徐作为共有人可以协商分割方式，本案中小徐主张房子的所有权，小杨要求小徐支付相应的房子价款，应当予以支持。小杨要求小徐支付房子装修费用、购买家具费用，因未提交充分的证据，故不予认可。

20. 情侣共同出资购买房屋，房屋仅登记在一方名下，分手后如何处理？②

小李与小孙在恋爱期间，两人共同出资，购买了一套房屋。房屋总价60.6万元，小孙交了15万元，小李交了45.6万元。房子登记在小孙名下。分手后，小李曾多次向小孙讨要45.6万元购房款，小孙都以没钱为由被拒绝。后来又讨要多次，小孙不得已写下50万元的借条，并写清还款时间和逾期后果。但到还款日小孙仍未偿还。小李故诉至法

① 参见陈淙：《情侣共同出资购房 分手后房子归谁》，载北京法院网 https://bjgy.bjcourt.gov.cn/article/detail/2022/08/id/6840606.shtml，最后访问日期：2023年2月27日。

② 参见陈淙：《情侣共同出资购房 分手后房子归谁》，载北京法院网 https://bjgy.bjcourt.gov.cn/article/detail/2022/08/id/6840606.shtml，最后访问日期：2023年2月27日。

院，要求小孙归还借款 50 万元。

法院认为，未登记一方若是出资所占份额不多，可以提供出资购房证明，以此要求分割房产，由登记一方补偿自己的权利份额。未登记一方若是实际出资绝大部分比例，可以请求法院确认房屋所有权归自己所有。当事人有证据证明不动产登记簿的记载与真实权利状态不符、其为该不动产物权的真实权利人，请求确认其享有物权的，应予支持。本案中，小李及小孙均认可该房产最后确定的所有人为小孙，且小孙亦为小李出具借条，即便小孙主张房屋房款系双方共同投资的说法成立，在借条出具之时，双方之间已转化为民间借贷法律关系。该借贷关系系双方当事人真实意思表示，未违反国家法律、行政法规的禁止性规定，应属有效。借款人应当按照约定的期限返还借款，小李要求小孙返还借款 50 万元的请求，应予以支持。

21. 情侣之间借名买房，分手后如何处理？[①]

小王经朋友介绍，与小陈相亲并迅速确定恋爱关系，两人熟悉之后，小陈想购买房产，因为小陈没有借款资格，于是以小王的名义进行了贷款，并将房产登记在小王名下，之后两人关系发展不顺，逐渐疏远。小陈突然停止正常还贷行为，小王多次与小陈沟通无果。由于产权登记在小王名下，小王不得已多方借钱垫资还贷。

小陈承认自己是房屋实际出资人，与小王交往期间借用小王名义买房，自己负担首付。因自己现在资金出现问题，没有如期还贷。

法院认为，借名买房是指当事人约定一方以他人名义购买房屋，并将房屋登记在他人名下，由借名人实际享有房屋权益。借名买房双方多为情侣、亲属、朋友，基于情感信任，多以口头方式约定，而忽视了其中的法律风险。本案中，小王与小陈对房子所有权等问题没有争议，可以认定小王与小陈实质属于借名买房的问题。小陈作为实际借款人和产权所有人，有义务解除在小王名下的房屋抵押贷款和房屋产权，归还给

---

① 参见陈淙：《情侣共同出资购房 分手后房子归谁》，载北京法院网 https：//bjgy.bjcourt. gov. cn/article/detail/2022/08/id/6840606. shtml，最后访问日期：2023 年 2 月 27 日。

小王垫资的所有房贷。经调解，小陈同意给付小王已垫付的贷款并在房屋出售之前，每月给付小王房屋贷款。

第三百零四条　【共有物分割的方式】共有人可以协商确定分割方式。达不成协议，共有的不动产或者动产可以分割且不会因分割减损价值的，应当对实物予以分割；难以分割或者因分割会减损价值的，应当对折价或者拍卖、变卖取得的价款予以分割。

共有人分割所得的不动产或者动产有瑕疵的，其他共有人应当分担损失。

条文解读

共有物的分割方式 ➲（1）实物分割。在不影响共有物的使用价值和特定用途时，可以对共有物进行实物分割。（2）变价分割。如果共有物无法进行实物分割，实物分割将减损物的使用价值或者改变物的特定用途时，应当将共有物进行拍卖或者变卖，对所得价款进行分割。或者虽是可实物分割，但各共有人都不愿接受共有物，这时也可采取将共有物出卖，对所得价金进行分割。（3）折价分割。折价分割方式主要存在于以下情形，即对于不可分割的共有物或者分割将减损其价值的，如果共有人中的一人愿意取得共有物，可以由该共有人取得共有物，并由该共有人向其他共有人折价赔偿。

瑕疵担保责任 ➲ 瑕疵担保责任，包括权利的瑕疵担保责任和物的瑕疵担保责任。前者指共有人应担保第三人就其他共有人分得之物不得主张任何权利；后者指共有人对其他共有人应担保其分得部分于分割前未隐含物上瑕疵。

第三百零五条　【按份共有人的优先购买权】按份共有人可以转让其享有的共有的不动产或者动产份额。其他共有人在同等条件下享有优先购买的权利。

条文解读

共有份额转让权 ➲ 在一般情况下，按份共有人转让其享有的共有份额，无须其他共有人同意。但各共有人不得侵害其他共有人的利益，并受法律的限制。法律有特别规定的，共有人处分其份额应遵守法律的规定。如：船舶共有人就共有船舶设定抵押权，应当取得持有 2/3 以上份额的共有人的同意，共有人之间另有约定的除外。

优先购买权 ➲ 这里的“同等条件”是指，其他共有人就购买该份额所给出的价格等条件与欲购买该份额的非共有人相同。同等条件应当综合共有份额的转让价格、价款履行方式及期限等因素确定。值得注意的是，优先购买权是共有人相对于非共有人而言的，在共有人之间并无优先的问题，当数个共有人均欲行使其优先购买权时，应协商确定各自的购买比例。

关联参见

《民法典物权编解释（一）》第 9—13 条

第三百零六条　【按份共有人行使优先购买权的规则】 按份共有人转让其享有的共有的不动产或者动产份额的，应当将转让条件及时通知其他共有人。其他共有人应当在合理期限内行使优先购买权。

两个以上其他共有人主张行使优先购买权的，协商确定各自的购买比例；协商不成的，按照转让时各自的共有份额比例行使优先购买权。

条文解读

行使优先购买权的方法 ➲ 本条是对行使优先购买权方法的规定。按份共有人转让其享有的共有的不动产或者动产份额的，应当将转让条件及时通知其他共有人。优先购买权的行使期间，按份共有人之间有约定的，按照约定处理；没有约定或者约定不明的，按照下列情形确定：（1）转让人向其他按份共有人发出的包含同等条件内容的通知中载明行使期间的，以该期间为准；（2）通知中未载明行使期间，或者载明的期间短于通知送达之日起15日的，为15日；（3）转让人未通知的，为其他按份共有人知道或者应当知道最终确定的同等条件之日起15日；（4）转让人未通知，且无法确定其他按份共有人知道或者应当知道最终确定的同等条件的，为共有份额权属转移之日起6个月。

关联参见

《民法典物权编解释（一）》第11条、第14条

第三百零七条　【因共有产生的债权债务承担规则】 因共有的不动产或者动产产生的债权债务，在对外关系上，共有人享有连带债权、承担连带债务，但是法律另有规定或者第三人知道共有人不具有连带债权债务关系的除外；在共有人内部关系上，除共有人另有约定外，按份共有人按照份额享有债权、承担债务，共同共有人共同享有债权、承担债务。偿还债务超过自己应当承担份额的按份共有人，有权向其他共有人追偿。

条文解读

对外关系 “对外关系”是指共有人与全体共有人之外的第三人之间的法律关系。关于对外效力，对因共有财产产生的债权债务关系的对外效力不区分按份共有和共同共有，只要是因共有的不动产或者动产产生的债权债务，共有人对债权债务享有连带债权、承担连带债务。但法律另有规定或者第三人知道共有人不具有连带债权债务关系的除外。关于连带的方法，是共有人享有连带债权时，任一共有人都可向第三人主张债权，共有人承担连带债务时，第三人可向任一共有人主张债权。

内部关系 ➲ “内部关系”是指共有人之间的关系。关于对内效力，除共有人另有约定外，因共有形式不同，共有人享有债权，承担债务的方式也不同。按份共有人按照份额享有权利、承担债务，共同共有人共同享有债权、承担债务。只有按份共有人有权向其他共有人追偿，并且行使该追偿权的前提是其偿还债务超过自己应当承担份额的。

关联参见

《合伙企业法》第38—40条

第三百零八条　【共有关系不明时对共有关系性质的推定】 共有人对共有的不动产或者动产没有约定为按份共有或者共同共有，或者约定不明确的，除共有人具有家庭关系等外，视为按份共有。

条文解读

共有关系不明时对共有关系性质的推定 ➲ 共同共有是指共有人对全部共有财产不分份额地享受权利和承担义务的共有。共同共有的共有人只有在共有关系消灭时才能协商确定各自的份额。当共有人对共有的不动产或动产没有约定为按份共有或者共同共有，或者约定不明确的，如果推定为共同共有，共有人对共有财产的份额还是不明确。因此，《民法典》规定共有人对共有的不动产或者动产没有约定为按份共有或者共同共有，或者约定不明确的，除共有人具有家庭关系等外，视为按份共有。这样规定，在共有人对共有的不动产或者动产没有约定为按份共有或者共同共有，或者约定不明确时，就能很明确地确定各共有人享有的份额。

第三百零九条　【按份共有人份额不明时份额的确定】 按份共有人对共有的不动产或者动产享有的份额，没有约定或者约定不明确的，按照出资额确定；不能确定出资额的，视为等额享有。

条文解读

按份共有人份额不明时份额的确定 ➲ 按份共有，是指数人按照各自的份额，对共有财产分享权利，分担义务。按份共有的主体须为 2 人以上，称为共有人；客体须为物，称为共有物；共有人所享有的权利，为所有权。但此处的所有权不是数个，而是一个。即数个所有权人对一个物共同享有一个所有权。

按份共有人对共有的不动产或者动产享有的份额，有约定时，按照其约定确定份额，没有约定或者约定不明确时，首先按照出资额确定按份共有人享有的份额，在不能确定出资额的情况下推定为等额享有。按份共有依共有人意思而成立，共有人应有份额依共有人的约定而定；没有特别约定，但共有关系基于有偿行为而发生的，按其出资比例而确定。既然共有关系的成立是当事人意思自治的结果，那么各共有人应有份额也应贯彻同样原则即由当事人约定，当事人没有约定应有份额时则依出资比例确定共有份额，在不能确定出资额的情况下，推定为等额享有，不仅易于操作，且能简化当事人之间的法律关系，符合社会生活中最基本的公平正义。

第三百一十条　【准共有】两个以上组织、个人共同享有用益物权、担保物权的，参照适用本章的有关规定。

条文解读

准共有 ➲ 所谓准共有是指数人按份共有或者共同共有所有权以外的财产权。准共有具有以下特征：（1）准共有的标的物是所有权之外的财产权，包括用益物权、担保物权等；（2）准共有就是准用共有的有关规定，各人就所有权之外的财产究竟是准用共同共有还是按份共有，应当视其共有关系而定；（3）准共有准用按份共有或者共同共有的前提是，规范该财产权的法律没有特别规定。如果有，则应首先适用该特别规定。

第九章　所有权取得的特别规定

第三百一十一条　【善意取得】无处分权人将不动产或者动产转让给受让人的，所有权人有权追回；除法律另有规定外，符合下列情形的，受让人取得该不动产或者动产的所有权：

（一）受让人受让该不动产或者动产时是善意；

（二）以合理的价格转让；

（三）转让的不动产或者动产依照法律规定应当登记的已经登记，不需要登记的已经交付给受让人。

受让人依据前款规定取得不动产或者动产的所有权的，原所有权人有权向无处分权人请求损害赔偿。

当事人善意取得其他物权的，参照适用前两款规定。

条文解读

善意取得➲善意取得，指受让人以财产所有权转移为目的，善意、对价受让且占有该财产，即使出让人无转移所有权的权利，受让人仍取得其所有权。善意取得既适用于动产也可适用于不动产，既可适用于所有权的取得也可适用于他物权的取得，特别是用益物权的善意取得。

善意取得的条件：第一，受让人须是善意的，不知出让人是无处分权人。第二，受让人支付了合理的价款。第三，受让人已经完成了取得物权的公示，即转让的财产应当登记的已经登记，不需要登记的已经交付给受让人。三项条件必须同时具备，否则不构成善意取得。

受让人受让不动产或者动产时，不知道转让人无处分权，且无重大过失的，应当认定受让人为善意。真实权利人主张受让人不构成善意的，应当承担举证证明责任。具有下列情形之一的，应当认定不动产受让人知道转让人无处分权：（1）登记簿上存在有效的异议登记；（2）预告登记有效期内，未经预告登记的权利人同意；（3）登记簿上已经记载司法机关或者行政机关依法裁定、决定查封或者以其他形式限制不动产权利的有关事项；（4）受让人知道登记簿上记载的权利主体错误；（5）受让人知道他人已经依法享有不动产物权。真实权利人有证据证明不动产受让人应当知道转让人无处分权的，应当认定受让人具有重大过失。

实务应用

23. 动产善意取得的注意事项有哪些？

（1）法律对于占有委托物和占有脱离物有不同的态度。占有委托物，是指基于真实权利人的意思而丧失占有的物，如租赁物、寄存物、借用物、运输物、试用买卖物等。占有脱离物，是指非基于真实权利人的意思而丧失占有的物，如盗赃物、遗失物、漂流物、失散的饲养动物、埋藏物、隐藏物等。占有委托物原则上可以适用善意取得确定归属，但占有脱离物只可能有条件地适用善意取得。

（2）因为货币的占有人推定为所有人，所以货币作为特殊的动产不存在善意取得的问题。

（3）记名有价证券和无记名有价证券是否适用善意取得有不同之处。无记名有价证券的转让依据交付来完成，所以可以适用善意取得。但是，记名有价证券是基于背书或者办理过户手续来转让，而且有的具有无因性，所以一般不适用善意取得。

案例指引

22. 房屋出卖人有配偶，但房屋所有权登记在其一人名下时，房屋买受人主观善意的认定标准是什么？[①]

舒某新与刘某雷原系夫妻关系，刘某雷于2002年左右购买涉案房屋，二人于2003年5月29日登记结婚，房屋所有权于2006年登记在刘

---

① 参见《舒某新诉孙某华、刘某雷物权保护案》，案号：（2019）京0105民再41号，载国家法官学院、最高人民法院司法案例研究院编：《中国法院2022年度案例．物权纠纷》，中国法制出版社2022年版，第47页。

某雷名下。二人先后于2013年4月11日协议离婚、2013年11月11日复婚、2018年7月16日离婚。舒某新、刘某雷于2013年离婚时签订《离婚协议书》，约定双方离婚后涉案房屋各分一半，但没有办理所有权变更登记，房屋所有权仍登记在刘某雷一人名下。2016年4月27日，刘某雷将涉案房屋出售给孙某华。合同签订后，孙某华按照合同约定向刘某雷支付了全部购房款。2016年7月8日，涉案房屋过户到孙某华名下。孙某华于2017年8月搬入涉案房屋居住至今。舒某新认为刘某雷与孙某华恶意串通，擅自交易房屋并办理过户，侵害了其对该房屋的合法权益，故诉至法院，要求确认刘某雷与孙某华签订的房屋买卖合同无效。

法院经审理认为，孙某华是否具有善意，应从其对舒某新的权益受损是否具有故意或重大过失两方面予以分析。首先，孙某华没有明知房屋存在共有权人但仍签订合同、取得房屋所有权的故意。舒某新虽然提交了电话录音、微信聊天记录，欲证明刘某雷隐瞒出售房屋一事，但是上述证据并不能直接证明孙某华对“舒某新为房屋共有权人”这一事项的明知，孙某华与刘某雷签订买卖合同，并不具有侵夺舒某新房屋的故意，不构成与刘某雷的恶意串通，其仍不失为善意买受人。其次，涉案房屋所有权证记载的权属状况为刘某雷单独所有；孙某华在买房前曾实地看房，确认了刘某雷对房屋享有实际控制权；孙某华通过刘某雷实际受领了涉案房屋；合同约定的房屋价款在合理范围之内，故孙某华并无重大过失。基于上述分析，孙某华在签订买卖合同并取得房屋所有权过程中具有主观善意，不明知或应知舒某新的房屋共有权人身份，其现已支付房价款、合法入住涉案房屋并办理完毕所有权转移登记手续，其对房屋享有的所有权应受法律保护。

第三百一十二条　【遗失物的善意取得】 所有权人或者其他权利人有权追回遗失物。该遗失物通过转让被他人占有的，权利人有权向无处分权人请求损害赔偿，或者自知道或者应当知道受让人

之日起二年内向受让人请求返还原物；但是，受让人通过拍卖或者向具有经营资格的经营者购得该遗失物的，权利人请求返还原物时应当支付受让人所付的费用。权利人向受让人支付所付费用后，有权向无处分权人追偿。

条文解读

遗失物的善意取得 ➲ 本条对遗失物的善意取得制度作出了规定。规则是：(1) 所有权人或者其他权利人有权追回遗失物，这是一般性原则。(2) 如果该遗失物通过转让被他人占有的，权利人可以选择追回遗失物，或者向无处分权人请求遗失物转让的损害赔偿，这是承认善意取得的效力，因而向无处分权人请求损害赔偿；或者自知道或者应当知道受让人之日起 2 年内向受让人请求返还原物，这是在行使物权请求权，但是受让人通过拍卖或者向具有经营资格的经营者购得该遗失物的，权利人请求返还原物时应当支付受让人所付的费用。(3) 如果权利人取得了返还的遗失物，又向受让人支付了所付费用后，有权向无处分权人进行追偿。

遗失物 ➲ 遗失物是非基于占有人自身的意思而丧失占有，且非无主的动产。遗失物必须具备几个条件：(1) 须占有人丧失占有。占有的丧失应依社会一般观念来判断，如仅一时丧失对物的占有，并不能构成遗失；不确定的丧失占有也不能构成遗失，如占有的物品或者动物偶然进入他人土地，在私人空间内忘记置放位置之物，均不是遗失物。占有人基于何种主观状态丧失占有，不影响丧失占有这一事实的成立。(2) 占有丧失非出自占有人自身意思。占有人如果故意放弃占有，大抵已成为所有权的抛弃行为，将作无主物处理。占有辅助人或直接占有人未经间接占有人、主人同意而私自抛弃动产，应认定为非出于自身原因而丧失占有，仍构成遗失物。(3) 物需处在无人占有的状态。如果物品已由他人占有，则不能构成遗失物。如盗窃的物品尽管非出于权利人的意思而丧失占有，但已由他人获得，也不能构成遗失物，如果窃贼又丧失占有，则会变成遗失物。同样，因误占而导致权利人丧失占有的，也不能构成遗失物。(4) 丢失的须为动产且非无主。不动产的物理属性决定了其是不可能遗失的，所以遗失物只能是动产。由于动产不是基于所有人的意思而丧失占有，因而它不是抛弃物，而仍是有主物。

实务应用

24. 遗失物善意取得有什么限制？

遗失人有权向善意取得人请求返还原物。善意取得人应当返还，善意取得人返还后可以向让与人追偿。倘若该遗失物是由善意取得人在拍卖市场、公共市场或者在贩卖与其物同类之物的商人处购得的，遗失人需偿还其购买之价金，方能取回其物。但该返还请求权有时间限制，即知道或应当知道受让人之日起 2 年内。值得注意的是，遗失物若是货币或者无记名有价证券，遗失人无权向善意取得人请求返还原物，只能向出让人请求返还同种类物或者请求其他赔偿。

第三百一十三条　【善意取得的动产上原有的权利负担消灭及其例外】 善意受让人取得动产后，该动产上的原有权利消灭。但是，善意受让人在受让时知道或者应当知道该权利的除外。

条文解读

善意受让人取得动产后，该动产上的原有权利消灭。例如，该动产上有抵押的权利，抵押权消灭。但是，善意受让人取得动产时，知道该动产已被抵押，抵押权不消灭。

第三百一十四条　【拾得遗失物的返还】 拾得遗失物，应当返还权利人。拾得人应当及时通知权利人领取，或者送交公安等有关部门。

条文解读

拾得遗失物的返还 ➔ 遗失物是非故意抛弃而丢失的物品。遗失物与废弃物不同，废弃物是故意抛弃之物。丢失遗失物的人，称遗失物丢失人。拾得遗失物，是发现并占有遗失物。拾得遗失物的人，称拾得人。

拾得人拾得遗失物，知道遗失物所有人的，应当及时通知其领取，或者送交遗失物。拾得人拾得遗失物，不知道遗失物丢失人的，可以张贴招领告示，寻找遗失物丢失人。也可以将遗失物上缴公安机关或者有关单位。

第三百一十五条　【有关部门收到遗失物的处理】 有关部门收到遗失物，知道权利人的，应当及时通知其领取；不知道的，应当及时发布招领公告。

条文解读

有关部门收到遗失物的处理 ➔ 有关单位收到遗失物，应当查找遗失物丢失人，请其认领。无人认领的，上缴公安机关。公安机关收到遗失物，应当查找遗失物丢失人，请其认领。或者存放在遗失物品招领处，待人认领。自公安机关收到遗失物发布招领公告之日起 1 年内无人认领的，遗失物归国家所有。公安机关可以拍卖、变卖遗失物，所得价金上缴国库。

第三百一十六条　【遗失物的妥善保管义务】 拾得人在遗失物送交有关部门前，有关部门在遗失物被领取前，应当妥善保管遗失物。因故意或者重大过失致使遗失物毁损、灭失的，应当承担民事责任。

条文解读

遗失物的妥善保管义务 ➜ 拾得人拾得遗失物，在返还失主或者送交有关部门前，应当妥善保管遗失物。有关部门收到遗失物后在遗失物被领取前，也应当妥善保管遗失物。拾得人或者有关部门因故意或者重大过失致使遗失物损坏灭失的，应当承担民事责任。

遗失物不易保管或者保管费用过高的，公安机关可以及时拍卖、变卖，保存价金。拾得人和有关单位不能自行拍卖、变卖遗失物。

第三百一十七条　【权利人领取遗失物时的费用支付义务】

权利人领取遗失物时，应当向拾得人或者有关部门支付保管遗失物等支出的必要费用。

权利人悬赏寻找遗失物的，领取遗失物时应当按照承诺履行义务。

拾得人侵占遗失物的，无权请求保管遗失物等支出的费用，也无权请求权利人按照承诺履行义务。

条文解读

权利人领取遗失物时的费用支付义务 ➜ 拾得人在拾得遗失物至归还期间，常需支出一定的费用，主要包括保管费、公告费以及其他必要的费用。这些费用是拾得人基于无因管理而预先支出的，依照无因管理的规则，拾得人有权就支出的费用请求失主给予补偿，但失主支出的补偿以遗失物保管期间的必要支出为限。

如果失主为寻找遗失物而发布了悬赏广告，拾得人可依悬赏广告所列报酬提出请求。领取人拒不支付拾得人、保管部门为保管遗失物所支付的必要费用或者承诺给拾得人的报酬的，拾得人、保管部门可以行使留置权。

第三百一十八条　【无人认领的遗失物的处理规则】 遗失物自发布招领公告之日起一年内无人认领的，归国家所有。

条文解读

本条是对失物招领公告期限的规定。遗失物自发布招领公告之日起1年内无人认领的，归国家所有。对此，原《物权法》规定的是6个月，《民法典》改为1年，更有利于保护遗失人的权利。遗失物归国家所有的，属于原始取得。

关联参见

《海关法》第30条、第51条；《邮政法》第33条

第三百一十九条　【拾得漂流物、埋藏物或者隐藏物】 拾得漂流物、发现埋藏物或者隐藏物的，参照适用拾得遗失物的有关规定。法律另有规定的，依照其规定。

条文解读

拾得漂流物、埋藏物或者隐藏物的处理 ➔ 漂流物、埋藏物和隐藏物的现实问题非常复杂，应当区别情况分别处理：

（1）拾得漂流物或者失散的饲养动物，应当归还失主，因此而支出的费用由失主偿还。拾得漂流物、失散的饲养动物，可参照拾得遗失物的相关规定。漂流物是指漂流在水上的遗失物。失散的饲养动物是指走失的他人饲养的动物。

（2）发现埋藏物。埋藏物是指埋藏于地下的物品。埋藏物品的人，称埋藏人。发现埋藏物的人，称发现人。发现人发现埋藏物，可视情况分别处理：一是能够判定埋藏人，且埋藏物不易为他人发现，发现人可以不挖取埋藏物，并将埋藏物继续掩埋好，且将发现情况告知埋藏人。二是能够判定埋藏人，且埋藏物易为他人发现，发现人可依前种情形处

理，也可以将埋藏物挖出，交还埋藏人。三是不能判定埋藏人，且埋藏物不易为他人发现，发现人可以不挖取埋藏物，并将埋藏物继续掩埋好。发现人可以将发现情况告知有关单位或者公安机关。四是不能判定埋藏人，且埋藏物易为他人发现，发现人可依前种情形处理，也可以挖取埋藏物，按拾得不知遗失物丢失人的遗失物的办法处理。发现人发现的埋藏物倘若是文物，应依《文物保护法》处理。

（3）发现隐藏物。隐藏物是隐藏于它物之中的物品，如隐藏于夹墙中的物品。隐藏物品的人，称隐藏人，发现隐藏物的人，称发现人。发现隐藏物适用发现埋藏物的相关规定。

（4）漂流物、埋藏物、隐藏物同《文物保护法》的适用。由于遗失物、漂流物、埋藏物和隐藏物的概念在外延上同“文物”的概念存在交叉，无论是遗失物、漂流物、埋藏物或者隐藏物，只要构成“文物”，《文物保护法》的规定将优先适用。

关联参见

《文物保护法》第 32 条；《河道管理条例》第 33 条；《城镇国有土地使用权出让和转让暂行条例》第 2 条

第三百二十条　【从物随主物转让规则】主物转让的，从物随主物转让，但是当事人另有约定的除外。

条文解读

主物　主物是指独立存在，与同属于一人的他物结合在一起使用而起主要作用的物。

从物　从物是主物的对称，指独立存在，与同属于一人的他物合并使用而起辅助作用的物。

实务应用

25. 如何区分主物与从物？

主物和从物的关系及划分标准一般有如下几个方面：(1) 主物和从物在物理意义上看是两个独立的物，而不是整体与部分的关系；(2) 主物和从物结合在一起发挥作用，即必须有从物附着于主物的事实，并且从物对主物发挥辅助性的作用；(3) 主物和从物必须具有可分性；(4) 主物和从物应为同一人所有。

值得强调的是，当事人的约定可以排除“从物随主物转让”规则的适用。

第三百二十一条　【孳息的归属】 天然孳息，由所有权人取得；既有所有权人又有用益物权人的，由用益物权人取得。当事人另有约定的，按照其约定。

法定孳息，当事人有约定的，按照约定取得；没有约定或者约定不明确的，按照交易习惯取得。

条文解读

天然孳息 ➲ 天然孳息，是指按照原物的自然规律而自然滋生和繁衍的新的独立的物。天然孳息的范围非常广，主要来源于种植业和养殖业，如耕作土地获得粮食和其他出产物，种植果树产生果实，养殖牲畜获得各种子畜和奶产品等。

法定孳息 ➲ 法定孳息，是指物依据法律规定或当事人的法律行为而产生的孳息，如利息、租金等。法定孳息，当事人有约定的，应当按照约定取得；如果没有约定或者约定不明确的，按照交易习惯取得。交易习惯通常是，孳息在没有与原物分离以前，由原物所有权人享有，原物所有权转移后，孳息的所有权随之转移。

第三百二十二条　【添附】因加工、附合、混合而产生的物的归属，有约定的，按照约定；没有约定或者约定不明确的，依照法律规定；法律没有规定的，按照充分发挥物的效用以及保护无过错当事人的原则确定。因一方当事人的过错或者确定物的归属造成另一方当事人损害的，应当给予赔偿或者补偿。

条文解读

添附　添附，是指不同所有权人的物被结合、混合在一起成为一个新物，或者利用别人之物加工成为新物的事实状态。把添附作为取得所有权的根据，原因在于添附发生后，要恢复各物的原状在事实上已不可能或者在经济上是不合理的，有必要使添附物归一方所有或各方共有，以解决双方的争执。

添附物的归属　添附物的归属因添附情况的不同，分为三种类型：(1) 加工：是指一方使用他人的物，将其加工改造为具有更高价值的物。原物因为加工人的劳动而成为新物，如在他人的木板上作画。加工物的所有权归属，如果当事人有约定的依约定处理；无约定的，加工所增价值未超过原材料价值，则加工物归原材料所有权人；如果加工价值显然大于原物的价值，新物可以归加工人所有；如果加工价值与原材料价值相当，可由双方共有。除共有外，不论哪种情况，取得加工物所有权的一方应对对方的加工劳动或原材料的价值予以补偿。(2) 附合：是指不同所有权人的物密切结合在一起而成为一种新物。在附合的情况下，各原所有权人的物虽可识别，但非经拆毁不能恢复原来的状态。如砖、木的附合构建成房屋。附合物的所有权归属应区分两种情况：第一，当动产附合于不动产之上时，由不动产所有权人取得附合物的所有权，原动产所有权人则可取得与其原财产价值相当的补偿。第二，当动产与动产附合时，附合的动产有主从之别的，由主物的所有权人取得附合物的所有权，同时给对方以价值上的补偿。如无主从之别，则由各动产所有权人按其动产附合时的价值共有附合物。（3）混合：是指不同所有权人的物互相结合在一起，难以分开并形成新的财产。如米与米的混合，酒与酒的混合。混合与附合不同，在混合的情况下，已无法识别原各所有权人的财产，而在附合的情况下，原各所有权人的财产仍然能够识别。混合物一般应由原物价值量较大的一方取得所有权，给另一方以相当的补偿。如果原物价值量相差不多，也可由各方共有。

添附的所有权归属规则 ➔ 添附的所有权归属规则是：（1）因加工、附合、混合而产生的物的归属，有约定的按照约定。（2）没有约定或者约定不明确的，依照法律规定。（3）当事人没有约定，法律也没有规定的，按照充分发挥物的效用以及保护无过错当事人的原则确定。发挥物的效用原则，是指物归属于哪一方更能够发挥物的效用，就应归属于哪一方的规则。保护无过错当事人的原则，是指对于无过错一方当事人给予更好的保护。两个原则，应当首先考虑物的效用原则。（4）因一方当事人的过错或者确定物的归属给另一方当事人造成损失的，应当给予赔偿或者补偿。

实务应用

26. 在他人享有使用权之土地上建造房屋而形成附合的，房屋所有权归属于谁？

在他人享有使用权之土地上建造房屋而形成附合的，房屋所有权一般归属于土地使用权人。对实施房屋建造的非土地使用权人所进行的补偿不仅仅包括金钱给付，在特定身份关系下亦应包括居住使用权益。

23. 因一方当事人的过错或者确定物的归属造成另一方当事人损害的，是否应当给予赔偿或者补偿？[1]

2019 年 8 月，某金属表面处理公司向某铁塔公司租赁厂房及生产线，租赁期限为 10 年，同时约定某金属表面处理公司经某铁塔公司同意可以对厂房、设备等进行扩建、改造，但其投资建设的一切固定设施、建筑物均归某铁塔公司所有。之后，某金属表面处理公司使用租赁厂房和生产线进行生产经营，并投入大量资金对厂房、生产线进行改造。2020 年 7 月，某铁塔公司进入破产清算程序，人民法院依法指定管理人接管某铁塔公司。2020 年 9 月，管理人通知某金属表面处理公司解除前述租赁合同。某金属表面处理公司诉至法院，请求确认其购买设备及改造车间费用、遣散工人费用、部分停产停业损失为某铁塔公司的共益债务。

生效裁判认为，本案纠纷虽然发生在民法典施行前，但根据《最高人民法院关于适用〈中华人民共和国民法典〉时间效力的若干规定》第 3 条，本案可以适用民法典关于添附制度的新规定。租赁合同解除后，某金属表面处理公司对租赁标的物所作配套投入形成的添附物所有权依约归某铁塔公司所有。因某铁塔公司进入破产程序而提前解除合同，添附物归属于某铁塔公司导致某金属表面处理公司存在一定损失，依照《民法典》第 322 条“因一方当事人的过错或者确定物的归属造成另一方当事人损害的，应当给予赔偿或者补偿”的规定精神，某铁塔公司应对某金属表面处理公司的损失承担赔偿责任。由于某铁塔公司对某金属表面处理公司所负赔偿责任并非破产程序开始后为了全体债权人的共同利益而负担的债务，不能认定为共益债务。故判决确认某金属表面

① 参见《人民法院贯彻实施民法典典型案例（第二批）》（2023 年 1 月 12 日发布），某金属表面处理公司与某铁塔公司破产债权确认纠纷案，载最高人民法院网 https://www.court.gov.cn/zixun-xiangqing-386521.html，最后访问日期：2023 年 3 月 3 日。

处理公司对某铁塔公司享有普通债权334.3万元。

《民法典》新增添附制度，明确规定添附物所有权归属的认定方式，以及因此造成当事人损害的赔偿或补偿规则，使我国有关产权保护的法律规则体系更加完备。本案中，审理法院依法认定添附物的所有权优先按合同约定确定归属，同时妥善解决因确定添附物归属造成当事人损害的赔偿问题，有效维护了物的归属和利用关系，有利于保障诚信、公平的市场交易秩序。

第三分编　用益物权

第十章　一般规定

第三百二十三条　【用益物权的定义】用益物权人对他人所有的不动产或者动产，依法享有占有、使用和收益的权利。

条文解读

用益物权的特征 ➡ 作为物权体系的重要组成部分，用益物权具备物权的一般特征，如以对物的实际占有为前提、以使用收益为目的，此外还有以下几个方面的特征：（1）用益物权是一种他物权，是在他人所有之物上设立一个新的物权。（2）用益物权是以使用和收益为内容的定限物权，目的就是对他人所有的不动产或动产的使用和收益。（3）用益物权为独立物权，一旦依当事人约定或法律直接规定设立，用益物权人便能独立地享有对标的物的使用和收益权，除了能有效地对抗第三人以外，也能对抗所有权人。

用益物权的基本内容 ➡ 用益物权的基本内容，是对用益物权的标的物享有占有、使用和收益的权利，是通过直接支配他人之物而占有、使用和收益。这是从所有权的权能中分离出来的权能，表现的是对财产的利用关系。用益物权人享有用益物权，就可以占有用益物、使用用益物，对用益物直接支配并进行收益。

用益物权的权利类型 ➲ 用益物权的权利类型，在不同的国家有不同的制度安排，这主要根据一国的政治、经济、历史和文化的不同背景而决定。通常来说，以传统民法上的地上权、地役权和永佃权最具代表性。我国的用益物权制度，是根据我国的社会主义基本经济制度决定的。民法典物权编专章规定的用益物权种类有土地承包经营权，建设用地使用权、宅基地使用权、居住权和地役权。

第三百二十四条　【国家和集体所有的自然资源的使用规则】 国家所有或者国家所有由集体使用以及法律规定属于集体所有的自然资源，组织、个人依法可以占有、使用和收益。

条文解读

城市市区的土地属于国家所有即全民所有。随着社会主义建设事业的不断发展，城市作为政治、经济和文化的中心，在国家和社会生活中具有突出作用。城市中各种形式的用地十分重要和宝贵。在农村和城市郊区，土地是从事农业生产的主要生产资料，是农村劳动群众集体所有制的重要物质基础。为了促进农村各项事业的发展，保障农村和城市郊区劳动者的合法权益，农村和城市郊区的土地除法律规定属于国家所有的以外，一律属于集体所有。宅基地和自留地、自留山，虽然由农民个人使用，但也属于农民集体所有。

第三百二十五条　【自然资源有偿使用制度】 国家实行自然资源有偿使用制度，但是法律另有规定的除外。

条文解读

我国的自然资源使用制度 ➲ 我国的自然资源使用制度包括以作为原则的有偿使用为制度和作为该原则例外的无偿使用两个方面。（1）自然资源有偿使用制度，是指国家以自然资源所有者和管理者的双重身份，为实现所有者权益，保障自然资源的可持续利用，向使用自然资源的单位和个人收取自然资源使用费的制度。(2) 对自然资源的无偿使用必须严格遵守法律规定的范围和条件。无偿使用自然资源情况主要有：为扶持一些公益事业、公共建设，而通过划拨等方式无偿取得土地等自然资源使用权；农村集体经济组织和农民无偿使用水资源等自然资源。

关联参见

《土地管理法》第 2 条、第 54 条；《矿产资源法》第 5 条；《水法》第 7 条；《城市房地产管理法》第 40 条

第三百二十六条　【用益物权的行使规范】用益物权人行使权利，应当遵守法律有关保护和合理开发利用资源、保护生态环境的规定。所有权人不得干涉用益物权人行使权利。

条文解读

用益物权的行使规范 ➲ 用益物权是对所有权的一种限制，所有人在允许他人行使对其物的用益物权时，应当接受来自用益物权的限制。具体表现为：在用益物权依法成立后，所有人不得干涉用益物权人行使权利，也不能随意终止用益物权，除非具备法定理由；所有人不能随意变更用益物权人对所有权的义务内容。

关联参见

《宪法》第 9 条第 2 款、第 10 条第 5 款；《土地管理法》第 3 条

第三百二十七条　【被征收、征用时用益物权人的补偿请求权】因不动产或者动产被征收、征用致使用益物权消灭或者影响用益物权行使的，用益物权人有权依据本法第二百四十三条、第二百四十五条的规定获得相应补偿。

条文解读

征收、征用的原则 ➜ 我国《宪法》第10条第3款规定："国家为了公共利益的需要，可以依照法律规定对土地实行征收或者征用并给予补偿。"这一规定表明征收和征用，应当遵循三个原则：

一是公共利益需要的原则。实施征收、征用，必须是出于公共利益的需要，这是征收、征用的前提条件。公共利益通常是指全体社会成员的共同利益和社会的整体利益。

二是依照法定程序的原则。征收、征用在一定程度上限制了他人的财产权。为了防止这种手段的滥用，平衡他人财产保护和公共利益需要的关系，征收、征用必须严格依照法律规定的程序进行。

三是依法给予补偿的原则。尽管征收和征用是为了公共利益需要，但都不能采取无偿剥夺的方式，必须依法给予补偿。补偿的方式应视财产的类别而加以区别对待。在征收过程中，征收的对象一般都是不动产，并且是所有权的改变，一般都要给予金钱补偿、相应的财产补偿或者其他形式的补偿。在征用过程中，如果是非消耗品，使用结束后，原物还存在的，应当返还原物，对于物的价值减少的部分要给予补偿；如果是消耗品，通常要给予金钱补偿。

征收主要针对不动产，而不动产中又以征收集体所有的土地最具代表性，因此，对征收集体土地，如何对所有权人即农民集体和用益物权人即承包经营权人给予补偿，就显得尤为重要。

关联参见

《宪法》第10条

第三百二十八条　【海域使用权】 依法取得的海域使用权受法律保护。

条文解读

海域使用权 ➲ 海域使用权是指单位或者个人依法取得对国家所有的特定海域排他性的使用权。

单位和个人使用海域，必须依法取得海域使用权。海域使用权取得的方式主要有三种：（1）单位和个人向海洋行政主管部门申请。有关单位和个人使用海域的申请被批准或者通过招标、拍卖方式取得海域使用权后，海域使用权人应当办理登记手续。海域使用申请经依法批准后，国务院批准用海的，由国务院海洋行政主管部门登记造册，向海域使用申请人颁发海域使用权证书；地方人民政府批准用海的，由地方人民政府登记造册，向海域使用申请人颁发海域使用权证书。海域使用申请人自领取海域使用权证书之日起，取得海域使用权。（2）招标。（3）拍卖。招标或者拍卖方案由海洋行政主管部门制订，报有审批权的人民政府批准后组织实施。海洋行政主管部门制订招标或者拍卖方案，应当征求同级有关部门的意见。招标或者拍卖工作完成后，依法向中标人或者买受人颁发海域使用权证书。中标人或者买受人自领取海域使用权证书之日起，取得海域使用权。

关联参见

《海域使用管理法》第19—26条

第三百二十九条　【特许物权依法保护】依法取得的探矿权、采矿权、取水权和使用水域、滩涂从事养殖、捕捞的权利受法律保护。

条文解读

《矿产资源法》《水法》《渔业法》等单行法律对相关的权利都作了较为全面的规定。但是，由于这些法律多是从行政管理的角度对权利进行规范的，这些权利的物权属性并不明确，财产权利的内容并不完善，更缺少对这些权利相应的民事救济措施。因此，《民法典》有必要作出衔接性的规定，明确这些权利受《民法典》以及相关法律的保护。根据特别法优于普通法适用的原则，探矿权、采矿权，取水权，利用水域、滩涂从事养殖、捕捞的权利，首先应当适用《矿产资源法》、《水法》和《渔业法》等法律的规定；《矿产资源法》、《水法》和《渔业法》等法律没有规定的，适用《民法典》的有关规定。

关联参见

《矿产资源法》第3条、第5条、第6条；《水法》第3条、第7条、第48条；《渔业法》第11条、第12条

第十一章　土地承包经营权

第三百三十条　【农村土地承包经营】农村集体经济组织实行家庭承包经营为基础、统分结合的双层经营体制。

农民集体所有和国家所有由农民集体使用的耕地、林地、草地以及其他用于农业的土地，依法实行土地承包经营制度。

条文解读

土地承包经营权制度 ➲ 关于土地承包经营权制度，以下几点需要注意：

（1）土地承包经营权的标的物是农村土地，即农民集体所有和国家所有依法由农民集体使用的耕地、林地、草地，以及其他依法用于农业的土地。“其他依法用于农业的土地”，主要是指养殖水面、“四荒”土地（荒山、荒丘、荒沟、荒滩）以及农田水利设施用地等。

（2）土地承包经营制度包括两种承包方式，即家庭承包和以招标、拍卖、公开协商等方式的承包。农村土地承包采取农村集体经济组织内部的家庭承包方式，不宜采取家庭承包方式的荒山、荒沟、荒丘、荒滩

等农村土地，可以采取招标、拍卖、公开协商等方式承包。

关联参见

《宪法》第8条第1款；《农村土地承包法》第1—3条

第三百三十一条　【土地承包经营权内容】土地承包经营权人依法对其承包经营的耕地、林地、草地等享有占有、使用和收益的权利，有权从事种植业、林业、畜牧业等农业生产。

条文解读

本条明确了土地承包经营权的设定目的在于进行农业生产，包括种植业、林业、畜牧业等。非以从事农业活动为目的而使用他人土地的，不成立土地承包经营权，同时，权利人应当维持土地的农业用途，不得用于非农建设。

实务应用

27. 农户内的家庭成员共同享有承包地上的土地承包经营权是否可分割？

农村集体经济组织成员有权依法承包由本集体经济组织发包的农村土地。根据《农村土地承包法》第16条的规定，家庭承包的承包方是本集体经济组织的农户。农户内家庭成员依法平等享有承包土地的各项权益。农户与村集体签订《土地承包合同书》之后，其家庭即成为土地的承包方，并按照《土地承包合同书》的约定，以家庭为单位享有权利，承担义务。此后，即使家庭内部人数因结婚、出生、去世等原因有所变化，承包经营仍然是以户为单位。也就是说，涉案土地的最小承包单元就是农户，而不是农户内的家庭成员。家庭内部成员在承包合同有效期内依法平等享有承包土地的各项权益，但不是按份共有，不存在份额。因此，农户内的家庭成员共同享有承包地上的土地承包经营权不可分割。

关联参见

《农村土地承包法》第8—11条、第17条；《土地管理法》第13条

第三百三十二条　【土地的承包期限】耕地的承包期为三十年。草地的承包期为三十年至五十年。林地的承包期为三十年至七十年。

前款规定的承包期限届满，由土地承包经营权人依照农村土地承包的法律规定继续承包。

条文解读

耕地、草地、林地 ➲ 我国对土地实行用途管理制度。《土地管理法》按照土地的用途，将土地划分为农用地、建设用地和未利用地，其中的农用地又包括耕地、林地、草地、农田水利用地和养殖水面等。

耕地是指种植农作物的土地，包括灌溉水田、望天田（又称天水田）、水浇地、旱地和菜地。我国农村实行土地承包经营制度的土地主要是耕地。

草地是指以生长草本植物为主，用于畜牧业的土地，包括天然草地、改良草地和人工草地。草原是草地的主体。

林地是指生长乔木、竹类、灌木、沿海红树林的土地，包括有林地、灌木林地、疏林地、未成林造林地以及迹地和苗圃等。

土地承包期届满后的延长 ➲ 本条第2款中"依照农村土地承包的法律规定"所指的是《农村土地承包法》的有关规定，继续承包就是承包期限的延长。根据《中共中央、国务院关于保持土地承包关系稳定并长久不变的意见》的规定，现有承包地在第二轮土地承包到期后由农户继续承包，承包期再延长30年，以各地第二轮土地承包到期为起点计算。以承包地确权登记颁证为基础，已颁发的土地承包权利证书，在新的承包期继续有效且不变不换，证书记载的承包期限届时作统一变

更。对个别调地的，在合同、登记簿和证书上作相应变更处理。

关联参见

《农村土地承包法》第21条

第三百三十三条　【土地承包经营权的设立与登记】 土地承包经营权自土地承包经营权合同生效时设立。

登记机构应当向土地承包经营权人发放土地承包经营权证、林权证等证书，并登记造册，确认土地承包经营权。

条文解读

土地承包经营权的设立 ➲ 土地承包经营权自土地承包经营权合同生效时设立，即土地承包经营权的设立，不采登记生效主义，而是与土地承包经营权合同的生效同步。土地承包经营合同生效后，发包方不得因承办人或者负责人的变动而变更或者解除，也不得因集体经济组织的分立或者合并而变更或者解除。

土地承包经营权的登记与发证 ➲ 土地承包经营权的登记，在性质上属于确权登记，即对业已设立的土地承包经营权，由县级以上地方人民政府的法定登记机关向土地承包经营权人发放土地承包经营权证、林权证或者草原使用权证，并登记造册对权利人的土地承包经营权予以确认。

实务应用

28. 没有土地承包经营权证书是否就无法取得承包经营权？

土地承包经营权可以基于法律行为而取得，也可以基于法律行为以外的事实而取得。前种方式主要包括通过承包合同取得和通过转让取得。而通过承包合同取得土地承包经营权是土地承包经营权取得的最主要方式。承包合同依法成立，承包方即取得承包土地的承包经营权。

承包方与发包方签订承包合同后，不用主动向有关部门申请登记发证，而是由县级以上地方人民政府依法向承包方颁发土地承包经营权证书，同时将土地的使用权属、用途、面积、坐落等情况登记在专门的簿册上，以确认土地承包经营权。土地承包经营权证书，是确认承包方享有土地承包经营权的法律凭证，是调解、仲裁和审理土地承包经营纠纷的证据，受国家法律的保护。

关联参见

《农村土地承包法》第22—24条

第三百三十四条　【土地承包经营权的互换、转让】 土地承包经营权人依照法律规定，有权将土地承包经营权互换、转让。未经依法批准，不得将承包地用于非农建设。

条文解读

土地承包经营权的互换、转让 ➲ 关于土地承包经营权人的经营流转权，《民法典》规定准用于《农村土地承包法》的相关规定。《农村土地承包法》第33条规定，承包方之间为方便耕种或者各自需要，可以对属于同一集体经济组织的土地的土地承包经营权进行互换，并向发包方备案。第34条规定，经发包方同意，承包方可以将全部或者部分的土地承包经营权转让给本集体经济组织的其他农户，由该农户同发包方确立新的承包关系，原承包方与发包方在该土地上的承包关系即行终止。

土地承包经营权流转的期限 ➲ 流转的时间不得超过土地承包经营权的剩余期限。须注意的是，如果流转合同中所定的期限超过了剩余期限，超出承包剩余期限的合同仍有效，只是超出剩余期限部分归于无效。

未经依法批准，不得将承包地用于非农建设 ➲ 农村土地承包经营应当遵守法律、法规，保护土地资源的合理开发和可持续利用。未经依法批准不得将承包地用于非农建设。承包方、土地经营权人违法将承包地用于非农建设的，由县级以上地方人民政府有关主管部门依法予以处罚。承包方给承包地造成永久性损害的，发包方有权制止，并有权要求赔偿由此造成的损失。

关联参见

《农村土地承包法》第 9 条、第 11 条、第 33 条、第 34 条、第 63 条

第三百三十五条　【土地承包经营权流转的登记对抗主义】

土地承包经营权互换、转让的，当事人可以向登记机构申请登记；未经登记，不得对抗善意第三人。

条文解读

土地承包经营权流转的登记对抗主义 ➔ 对土地承包经营权的互换、转让进行登记，指互换、转让土地承包经营权的当事人，申请国家有关登记部门将土地承包经营权互换、转让的事项记载于不动产登记簿上。登记的主要目的在于将土地承包经营权变动的事实予以公示，使他人明确土地承包经营权的权利人。

根据本条规定，土地承包经营权互换、转让的，当事人要求登记的，应当向登记机构申请办理登记。申请登记时，应当提交土地变更登记申请书及相关资料，内容包括：转让人与受让人的姓名、住所，土地坐落、面积、用途，土地承包合同、土地承包经营权转让或者互换合同、土地承包经营权证书，以及登记部门要求提供的其他文件。登记部门收到变更登记的申请及上述文件后，经调查、审核，符合变更登记规定的，变更注册登记，更换或者更改土地承包经营权证书。

实务应用

29. 依法成立的土地经营权流转合同，承包方能否单独解除？

土地承包经营权互换是同一集体经济组织的承包方之间就属于同一经济集体经济组织的土地承包经营权的互换，互换后，当事人可以要求办理农村土地承包经营权证变更登记手续。土地承包经营权互换合同依法成立即生效，除明确约定互换期限的合同或当事人另行约定外，互换行为的效力应当及于整个剩余承包期间。承包方之间对不属于同一集体经济组织的土地承包经营权进行互换，应当认定无效。但互换系不改变土地承包经营权权属的互换耕种除外。依法成立的土地经营权流转合同，具有法律效力，当事人均应履行约定的义务，不得单方擅自解除。除非存在合同约定或法定的事由之时，可解除土地经营权流转合同。《农村土地承包法》第42条规定了承包方可以单方解除土地经营权流转合同的情形，其中受让方的严重违约行为，包括擅自改变土地农业用途、弃耕抛荒连续2年以上、给土地造成严重损害或者严重破坏土地生态环境以及其他严重违约行为。

关联参见

《农村土地承包法》第35条

第三百三十六条　【承包地的调整】承包期内发包人不得调整承包地。

因自然灾害严重毁损承包地等特殊情形，需要适当调整承包的耕地和草地的，应当依照农村土地承包的法律规定办理。

条文解读

发包人对承包地进行个别调整的限制（1）只有出现自然灾害等情形才允许按照规定进行个别调整；至于什么是特殊情况，必须严格依法解释，发包方不得随意自行解释。

（2）允许进行的调整只限于个别农户之间，不得扩大范围调整，更不能在全村范围内打乱原承包地进行重新分配、承包。

（3）允许个别调整只限于耕地和草地，不包括林地。

（4）个别调整必须遵循法定的程序：首先必须经过本集体经济组织村民会议2/3以上成员或者2/3以上村民代表的同意，然后报乡（镇）人民政府批准后，再报县级人民政府农业行政主管部门批准。未经这些程序，不能进行调整。

（5）凡是承包合同已经约定不调整的，应当从其约定。

关联参见

《农村土地承包法》第28—31条

第三百三十七条　【承包地的收回】 承包期内发包人不得收回承包地。法律另有规定的，依照其规定。

条文解读

承包地的收回 ➔ 本条规定，承包期内，发包方不得收回承包地。这一规定对保持土地承包关系稳定并长久不变具有重要意义。赋予农民长期而有保障的土地使用权，维护农村土地承包关系的长期稳定，是土地承包经营权立法的重要指导思想。当然，承包地并非一律不得收回，根据有关规定，在符合法律规定的情形下，也是可以收回的。

值得注意的是，承包人应当交回的承包地仅指耕地和草地，并不包括林地。并且，不论是承包方主动交回承包地，还是发包方依法收回承包地，承包方对其在承包地上投入而提高土地生产能力的，有权获得相应的补偿。

关联参见

《农村土地承包法》第27条

第三百三十八条　【征收承包地的补偿规则】承包地被征收的，土地承包经营权人有权依据本法第二百四十三条的规定获得相应补偿。

条文解读

征收承包地的补偿规则 ➲ 土地承包经营权是在集体所有的土地上派生出来的用益物权，土地承包经营权人是享有用益物权的权利人。《农村土地承包法》规定，承包方的权利之一就是，承包地被依法征收、征用、占用的，有权依法获得相应的补偿。因此，承包人对承包的土地依法享有在承包期内占有、使用、收益等权利，承包地被依法征收的，承包人有权依法获得相应的补偿。

根据《民法典》第243条的规定，为了公共利益的需要，依照法律规定的权限和程序可以征收集体所有的土地和组织、个人的房屋以及其他不动产。征收集体所有的土地，应当依法及时足额支付土地补偿费、安置补助费以及农村村民住宅、其他地上附着物和青苗等的补偿费用，并安排被征地农民的社会保障费用，保障被征地农民的生活，维护被征地农民的合法权益。关于补偿的标准，《土地管理法》第48条规定，征收土地应当给予公平、合理的补偿，保障被征地农民原有生活水平不降低、长远生计有保障。征收土地应当依法及时足额支付土地补偿费、安置补助费以及农村村民住宅、其他地上附着物和青苗等的补偿费用，并安排被征地农民的社会保障费用。征收农用地的土地补偿费、安置补助费标准由省、自治区、直辖市通过制定公布区片综合地价确定。制定区片综合地价应当综合考虑土地原用途、土地资源条件、土地产值、土地区位、土地供求关系、人口以及经济社会发展水平等因素，并至少每3年调整或者重新公布一次。征收农用地以外的其他土地、地上附着物和青苗等的补偿标准，由省、自治区、直辖市制定。对其中的农村村民住宅，应当按照先补偿后搬迁、居住条件有改善的原则，尊重农村村民意愿，采取重新安排宅基地建房、提供安置房或者货币补偿等方式给予公平、合理的补偿，并对因征收造成的搬迁、临时安置等费用予以补偿，保障农村村民居住的权利和合法的住房财产权益。县级以上地方人民政府应当将被征地农民纳入相应的养老等社会保障体系。被征地农民的社会保障费用主要用于符合条件的被征地农民的养老保险等社会保险缴费补贴。被征地农民社会保障费用的筹集、管理和使用办法，由省、自治区、直辖市制定。

关联参见

《土地管理法》第47条、第48条；《农村土地承包法》第17条

第三百三十九条　【土地经营权的流转】土地承包经营权人可以自主决定依法采取出租、入股或者其他方式向他人流转土地经营权。

条文解读

土地经营权的流转 ➲ 土地经营权，是建立在农村土地承包经营的“三权分置”制度之上产生的权利，即在农村土地集体所有权的基础上，设立土地承包经营权，再在土地承包经营权之上设立土地经营权，构成“三权分置”的农村土地权利结构。其中，土地所有权归属于农村集体经济组织所有，土地承包经营权归属于承包该土地的农民家庭享有。由于土地承包经营权流转性不强，因而在土地承包经营权之上，再设立一个土地经营权，属于土地承包经营权人享有的、可以进行较大范围流转并且能够保持土地承包经营权不变的用益物权。

建立在土地承包经营权上的土地经营权，是土地承包经营权人的权利，权利人可以将其转让，由他人享有和行使土地经营权，而土地承包经营权人保留土地承包经营权，并因转让土地经营权而使自己获益。这就是设置“三权分置”制度的初衷。

根据本条的规定，土地经营权流转的方式主要有三种：

（1）出租。出租就是承包方以与非本集体经济组织成员的受让方签订租赁合同的方式设立土地经营权，由受让方在合同期限内占有、使用承包地，并按照约定向承包方支付租金。

（2）入股。入股就是承包方将土地经营权作为出资方式投入农民专业合作社、农业公司等，并按照出资协议约定取得分红。承包方以土地经营权入股后，即成为农民专业合作社的成员或者公司的股东，享有法律规定的合作社成员或公司股东的权利，可以参与合作社、公司的经营管理，与其他成员、股东一道共担风险、共享收益。为了促进和规范土地经营权入股行为，农业农村部、国家发展改革委、财政部等部门于2018年12月出台了《关于开展土地经营权入股发展农业产业化经营试点的指导意见》，对土地经营权入股的基本原则、入股的实现形式、运行机制、风险防范等作了详细规定。

（3）其他方式。其他方式就是出租、入股之外的方式。比如，根据《农村土地承包法》第47条第1款的规定，承包方可以用承包地的土地经营权向金融机构融资担保。这也是一种设立土地经营权的方式。在当事人以土地经营权设定担保物权时，一旦债务人未能偿还到期债务，担保物权人就有权就土地经营权优先受偿。

关联参见

《农村土地承包法》第36条

第三百四十条　【土地经营权人的基本权利】土地经营权人有权在合同约定的期限内占有农村土地，自主开展农业生产经营并取得收益。

条文解读

土地经营权人的基本权利 ➲ 土地经营权也是用益物权，通过转让而取得土地经营权的权利人，是用益物权人，享有用益物权的权利。

根据《民法典》及《农村土地承包法》等相关法律规定，土地经营权人的权利具体包括以下七个方面的内容：

（1）占有权。土地经营权人取得土地经营权后，即有权占有承包方的承包地。所谓占有，就是对承包地享有支配权并排除他人非法干涉。土地经营权人对承包地的占有是直接占有，是对承包地的实际控制。土地经营权人占有承包地是合法占有，这项权利受到侵害时，土地经营权人有权要求侵权人承担排除妨碍、停止侵权、赔偿损失等民事责任。占有的对象就是承包地，包括耕地、林地、草地。

（2）使用权。使用权是指按照物的属性和功能，不损毁或改变物的性质，对物加以生产或生活上的利用。土地经营权人对承包地享有使用权，就是利用承包地开展农业生产经营的权利。土地经营权人不得将农业用地转为非农用地，不得用来建设房屋、工厂等。此外，需要注意的是，土地经营权人还必须严格按照农业用地种类性质使用承包地。土地经营权人流转受让的是耕地，就必须从事种植业，不得变更为林业或者牧业用途；同样，如果流转受让的是林地或者草地，也不得开垦成为耕地。特别是，如果受让的是基本农田，还必须遵守国务院有关基本农田保护的行政法规和部门规章的相关规定。对于土地经营权人的使用权，双方当事人应当在流转合同中依法约定土地的性质、种类和用途，确保土地经营权人依法按照合同约定使用承包地。

（3）收益权。土地经营权人占有、使用流转取得的承包地，最终目的就是取得农业生产经营的收益。比如，利用耕地种植粮食作物、经济作物，产出粮食等农产品；利用林地种植林木后，依法砍伐林木；利用草地放牧牛羊等。这些收益权都属于土地经营权人，任何人不得侵害。此外，土地经营权人也有权利用农业生产设施，开展附随性的经济活动，比如开农家乐、果蔬采摘等商业经营获取收益，这些收益权同样也受法律保护。

（4）改良土壤、建设附属设施的权利。《农村土地承包法》第 43 条规定，经承包方同意，受让方可以依法投资改良土壤，建设农业生产附属、配套设施，并按照合同约定对其投资部分获得合理补偿。因此，土地经营权人经承包方同意，可以对承包地进行改良。比如，通过平整土地、培肥地力、修缮沟渠等，建设高标准农田，提升改良耕地的品质。土地经营权人还可以建设农业生产附属、配套设施，比如安装建设农业生产所需的大棚、自动喷灌系统等。土地经营权人进行改良土壤、建设设施的，在土地经营权到期后，还可以根据合同约定获得合理补偿，承包方应当根据约定向其支付相应的补偿费。

（5）再流转的权利。《农村土地承包法》第46条规定，经承包方书面同意，并向本集体经济组织备案，受让方可以再流转土地经营权。根据此规定，土地经营权人可以再次流转其土地经营权受到几个方面的限制：一是在程序上，既要征得承包方的书面同意，还必须向发包方备案；二是再次流转的权利义务应当与承包方所签流转合同约定保持一致，不能超出原合同约定的权利范围；三是在流转期限上，再次流转的期限不得超过原流转期限的剩余期限。

（6）以土地经营权融资担保的权利。《农村土地承包法》第47条第1款规定，受让方通过流转取得的土地经营权，经承包方书面同意并向发包方备案，可以向金融机构融资担保。根据此规定土地经营权人可以以土地经营权为担保向金融机构融资。需要注意的是，土地经营权人以土地经营权设定担保同样要征得承包方的书面同意，并且向发包方备案。

（7）其他权利。土地经营权人还可以根据法律规定或者合同约定享有其他权利。比如，在流转合同有约定的情况下，承包地被依法征收或者征用时，土地经营权人可以获得相应补偿等。

当然，土地经营权人依法享有权利的同时，也应当遵守法律规定和合同约定的义务，比如按照合同约定支付流转价款、按照法律规定利用承包地等。

关联参见

《农村土地承包法》第37条

第三百四十一条　【土地经营权的设立与登记】流转期限为五年以上的土地经营权，自流转合同生效时设立。当事人可以向登记机构申请土地经营权登记；未经登记，不得对抗善意第三人。

条文解读

土地经营权的设立与登记 ➲ 土地经营权作为用益物权，其设立的方式是出让方和受让方签订土地经营权出租、入股等合同，在合同中约定双方各自的权利义务。对于流转期限为5年以上的土地经营权流转，当该合同生效时土地经营权就设立，受让方取得土地经营权。对于土地经营权的登记问题，本条规定采登记对抗主义，即当事人可以向登记机构申请土地经营权登记，未经登记的，不得对抗善意第三人。

对于不满5年的土地经营权流转，本条没有明文规定，其实也应当自流转合同生效时设立，不会在其他的时点发生取得土地经营权的效力。至于是否应当登记，可以理解为可以登记也可以不登记，不过5年以上的土地经营权的登记也是自愿为之，也没有规定为强制登记，因而不足5年的土地经营权应当理解为不必登记。

关联参见

《农村土地承包法》第41条

第三百四十二条　【以其他方式承包取得的土地经营权流转】通过招标、拍卖、公开协商等方式承包农村土地，经依法登记取得权属证书的，可以依法采取出租、入股、抵押或者其他方式流转土地经营权。

条文解读

根据《农村土地承包法》的规定，通过家庭方式承包土地取得土地承包经营权后，登记机构应当向承包方颁发土地承包经营权证或者林权证等证书，并登记造册，确认土地承包经营权。承包方在此基础上，可以直接向他人流转土地经营权。但是，以招标、拍卖、公开协商等方式取得的土地经营权，承包方有的与发包人是债权关系，比如承包菜地，约定承包期为3年，其间是一种合同关系；而承包“四荒地”，由于期限较长，投入又大，双方需要建立一种物权关系，以便更好地保护，其权利因此应当依法登记，取得权属证书。在此前提下，土地经营权才具备流转的基础承包方才可以依法向他人流转土地经营权。需要注意的是，通过其他方式承包土地所取得的土地经营权是通过市场化的行为并支付一定的对价获得的，其流转无须向发包人备案或经发包人同意。对受让方也没有特别限制，接受流转的一方可以是本集体经济组织以外的个人、农业公司等。

关联参见

《农村土地承包法》第53条

第三百四十三条　【国有农用地承包经营的法律适用】 国家所有的农用地实行承包经营的，参照适用本编的有关规定。

条文解读

国家所有的农用地的承包经营 ➲ 对于国家所有用于农业的土地，有的由农民集体长期使用，实行农村土地承包经营制度；有的由单位（包括集体）或者个人承包经营；有的通过组建国有农场、林场等进行生产经营；有的还没有完全开发利用。根据本条，对交由农民集体使用以外的国有农用地实行承包经营的，可以根据实际情况，在承包方式、承包期限、承包的权利义务等方面参照《民法典》关于农民集体所有土地承包经营的规定执行，以促进国有农用地资源的合理开发利用，维护承包人的合法权益。

注意，本条调整的不是所有国有土地的承包经营，而仅限于用于农业生产的国有土地的承包经营。

关联参见

《宪法》第10条；《土地管理法》第9条

第十二章　建设用地使用权

第三百四十四条　【建设用地使用权的概念】 建设用地使用权人依法对国家所有的土地享有占有、使用和收益的权利，有权利用该土地建造建筑物、构筑物及其附属设施。

条文解读

建设用地使用权 建设用地包括住宅用地、公共设施用地、工矿用地、交通水利设施用地、旅游用地、军事设施用地等。建设用地使用权人为建设所使用的只能是城市国有土地，或者依据法律规定属于国家所有的农村或城市郊区的土地。而集体所有的土地只有在被国家征收转变为国有土地的前提下，才可用于非农业建设，成为《民法典》意义上的建设用地。

建设用地使用权人使用土地的范围限于利用该土地建造建筑物、构筑物及附属设施。换言之，不以建造建筑物、构筑物及附属设施为目的而使用国有土地的，则不属于建设用地使用权的范畴。本条中的建筑物主要是指住宅、写字楼、厂房等。构筑物主要是指不具有居住或者生产经营功能的人工建造物，比如道路、桥梁、隧道、水池、水塔、纪念碑等；附属设施主要是指附属于建筑物、构筑物的一些设施。由于我国土地所有权不允许流转，因此，建设用地使用权具有实现土地流转的功能。

关联参见

《城市房地产管理法》第二章；《土地管理法》第4条

第三百四十五条　【建设用地使用权的分层设立】 建设用地使用权可以在土地的地表、地上或者地下分别设立。

条文解读

建设用地使用权的分层设立 ➲ 我国城市的土地属于国家所有，农村的土地属于集体所有。土地的性质决定了土地上下空间的所有权属于国家和集体，当事人只能通过设定建设用地使用权等用益物权的方式取得对土地以及上下空间的使用。目前，集体土地需要征收为国家所有后才能出让，国家在出让建设用地使用权时，只要对建筑物的四至、高度、建筑面积和深度作出明确的规定，那么该建筑物占用的空间范围是可以确定的。根据《民法典》第 348 条第 2 款第 3 项的规定，建设用地使用权出让时，应当在合同中明确规定建筑物、构筑物以及附属设施占用的空间。这样建设用地使用权人对其取得的建设用地的范围就能界定清楚。比如，同一块土地地下 10 米至地上 70 米的建设用地使用权出让给甲公司建写字楼；地下 20—40 米的建设用地使用权出让给乙公司建地下商场。在分层出让建设用地使用权时，不同层次的权利人是按照同样的规定取得土地使用权的，在法律上他们的权利和义务是相同的，只不过其使用权所占用的空间范围有所区别。所以，建设用地使用权的概念完全可以解决对不同空间土地的利用问题，因此没有引入空间利用权的概念，即建设用地使用权可以在土地的地表、地上或者地下分别设立。

第三百四十六条　【建设用地使用权的设立原则】 设立建设用地使用权，应当符合节约资源、保护生态环境的要求，遵守法律、行政法规关于土地用途的规定，不得损害已经设立的用益物权。

条文解读

已经设立的用益物权 ➲ “已经设立的用益物权”，指在同一块建设用地上在先设立的地表、地上或者地下的建设用地使用权，还包括在先设立的地役权。

关联参见

《宪法》第9条；《环境保护法》第6条；《土地管理法》第4条、第21条

第三百四十七条　【建设用地使用权的出让方式】 设立建设用地使用权，可以采取出让或者划拨等方式。

工业、商业、旅游、娱乐和商品住宅等经营性用地以及同一土地有两个以上意向用地者的，应当采取招标、拍卖等公开竞价的方式出让。

严格限制以划拨方式设立建设用地使用权。

条文解读

建设用地使用权设立的方式 ➔ 建设用地使用权取得的方式主要有两种：有偿出让和无偿划拨。有偿出让，是指出让人将一定期限的建设用地使用权出让给建设用地使用权人使用，建设用地使用权人向出让人支付一定的出让金。有偿出让是建设用地使用权出让的主要方式，包括拍卖、招标和协议等。划拨是无偿取得建设用地使用权的一种方式，是指县级以上人民政府依法批准，在建设用地使用权人缴纳补偿、安置等费用后将该幅土地交付其使用，或者将建设用地使用权无偿交付给建设用地使用权人使用的行为。划拨土地没有期限的规定。

对于本条首先应注意，不同设立方式的地位：出让为主，划拨为辅，并应遵守严格的程序和范围；其次应结合《土地管理法》和《城市房地产管理法》等相关规定明确不同设立方式的适用范围；最后注意因建设用地使用权设立的方式不同，因此发生的纠纷解决方式也不同：因签订出让合同设立建设用地使用权发生纠纷的，当事人应通过民事诉

讼解决，人民法院审理时也应适用《民法典》《城市房地产管理法》《招标投标法》等。而因划拨方式设立建设用地使用权发生纠纷的，应通过行政诉讼，而不是民事诉讼的方式解决。

关联参见

《土地管理法》第 54 条；《城市房地产管理法》第 8 条、第 13 条、第 23 条、第 24 条

第三百四十八条　【建设用地使用权出让合同】 通过招标、拍卖、协议等出让方式设立建设用地使用权的，当事人应当采用书面形式订立建设用地使用权出让合同。

建设用地使用权出让合同一般包括下列条款：

（一）当事人的名称和住所；

（二）土地界址、面积等；

（三）建筑物、构筑物及其附属设施占用的空间；

（四）土地用途、规划条件；

（五）建设用地使用权期限；

（六）出让金等费用及其支付方式；

（七）解决争议的方法。

关联参见

《城市房地产管理法》第 15 条；《城镇国有土地使用权出让和转让暂行条例》第 11 条、第 12 条

第三百四十九条　【建设用地使用权的登记】 设立建设用地使用权的，应当向登记机构申请建设用地使用权登记。建设用地使用权自登记时设立。登记机构应当向建设用地使用权人发放权属证书。

条文解读

建设用地使用权登记是指县级以上人民政府将土地的权属、用途、面积等基本情况登记在登记簿上，并向建设用地使用权人颁发使用权证书。设立建设用地使用权，建设用地使用权人应当向登记机构申请建设用地使用权登记。登记机构应当向建设用地使用权人发放权属证书。建设用地使用权适用登记生效的原则，经登记生效。根据《土地管理法》的规定，我国目前的建设用地使用权是由县级以上人民政府登记造册，核发证书。

以划拨方式设立建设用地使用权的，根据目前的规定当事人不需要签订合同，而是通过“国有土地划拨决定书”的形式，将建设用地使用权交给建设用地使用权人使用。划拨土地应当按照以下规定办理登记手续：新开工的大中型建设项目使用划拨国有土地的，建设用地使用权人应当在接到县级以上人民政府发给的建设用地批准书之日起30日内，持建设用地批准书申请土地预告登记，建设项目竣工验收后，建设单位应当在该建设项目竣工验收之日起30日内，持建设项目竣工验收报告和其他有关文件申请建设用地使用权登记；其他项目使用划拨国有土地的，建设用地使用权人应当在接到县级以上人民政府批准用地文件之日起30日内，持批准用地文件申请建设用地使用权登记。

目前，我国的土地登记是以宗地为基本单元。使用两宗以上建设用地的建设用地使用权人应当分宗申请登记。两个以上建设用地使用权人共同使用一宗建设用地的，应当分别申请登记。跨县级行政区使用土地的，应当分别向建设用地所在地县级以上地方人民政府土地管理部门申请登记。

关联参见

《土地管理法》第12条；《城市房地产管理法》第60条

第三百五十条　【土地用途限定规则】 建设用地使用权人应当合理利用土地，不得改变土地用途；需要改变土地用途的，应当依法经有关行政主管部门批准。

条文解读

出让合同的建设用地使用权人擅自改变约定的土地使用用途的，属于根本违约，出让方有权解除合同。

关联参见

《土地管理法》第 4 条、第 56 条；《城市房地产管理法》第 18 条、第 44 条

第三百五十一条　【建设用地使用权人支付出让金等费用的义务】 建设用地使用权人应当依照法律规定以及合同约定支付出让金等费用。

条文解读

建设用地使用权人支付出让金等费用的义务 ➲ 出让方虽然可依建设用地使用权人不支付出让金而要求解除合同，但人民法院是否解除合同，还应结合土地的实际情况。如土地已经交付使用，并开始建设；或者建设用地使用权已经设立登记等情况下，一般不准许解除合同。而是责令使用权人支付土地出让金，并承担违约责任。

应当支付土地出让金等费用的情形：（1）在取得建设用地使用权时，采用出让等有偿使用方式的，应当支付出让金等费用。《土地管理法》第 55 条第 1 款规定，以出让等有偿使用方式取得国有土地使用权的建设单位，按照国务院规定的标准和办法，缴纳土地使用权出让金等土地有偿使用费和其他费用后，方可使用土地。（2）在建设用地使用权转让时，通过划拨取得的建设用地使用权应当补缴出让金。《城市房地

产管理法》第40条规定，以划拨方式取得土地使用权的，转让房地产时，应当按照国务院规定，报有批准权的人民政府审批。有批准权的人民政府准予转让的，应当由受让方办理土地使用权出让手续，并依照国家有关规定缴纳土地使用权出让金。以划拨方式取得土地使用权的，转让房地产报批时，有批准权的人民政府按照国务院规定决定可以不办理土地使用权出让手续的，转让方应当按照国务院规定将转让房地产所获收益中的土地收益上缴国家或者作其他处理。《城市房地产管理法》第51条规定，设定房地产抵押权的土地使用权是以划拨方式取得的，依法拍卖该房地产后，应当从拍卖所得的价款中缴纳相当于应缴纳的土地使用权出让金的款额后，抵押权人方可优先受偿。

关联参见

《土地管理法》第2条、第55条；《城市房地产管理法》第3条、第15条、第16条、第39条、第40条、第51条、第67条

第三百五十二条　【建设用地使用权人建造的建筑物、构筑物及其附属设施的归属】建设用地使用权人建造的建筑物、构筑物及其附属设施的所有权属于建设用地使用权人，但是有相反证据证明的除外。

条文解读

（1）这里规定的建筑物、构筑物及其附属设施必须是合法建造产生的。违章建筑是要被没收和强制拆除的，更不会产生合法的所有权。因此，并不在本条的调整范围内。

（2）本条所说的例外情况，主要是针对在现在的城市房地产建设中，一部分市政公共设施，是通过开发商和有关部门约定，由开发商在房地产项目开发中配套建设，但是所有权归国家。这部分设施，其性质属于市政公用，其归属就应当按照有充分的证据证明的事先约定来确

定，而不是当然地归建设用地使用权人。后续通过房地产交易成为建设用地使用权人的权利人也应当尊重这种权属划分。

（3）本条解决的是建筑物的原始取得问题。在实践中还存在：地上建筑物不是建设用地使用权人建造；是建设用地使用权人建造，但是基于与他人设立的其他法律关系，如合资、合作等，并约定建筑物权利归属的；建设用地使用权人已经将建筑物预售予他人等情况。在这些情况下，如果当事人只是未办理土地使用权变更登记，而其他方面均合法的情况下，建筑物可归于他人，但应责令双方办理建设用地使用权变更登记手续。

关联参见

《土地管理法》第 74 条、第 77 条、第 83 条

第三百五十三条　【建设用地使用权的流转方式】建设用地使用权人有权将建设用地使用权转让、互换、出资、赠与或者抵押，但是法律另有规定的除外。

关联参见

《土地管理法》第 2 条；《城市房地产管理法》第 38—40 条、第 48 条、第 51 条；《城镇国有土地使用权出让和转让暂行条例》第 4 条、第 19 条

第三百五十四条　【建设用地使用权流转的合同形式和期限】建设用地使用权转让、互换、出资、赠与或者抵押的，当事人应当采用书面形式订立相应的合同。使用期限由当事人约定，但是不得超过建设用地使用权的剩余期限。

关联参见

《城市房地产管理法》第 15 条、第 43 条

第三百五十五条　【建设用地使用权流转登记】建设用地使用权转让、互换、出资或者赠与的，应当向登记机构申请变更登记。

条文解读

适用本条应注意建设用地使用权流转合同与变更登记二者的效力独立存在。建设用地使用权合同有效成立后，其未经变更登记的，不发生使用权的变动。但是流转合同依然有效，当事人有权要求相对方履行合同义务。如果在同一建设用地使用权上同时存在两个以上均有效的、但相冲突的使用权流转合同关系，则已经办理了使用权变更登记的受让方取得该建设用地使用权，而其他受让方只能依合同请求转让方承担违约责任。

第三百五十六条　【建设用地使用权流转之房随地走】建设用地使用权转让、互换、出资或者赠与的，附着于该土地上的建筑物、构筑物及其附属设施一并处分。

条文解读

建设用地使用权流转之房随地走 根据法律、行政法规的规定，建设用地使用权流转时，其地上建筑物和其他附着物同时流转。《城市房地产管理法》第32条规定："房地产转让、抵押时，房屋的所有权和该房屋占用范围内的土地使用权同时转让、抵押。"《城镇国有土地使用权出让和转让暂行条例》第23条规定："土地使用权转让时，其地上建筑物、其他附着物所有权随之转让。"《城镇国有土地使用权出让和转让暂行条例》第33条第1款规定："土地使用权抵押时，其地上建筑物、其他附着物随之抵押。"

本条规定主要包括两个层次：（1）建设用地使用权按照《民法典》第353条的规定发生转让；（2）依附于该建设用地使用权的建筑物、构筑物及其附属设施随之转让。在存在《民法典》第345条规定的同一土地的地表、地上或者地下分别设立不同建设用地使用权的情况下，建筑物、构筑物及其附属设施只依附于其所在空间的建设用地使用权。这就是人们通常所说的“房随地走”。这一规定与已有法律制度是一致的，也符合社会生活常识。

案例指引

24. 房屋作为建筑物转让后，占用范围内的建设用地使用权是否一并处分？①

1999年4月，北京某发展总公司与某仪表公司签订《房地产有偿转让协议》，主要约定北京某发展总公司将其所属的原亭子庄乡政府院房地产有偿转让于某仪表公司。北京某发展总公司于2000年5月将公司名称变更登记为某科技公司。2018年8月，某科技公司以确认合同无效纠纷为由将某仪表公司诉至法院，2020年1月，某科技公司以返还原物纠纷为由诉至法院，但未按期交纳诉讼费，法院裁定按撤诉处理。7月，某科技公司再次以返还原物纠纷为由诉至法院，基于物权要求某仪表公司将位于昌平区亭子庄乡亭子庄东北侧房屋188间及院落腾空、恢复原状，予以返还。

法院经审理认为：不动产物权的设立、变更、转让和消灭，经依法登记发生效力。建筑物、构筑物及其附属设施转让、互换、出资或者赠与的，该建筑物、构筑物及其附属设施占用范围内的建设用地使用权一并处分。关于某科技公司主张的腾空并返还涉案院落的请求，因双方《房地产有偿转让协议》明确约定了转让的“四至范围”包含院落，且案涉房屋作为建筑物转让后，占用范围内的建设用地使用权一并处分，现某科技公司主张返还院落，缺乏依据，不予支持。

---

① 参见《某科技公司诉某仪表公司返还原物案》，案号：（2020）京0114民初6860号，载国家法官学院、最高人民法院司法案例研究院编：《中国法院2022年度案例．物权纠纷》，中国法制出版社2022年版，第82页。

关联参见

《城市房地产管理法》第32条；《城镇国有土地使用权出让和转让暂行条例》第23条、第33条第1款

第三百五十七条　【建设用地使用权流转之地随房走】 建筑物、构筑物及其附属设施转让、互换、出资或者赠与的，该建筑物、构筑物及其附属设施占用范围内的建设用地使用权一并处分。

条文解读

本条和上一条规定了建设用地使用权与其地上不动产一并处分的规则。这两条实际上是一个整体，只要建设用地使用权和地上房屋有一个发生了转让，另外一个就要相应转让。从法律后果上说，不可能也不允许把“房”和“地”分别转让给不同的主体。此外，本条中所讲的附属设施占用范围内的建设用地使用权有可能是一宗单独的建设用地使用权，也有可能是共同享有的建设用地使用权中的份额，特别是在建筑物区分所有的情况下。转让占用范围内的建设用地使用权不可能也不应该导致对业主共同享有的建设用地使用权的分割。在这种情况下，除本条外，还要依据业主的建筑物区分所有权的有关规定，全面确定当事人的权利义务。

关联参见

《城市房地产管理法》第32条；《城镇国有土地使用权出让和转让暂行条例》第33条第2款、第34条

第三百五十八条　【建设用地使用权的提前收回及其补偿】 建设用地使用权期限届满前，因公共利益需要提前收回该土地的，应当依据本法第二百四十三条的规定对该土地上的房屋以及其他不动产给予补偿，并退还相应的出让金。

条文解读

建设用地使用权的提前收回及其补偿 ➜ 首先，提前收回建设用地使用权在性质上与征收不同：征收是国家把集体、单位、个人的不动产变为国有的财产，是一种改变所有权形态的行为，并不适用于建设用地使用权。但是，为了公共利益的需要，国家可以提前收回建设用地使用权。由于建设用地使用权人往往是按照建设用地使用权期限缴纳出让金取得建设用地使用权的，因此，提前收回建设用地使用权的，出让人应向建设用地使用权人退还相应的出让金。

其次，本条适用的前提是建设用地使用权尚未届满。对于使用期间已经届满的建设用地使用权的收回，不适用本条规定。

最后，对建设用地使用权提前收回，必须满足为公共利益需要的目的。但本条并没有明确“公共利益”所应包含的具体情形。因“公共利益”的内容具有不确定性，在不同领域内、不同背景下、不同的情境下，其内容是不同的，应结合实际情况具体分析。

关联参见

《土地管理法》第58条

第三百五十九条 【建设用地使用权期限届满的处理规则】

住宅建设用地使用权期限届满的，自动续期。续期费用的缴纳或者减免，依照法律、行政法规的规定办理。

非住宅建设用地使用权期限届满后的续期，依照法律规定办理。该土地上的房屋以及其他不动产的归属，有约定的，按照约定；没有约定或者约定不明确的，依照法律、行政法规的规定办理。

条文解读

建设用地使用权期限届满的处理规则 ➜ 住宅建设用地使用权期间

届满的，自动续期，意味着住宅建设用地使用权人无须担心因建设用地使用权期间届满导致其居住的建筑物所有权的丧失。

实务应用

30. 为什么非住宅建设用地使用权没有采取自动续期的规定？

这是因为非住宅建设用地和住宅建设用地有较大的区别。非住宅建设用地的使用期限相对比较短，使用用途也各不相同。有的建设用地使用权人仅需要在特定的期限内使用建设用地，过了该期限，就没有使用该土地的必要。因此，不宜将自动续期作为非住宅建设用地使用权适用的一般原则，是否续期应当由建设用地使用权人自己决定。根据本条的规定，非住宅建设用地使用权的续期，按照法律规定办理，即建设用地使用权可以在建设用地使用权期限届满前一年申请续期。只要建设用地使用权人提出续期的要求，出让人就应当同意，只有在公共利益需要使用该建设用地的情况下，出让人才有权拒绝建设用地使用权人续期的要求，收回该土地。

关联参见

《城市房地产管理法》第22条

第三百六十条　【建设用地使用权注销登记】建设用地使用权消灭的，出让人应当及时办理注销登记。登记机构应当收回权属证书。

条文解读

建设用地使用权注销登记 ➲《国家土地管理局土地登记规则》第54条规定："县级以上人民政府依法收回国有土地使用权的，土地管理部门在收回土地使用权的同时，办理国有土地使用权注销登记，注销土地证书。"第55条规定："国有土地使用权出让或者租赁期满，未申请续期或者续期申请未获批准的，原土地使用者应当在期满之日前十五日内，持原土地证书申请国有土地使用权注销登记。”第 56 条规定：“因自然灾害等造成土地权利灭失的，原土地使用者或者土地所有者应当持原土地证书及有关证明材料，申请土地使用权或者土地所有权注销登记。”

考虑到出让人全面掌握建设用地使用权消灭的情形，所以本条规定，注销登记由出让人及时办理。建设用地使用权注销后登记机构应当收回权属证书。

第三百六十一条　【集体土地作为建设用地的法律适用】集体所有的土地作为建设用地的，应当依照土地管理的法律规定办理。

第十三章　宅基地使用权

第三百六十二条　【宅基地使用权内容】宅基地使用权人依法对集体所有的土地享有占有和使用的权利，有权依法利用该土地建造住宅及其附属设施。

条文解读

宅基地使用权 (1) 本条规定的宅基地仅为集体所有的土地，而不包括国家所有的土地。需要使用国有土地建设住宅的，必须获得建设用地使用权。

(2) 宅基地归集体所有，作为集体成员的农民享有使用权。

(3) 宅基地使用权只能用于建造住宅及其附属设施。所谓建造住宅及其附属设施，是指为保障农村居民生活居住，农村村民建造住房以及与住房的居住生活有关的其他建筑物和设施。

(4) 宅基地使用权是一种带有社会福利性质的权利，为解决农民的基本居住问题，由作为集体成员的农民无偿取得，无偿使用。

关联参见

《宪法》第10条第2款；《土地管理法》第9条、第48条、第62条

第三百六十三条 【宅基地使用权的法律适用】 宅基地使用权的取得、行使和转让，适用土地管理的法律和国家有关规定。

条文解读

宅基地使用权的法律适用 ➔ 农村村民一户只能拥有一处宅基地，其宅基地的面积不得超过省、自治区、直辖市规定的标准。人均土地少、不能保障一户拥有一处宅基地的地区，县级人民政府在充分尊重农村村民意愿的基础上，可以采取措施，按照省、自治区、直辖市规定的标准保障农村村民实现户有所居。农村村民建住宅，应当符合乡（镇）土地利用总体规划、村庄规划，不得占用永久基本农田，并尽量使用原有的宅基地和村内空闲地。编制乡（镇）土地利用总体规划、村庄规划应当统筹并合理安排宅基地用地，改善农村村民居住环境和条件。农村村民住宅用地，由乡（镇）人民政府审核批准；其中，涉及占用农用地的，依照《土地管理法》第44条的规定办理审批手续。农村村民出卖、出租、赠与住宅后，再申请宅基地的，不予批准。国家允许进城落户的农村村民依法自愿有偿退出宅基地，鼓励农村集体经济组织及其成员盘活利用闲置宅基地和闲置住宅。国务院农业农村主管部门负责全国农村宅基地改革和管理有关工作。

案例指引

25. 相邻宅基地权属不清，应当如何处理？[①]

康某与徐某是同村村民，两家东西相邻。2021年3月康某开始翻建

---

① 参见陈淙：《宅基地相邻引争议 权属边界要厘清》，载北京法院网 https：//bjgy.bjcourt.gov.cn/article/detail/2022/12/id/7045617.shtml，最后访问日期：2023年2月27日。

房屋，同年 5 月徐某开始翻建房屋。康某依据乡镇政府在 1981 年出具的林权证主张徐某新建西墙侵占两家院落之间的散水，要求拆除徐某家的西墙，恢复散水原貌，并要求徐某赔偿损失。

徐某主张自己所建的院墙是在原址上垒建的，并说康某与徐某两家之间本来就没有散水，并且主张康某 2021 年 3 月先行翻建房屋建造东墙时向东扩建了。

《土地管理法》第 14 条第 1 款规定，土地所有权和使用权争议，由当事人协商解决；协商不成的，由人民政府处理。

本案中，康某与徐某系东西邻居。康某认为徐某新建西墙侵占两家房屋之间的散水并要求其拆除，而徐某新建西墙是否侵占散水应当首先审查原被告两家宅基地的四至范围，故本案争议实质为宅基地使用权的争议。因康某提交的林权证未载明宅基地四至，宅基地范围及四至不清而产生的纠纷属于宅基地权属纠纷，该纠纷应由人民政府解决，待人民政府部门确定土地权属及边界后，原告可再行向人民法院主张权利。最终，法院经审理裁定驳回了康某的起诉。

当事人之间存在宅基地使用权争议的情况主要包括：无宅基地使用权证或宅基地使用权证界限不明或者界限重合，这些情形即属于宅基地权属不清。针对权属问题引发的争议，当事人双方首先应协商解决，如协商不成必须先由人民政府对双方争议的地界作出确权处理决定，未经政府处理前，当事人不能向人民法院提起诉讼。

土地权属争议的处理权限在政府，如果当事人未取得宅基地权属证明，应先向政府申请确权，而不能直接向人民法院提起民事诉讼要求排除妨害。如果双方都有宅基地权属证明，但是权属证明记载的边界不清、四至不明，此种情形下当事人因排除妨害、相邻关系产生的纠纷，亦应当先由政府确定宅基地边界。如果一方取得宅基地权属证明且记载清楚，另一方在其宅基地范围内放置杂物、建房等影响其正常使用，就是明显的侵权行为，双方协商不成时，就可以向人民法院起诉。

关联参见

《土地管理法》第 62 条

第三百六十四条　【宅基地灭失后的重新分配】 宅基地因自然灾害等原因灭失的，宅基地使用权消灭。对失去宅基地的村民，应当依法重新分配宅基地。

条文解读

重新分配宅基地的客观原因是自然灾害导致宅基地的灭失 ➲ 虽然从物理属性上讲，土地是不可能消灭的，但是从用途角度上讲，自然灾害等原因可能使土地不再适用某种用途。例如，由于河流改道，原来的住宅和宅基地有可能完全被淹没；又如，由于山体滑坡，原来住宅所在的土地不能再建房居住。在发生这类自然灾害，原有宅基地不可能再用于建设住宅的情况下，就必须对丧失居住条件的集体的成员提供新的宅基地以维持生计。

可以享受重新分配宅基地的权利人应当是因此而丧失宅基地的集体的成员 ➲ 宅基地使用权是基于集体成员身份享有的一种保障性的权利。作为基本保障，宅基地使用权不应当流转到集体之外，也不应当无限扩大，变相侵占集体土地，特别是耕地。因此，因自然灾害等原因重新分配宅基地时，应当按照规定的标准分配给仍然属于本集体且丧失基本居住条件的村民。对于多占宅基地的情况要予以纠正，不应当把失去多占宅基地的村民也纳入需要重新分配宅基地的村民中。

关联参见

《土地管理法》第 62 条

第三百六十五条　【宅基地使用权的变更登记与注销登记】 已经登记的宅基地使用权转让或者消灭的，应当及时办理变更登记或者注销登记。

条文解读

本条对宅基地使用权的取得、行使和转让作了与其他法律和国家有关规定的衔接性规定。

目前，关于宅基地使用权变更登记与注销登记的规定，主要见于《国家土地管理局土地登记规则》中。《国家土地管理局土地登记规则》第37条规定："有下列情形之一的，土地使用权转让双方当事人应当在转让合同或者协议签订后三十日内，涉及房产变更的，在房产变更登记发证后十五日内，持转让合同或者协议、土地税费缴纳证明文件和原土地证书等申请变更登记：（一）依法转让土地使用权的；（二）因买卖、转让地上建筑物、附着物等一并转移土地使用权的；房屋所有权变更而使土地使用权变更的，在申请变更登记时，应当提交变更后的房屋所有权证书。"第39条规定："因交换、调整土地而发生土地使用权、所有权变更的，交换、调整土地的各方应当在接到交换、调整协议批准文件后三十日内，持协议、批准文件和原土地证书共同申请变更登记。"第56条规定："因自然灾害等造成土地权利灭失的，原土地使用者或者土地所有者应当持原土地证书及有关证明材料，申请土地使用权或者土地所有权注销登记。"第58条规定："土地使用者、所有者和土地他项权利者未按照本规则规定申请注销登记的，土地管理部门可以依照规定直接办理注销土地登记，注销土地证书。"

关联参见

《国家土地管理局土地登记规则》第37条、第39条、第56条、第58条

第十四章　居　住　权

第三百六十六条　【居住权的定义】居住权人有权按照合同约定，对他人的住宅享有占有、使用的用益物权，以满足生活居住的需要。

条文解读

居住权➲居住权，是指自然人依照合同的约定，对他人所有的住宅享有占有、使用的用益物权。民法的居住权与公法的居住权不同。在公法中，国家保障人人有房屋居住的权利也叫居住权，或者叫住房权。根据本条的规定，居住权有以下法律特征：

居住权是在他人住宅上设立的物权。居住权是在他人所有的住宅上设立的物权。设立居住权是住宅所有权人处分自己财产的一种方式，住宅所有权人根据自己的意思自由在自己所有的住宅的全部或者部分为他人设立居住权。此外，根据本条的规定，居住权只能在他人所有的住宅上设立其他类型的房屋上不能设立居住权。

居住权是一种用益物权。用益物权是以支配标的物的使用价值为内容的物权。我国的用益物权主要包括土地承包经营权、建设用地使用权、宅基地使用权、居住权和地役权等。根据《民法典》的规定，居住权是一种用益物权，是指居住权人对他人所有的住宅的全部或者部分及其附属设施享有占有、使用的权利，以满足生活居住的需要。特别应注意的是，并非所有居住他人住宅的权利均是本条规定的居住权。如果当事人之间存在抚养、扶养、赡养、租赁、借用等关系，也同样可能享有居住他人住宅的权利。但由此而享有的权利不具有物权的排他效力，不是本条所规定的居住权，不能适用本章的规定。

居住权是为特定自然人设定的。居住权是住宅所有人为特定自然人的利益在自己所有的住宅上设定的权利，法人或其他组织不能享有居住权。享有居住权的主体范围具有有限性，居住权人以外的人一般不能享有居住权但有的国家允许居住权人的家庭成员居住，并详细规定了可以居住的自然人的范围。

居住权是为特定自然人生活居住的需要而设定的权利居住权人只能将享有居住权的住宅用于满足其生活居住的需要，一般情况下，居住权人不能将其享有居住权的住宅出租，但是当事人另有约定的除外。根据《民法典》第369条的规定，居住权不得转让、继承。

居住权人按照合同约定对他人的住宅享有占有、使用的权利。一般情况下，当事人通过订立居住权合同并对居住权进行登记后设立居住权。居住权人对他人的住宅享有的占有、使用的具体权利义务，根据所有权人和居住权人之间订立的居住权合同确定。居住权人为充分地使用其居住的住宅，对住宅的各种附属设施亦有使用权。

案例指引

26. 祖母赠与孙子房产后是否有权继续居住？①

何某玮通过其祖父何某新的遗赠和祖母杜某妹的赠与取得某房屋所有权。后何某玮的父母离婚，何某玮由其母亲伍某抚养。何某玮及其法定代理人伍某向人民法院起诉，请求判令杜某妹腾空交还其赠与的房屋，并支付租金损失。

人民法院认为，何某玮受遗赠、赠与取得房屋产权时年仅4岁，根据生活常理，何某新、杜某妹将二人的家庭重要资产全部赠给何某玮显然是基于双方存在祖孙关系。此种源于血缘关系的房屋赠与即便双方没有明确约定赠与人有继续居住的权利，基于人民群众朴素的价值观和善良风俗考虑，在杜某妹年逾60岁且已丧偶的情况下，何某玮取得房屋所有权后不足一年即要求杜某妹迁出房屋，明显有违社会伦理和家庭道德。何某玮虽享有案涉房屋所有权，但杜某妹在该房屋内居住是基于双

① 参见《第二批人民法院大力弘扬社会主义核心价值观典型民事案例》（2022年2月23日发布），何某玮诉杜某妹物权保护纠纷案，载最高人民法院网 https://www.court.gov.cn/zixun-xiangqing-346671.html，最后访问日期：2023年3月3日。

方存在赠与关系、祖孙关系以及长期共同生活的客观事实，如以所有权人享有的物权请求权而剥夺六旬老人的居住权益，显然有违人之常情和社会伦理，故杜某妹的居住行为不属于无权占有的侵权行为。何某玮要求杜某妹腾退房屋，缺乏法律依据，不应予以支持。故判决驳回何某玮的全部诉讼请求。

“百善孝为先，孝为德之本。”祖母在将房屋赠与孙子之后，是否仍有权在该房屋继续居住，需要衡量的不仅是法律的尺度，还包括伦理的限度和情理的温度。本案判决充分考虑孙子的房屋权属来源、居住使用状况以及当事人之间的特定身份关系等因素，作出合情、合法、合理的裁判，弘扬了和谐、友善、法治的社会主义核心价值观，体现了法律对人善良本性的尊重和保护，彰显了尊老敬老的中华民族传统优秀文化，更表达了司法为民的“温度”，对维护家庭和睦与社会稳定具有促进作用。

27. 父母有权拒绝成年子女“啃老”吗？[①]

杨某顺系杨某洪、吴某春夫妇的儿子。杨某顺出生后一直随其父母在农村同一房屋中居住生活。杨某顺成年后，长期沉迷赌博，欠下巨额赌债。后该房屋被列入平改范围，经拆迁征收补偿后置换楼房三套。三套楼房交付后，其中一套房屋出售他人，所得款项用于帮助杨某顺偿还赌债；剩余两套一套出租给他人，一套供三人共同居住生活。后因产生家庭矛盾，杨某洪、吴某春夫妇不再允许杨某顺在二人的房屋内居住。杨某顺遂以自出生以来一直与父母在一起居住生活，双方形成事实上的共同居住关系，从而对案涉房屋享有居住权为由，将杨某洪、吴某春夫妇诉至法院，请求判决其对用于出租的房屋享有居住的权利。

人民法院认为，杨某顺成年后具有完全民事行为能力和劳动能力，

---

① 参见《第二批人民法院大力弘扬社会主义核心价值观典型民事案例》（2022 年 2 月 23 日发布），载最高人民法院网 https：//www. court. gov. cn/zixun－xiangqing－346671. html，最后访问日期：2023 年 2 月 20 日。

应当为了自身及家庭的美好生活自力更生，而非依靠父母。杨某洪、吴某春夫妇虽为父母，但对成年子女已没有法定抚养义务。案涉房屋系夫妻共同财产，杨某洪、吴某春夫妇有权决定如何使用和处分该房屋，其他人无权干涉。杨某顺虽然自出生就与杨某洪、吴某春夫妇共同生活，但并不因此当然享有案涉房屋的居住权，无权要求继续居住在父母所有的房屋中。故判决驳回杨某顺的诉讼请求。

青年自立自强是家庭和睦、国家兴旺的前提条件。只有一代又一代人的独立自强、不懈奋斗，才有全体人民的幸福生活。《民法典》第 26 条规定："父母对未成年子女负有抚养、教育和保护的义务。成年子女对父母负有赡养、扶助和保护的义务。"对于有劳动能力的成年子女，父母不再负担抚养义务。如果父母自愿向成年子女提供物质帮助，这是父母自愿处分自己的权利；如果父母不愿意或者没有能力向成年子女提供物质帮助，子女强行"啃老"，就侵害了父母的民事权利，父母有权拒绝。司法裁判在保护当事人合法权益的同时，也引导人们自尊、自立、自强、自爱。本案的裁判明确了有劳动能力的成年子女在父母明确拒绝的情形下无权继续居住父母所有的房屋，对于成年子女自己"躺平"却让父母负重前行的行为予以否定，体现了文明、法治的社会主义核心价值观，有助于引导青年人摒弃"啃老"的错误思想，树立正确的人生观、价值观，鼓励青年人用勤劳的汗水创造属于自己的美好生活；有助于弘扬中华民族艰苦奋斗、自力更生、爱老敬老的传统美德；有助于引导社会形成正确价值导向，促进社会养成良好家德家风，传递社会正能量。

第三百六十七条　【居住权合同】设立居住权，当事人应当采用书面形式订立居住权合同。

居住权合同一般包括下列条款：

（一）当事人的姓名或者名称和住所；

（二）住宅的位置；

（三）居住的条件和要求；

（四）居住权期限；

（五）解决争议的方法。

条文解读

居住权合同的形式 居住权既可以基于当事人的约定设立，也可以基于被继承人的遗嘱设立。本条是对通过居住权合同设立居住权的合同形式和内容的规定。因设立居住权需明确一些具体的权利义务，本条规定，设立居住权的，当事人应当采用书面形式订立居住权合同。

居住权合同的内容 居住权合同一般包括下列条款：

（1）当事人的姓名或者名称和住所。当事人的姓名或者名称和住所，是合同中最基本的要件。如果不写明当事人，合同由谁履行就不明确，当事人的权利和义务更无从谈起。居住权合同的当事人一般为住宅的所有权人和居住权人。

（2）住宅的位置。居住权合同中应当明确住宅的具体位置，以确定当事人设立居住权的住宅。一般情况下，合同中明确的住宅的位置应与住宅房屋产权证上的位置一致。

（3）居住的条件和要求。居住权合同中可以约定居住的条件和要求，主要包括当事人的权利义务。设立居住权的合同应当尽可能清晰地确定当事人之间的权利义务关系，避免纠纷的发生，或者在发生纠纷时有明确的规则可供遵循。在权利方面，当事人可以协商约定居住权人占有使用的具体权利，如是否可以与其家属共同居住，是否可以让其所雇佣的保姆等为其生活所需的服务护理人员居住。在义务方面，当事人可以协商约定双方的义务如不得改变房屋的结构、用途，保管房屋的义务，承担房屋的日常负担及返还房屋等。

（4）居住权期限。为保障当事人设立居住权的意思自由，扩大居住权制度的适用性，根据《民法典》的规定，当事人可以就居住权的存续期限作出约定。当事人可以根据不同情况、不同需求在居住权合同中约定居住权的期限。例如，给未成年人设立居住权的，可以约定居住权期限存续至未成年人成年之时。如果当事人未对居住权期限作出约定，根据《民法典》的规定，居住权人死亡的，居住权消灭。

（5）解决争议的方法。居住权合同可以就合同履行发生争议的解决方法作出约定。因履行居住权合同发生争议的，所有权人和居住权人可以双方协商解决，协商不成的，提交双方当事人指定的仲裁委员会仲裁，或者依法向人民法院起诉。

需要注意的是，本条第 2 款所规定的内容并非都是居住权合同必须约定的内容。当事人应当对第 1 项“当事人的姓名或者名称和住所”、第 2 项“住宅的位置”作出明确约定，如果欠缺这两项内容将导致居住权的主体和客体不明，不可能设立居住权。其他各项均非合同必须约定的内容，如果当事人未作确定不影响居住权的设立。

第三百六十八条　【居住权的设立】居住权无偿设立，但是当事人另有约定的除外。设立居住权的，应当向登记机构申请居住权登记。居住权自登记时设立。

条文解读

居住权的设立➲1. 居住权一般情况下无偿设立。居住权是用益物权的一种，一般情况下具有无偿性，其与房屋租赁存在本质区别。主要表现在：（1）保护方式存在区别。居住权是一种支配权，租赁权是一种请求权。居住权为一种独立的用益物权，具有物权的所有特征：对世性、绝对性、直接支配性等。租赁法律关系属于债权，具有相对性，租赁权人只能对抗特定的债务人。尽管房屋租赁权的效力强化后，租赁权人也具有对抗第三人的效力，但与作为物权的居住权对抗效力和对抗范围存在区别。（2）设立方式存在区别。居住权需要经过登记才发生物权的效力，租赁权只需要双方的合意就发生法律效力，其设立不以登记为条件。（3）期限存在区别。租赁权的租期由合同双方当事人约定，但不得超过 20 年，超过 20 年的部分无效，如果双方未约定租期，为不定期租赁，对于不定期租赁，任何一方当事人都可以随时解除合同。居住权的期限具有长期性的特点，除当事人另有约定外，通常至居住权人死亡时居住权消灭。（4）取得权利支付的对价存在区别。取得居住权一般是无偿的，带有扶助友善、帮助的性质。居住权人即便在特殊情况下需要向房屋的所有人支付费用，费用也是很少的。而租赁合同则是一种双务、有偿合同，取得租赁权，以支付租金为条件。

但是，根据本条的规定，居住权以无偿设立为原则，当事人可以就是否无偿设立作出约定。

2. 设立居住权的，应当向登记机构申请居住权登记。我国物权制度有“登记生效”与“登记对抗”两种物权变动模式。对于居住权的设立，采用登记生效的物权变动模式。不动产登记簿是确定居住权的根本依据。居住权的设立登记是指将设立居住权的事实依法记载于不动产登记簿的行为。本条规定，设立居住权的，应当向登记机构申请居住权登记。居住权自登记时设立。根据本条的规定，当事人签订居住权合同后，居住权并未设立，当事人需持居住权合同到不动产登记机构申请居住权登记。不动产登记机构将设立居住权的情况登记在不动产登记簿上，居住权自登记时设立。如果仅就住宅的部分设立居住权，应当对此在居住权合同中予以明确，并在不动产登记簿上予以明确。

案例指引

28. 在《民法典》生效之前取得的居住权，能否申请登记在自己名下？①

邱某光与董某峰于 2006 年登记结婚，双方均系再婚，婚后未生育子女，董某军系董某峰之弟。董某峰于 2016 年 3 月去世，生前写下遗

---

① 参见《人民法院贯彻实施民法典典型案例（第一批）》（2022 年 2 月 25 日发布），邱某光与董某军居住权执行案，载最高人民法院网 https：//www. court. gov. cn/zixun-xiangqing-347181. html，最后访问日期：2023 年 3 月 3 日。

嘱，其内容为："我名下位于洪山区珞狮路某房遗赠给我弟弟董某军，在我丈夫邱某光没再婚前拥有居住权，此房是我毕生心血，不许分割、不许转让、不许卖出……"董某峰离世后，董某军等人与邱某光发生遗嘱继承纠纷并诉至法院。法院判决被继承人董某峰名下位于武汉市洪山区珞狮路某房所有权归董某军享有，邱某光在其再婚前享有该房屋的居住使用权。判决生效后，邱某光一直居住在该房屋内。2021 年初，邱某光发现所住房屋被董某军挂在某房产中介出售，其担心房屋出售后自己被赶出家门，遂向法院申请居住权强制执行。

生效裁判认为，案涉房屋虽为董某军所有，但是董某峰通过遗嘱方式使邱某光享有案涉房屋的居住使用权。执行法院遂依照《民法典》第 368 条等关于居住权的规定，裁定将董某军所有的案涉房屋的居住权登记在邱某光名下。

《民法典》正式确立了居住权制度，有利于更好地保障弱势群体的居住生存权益，对平衡房屋所有权人和居住权人的利益具有重要制度价值。本案申请执行人作为丧偶独居老人，其对案涉房屋的居住使用权益取得于《民法典》实施之前，执行法院依照《民法典》规定的居住权登记制度，向不动产登记机构发出协助执行通知书，为申请执行人办理了居住权登记，最大限度地保障了申请执行人既有的房屋居住使用权利，对于引导当事人尊重法院判决，推动《民法典》有关居住权制度的新规则真正惠及人民群众，具有积极的示范意义。

第三百六十九条　【居住权的限制性规定及例外】 居住权不得转让、继承。设立居住权的住宅不得出租，但是当事人另有约定的除外。

条文解读

居住权的限制性规定及例外 ➔ 居住权人行使居住权，须履行应尽的义务：

（1）合理使用房屋的义务：居住权人不得将房屋用于生活消费以外的目的，可以对房屋进行合理的装饰装修，进行必要的维护，但不得改建、改装和做重大的结构性改变。

（2）对房屋的合理保管义务：居住权人应当合理保管房屋，在居住期内尽到善良管理人的注意义务，不得从事任何损害房屋的行为。如果房屋存在毁损的隐患，应当及时通知所有人进行修缮或者采取必要的措施。

（3）不得转让、继承和出租的义务：居住权人对其居住的房屋不得转让，在居住权存续期间，对居住权的标的负有不得出租义务，不能以此进行营利活动；居住权也不能成为居住权人的遗产，不能通过继承而由其继承人所继承。居住权也不得转让，具有专属性。如果双方当事人在设立居住权合同中对上述义务另有约定的，依照其约定处理。

第三百七十条　【居住权的消灭】居住权期限届满或者居住权人死亡的，居住权消灭。居住权消灭的，应当及时办理注销登记。

条文解读

居住权的消灭 ➲ 居住权依据一定的事实而消灭。本条只规定了居住权期限届满和居住权人死亡是居住权消灭的原因，其实这只是居住权消灭的部分原因。

居住权消灭的原因包括：

（1）居住权抛弃：居住权人采用明示方法抛弃居住权的，居住权消灭。这种明示的抛弃意思表示应当对所有权人作出。居住权人作出抛弃表示的，即发生消灭居住权的效力，并且不得撤销，除非得到所有权人的同意。

（2）居住权期限届满：居住权设定的期限届满，居住权即时消灭，所有权的负担解除。

（3）居住权人死亡：权利主体消灭，居住权也随之消灭。

（4）解除居住权条件成就：在设定居住权的遗嘱、遗赠或者合同中，对居住权设有解除条件的，如果该条件成就，则居住权消灭。

（5）居住权撤销：居住权人具有以下两种情形的，房屋所有权人有权撤销居住权，故意侵害住房所有权人及其亲属的人身权或者对其财产造成重大损害的；危及住房安全等严重影响住房所有权人或者他人合法权益的。

（6）住房被征收、征用、灭失：房屋被征收、征用，以及房屋灭失，都消灭居住权。住房所有权人因此取得补偿费、赔偿金的，居住权人有权请求分得适当的份额；如果居住权人没有独立生活能力，也可以放弃补偿请求权而要求适当安置。

（7）权利混同：住房所有权和居住权发生混同，即两个权利归属于同一人的，发生居住权消灭的后果。例如，房屋所有权人将房屋转让或者赠与居住权人，此时居住权的存在已经丧失意义，因此发生居住权消灭的后果。

居住权消灭，在当事人之间消灭居住权的权利义务关系。居住权人应当返还住房，同时应当到物权登记机构办理居住权注销登记。

第三百七十一条　【以遗嘱设立居住权的法律适用】以遗嘱方式设立居住权的，参照适用本章的有关规定。

条文解读

居住权的设立方式 ➲ 根据《民法典》的规定，设立居住权，有以下几种方式，不同的设立方式，居住权设立的时间不同。

一是合同。当事人订立居住权合同是设立居住权最主要的形式。通过订立居住权合同设立居住权的，必须到登记机构申请居住权登记，居住权自登记时设立。

二是遗嘱。住宅所有权人可以以遗嘱的方式为他人设立居住权，即住宅所有权人在自己的遗嘱里明确为他人设立居住权。依据遗嘱方式设立居住权，包括遗嘱继承和遗赠。(1) 依据遗嘱继承方式设立：房屋所有权人可以在遗嘱中对死后房屋作为遗产的使用问题，为法定继承人中的一人或者数人设定居住权，但须留出适当房屋由其配偶终身居住。(2) 依据遗赠方式设立：房屋所有权人可以在遗嘱中为法定继承人之外的人设定居住权。例如，遗嘱指定将自己所有房屋中的一部分，让自己的保姆终身或者非终身居住。不论是依据遗嘱继承方式还是遗赠方式取得居住权，都是依据遗嘱取得居住权。遗嘱生效后，还须进行居住权登记，否则不能取得居住权。

三是法院判决。除本章规定的以合同和遗嘱方式设立居住权外，居住权还可以通过法院判决的形式设立。《民法典》第 229 条规定，因人民法院、仲裁机构的法律文书或者人民政府的征收决定等，导致物权设立、变更、转让或者消灭的，自法律文书或者征收决定等生效时发生效力。司法实践中，如离婚判决时，法官可以依法将居住权判给一些有特殊需要的人，这也是依法律规定设定居住权的一种方式。

第十五章　地　役　权

第三百七十二条　【地役权的定义】地役权人有权按照合同约定，利用他人的不动产，以提高自己的不动产的效益。

前款所称他人的不动产为供役地，自己的不动产为需役地。

条文解读

地役权 ➲ 地役权是一种独立的物权，在性质上属于用益物权的范围，是按照合同约定利用他人的不动产，以提高自己不动产效益的权利。因使用他人不动产而获得便利的不动产为需役地，为他人不动产的便利而供使用的不动产为供役地。地役权的“役”，即“使用”的意思。地役权具有以下特点：

1. 地役权的主体为不动产的权利人。地役权人为了提高自己不动产的效益而设立地役权。供役地人就是在自己的不动产上设置地役权而便利他人行使不动产权利。因此，二者都是不动产的权利人，既可以是不动产的所有权人，如集体土地所有权人建筑物的所有权人，也可以是不动产的使用权人，如土地承包经营权人、建设用地使用权人、宅基地使用权人。

2. 地役权是按照合同设立的。地役权合同是地役权人和供役地权利人之间达成的以设立地役权为目的和内容的合同。设立地役权，当事人应当采取书面形式订立地役权合同。根据法律规定地役权合同一般包括下列条款：（1）当事人的姓名或者名称和住所。（2）供役地和需役地的位置。（3）利用目的和方法。（4）地役权期限。（5）费用及其支付方式。（6）解决争议的方法。

3. 地役权是利用他人的不动产。在地役权关系中，需役地和供役地属于不同的土地所有权人或者土地使用权人。利用他人的不动产来提高自己不动产的效益，是地役权设立的主要目的。所谓利用他人的不动产并不以实际占有他人不动产为要件，而是对他人的不动产设置一定的负担。这种负担主要表现在：一是容忍义务。例如，允许他人通行于自己的土地，以使自己行使土地的权利受到某种限制。二是不妨害地役权人行使权利的义务。在某些情况下，地役权人为了使用供役地便利，需要在供役地上修建必要的附属设施，如为实现排水地役权，而要在供役地建筑一个水泵。这时，供役地权利人就不得妨害地役权人行使其权利。

4. 地役权是为了提高自己不动产的效益。地役权的设立，必须以增加需役地的利用价值和提高其效益为前提。此种“效益”既包括生活上得到的便利，也包括经营上获得的效益，如为需役地的便利而在供役地上设立的排水、通行、铺设管线等，还包括非财产的利益，即具有精神上或者感情上的效益，如为需役地上的视野宽广而设定的眺望地役权等。

5. 地役权具有从属性。地役权虽然是独立的一种用益物权，但是与其他用益物权相比，地役权从属于需役地，其目的是提高需役地的效益，必须与需役地相结合而存在。这种从属性主要体现在地役权的存续以需役地的存在为前提，与需役地的所有权或者其他物权相伴相随。本章中的许多相关规定都充分体现了地役权的从属性，比如一般而言，地役权不得单独转让，土地承包经营权、建设用地使用权等转让的，地役权一并转让。

案例指引

29. 小区内加建别墅影响自家视野，能否以眺望权被侵害请求拆除加建别墅？[①]

黄某是昌平区某小区8号别墅业主，张某是3号别墅业主。8号别墅在3号别墅的东南方向，两栋别墅均为独栋别墅。2012年6月，黄某将8号别墅原有二层房屋扩建成三层砖混结构房屋，并将该别墅东面一层的车库拆除后改建为三层房屋，张某则于2012年前对其所有的3号别墅进行了改建。二者的建设行为均未取得规划审批手续。黄某诉请要求判令张某拆除3号别墅外展及加高的三层建筑并恢复8号别墅后公共路面。经黄某申请，鉴定机构出具司法鉴定意见，显示：3号别墅在其设计建筑外增建、加建部分对8号别墅加建前原有日照标准无影响，会对8号别墅加建前的原窗外视野范围造成一定的影响。

一审法院以黄某有关原有房屋的日照标准遭受影响的主张缺乏依据为由，判决驳回了其所有诉讼请求。

黄某不服，诉至北京一中院，其称张某加建行为造成自己的8号房屋采光、通风、排水、消防安全、眺望等权利被侵害，请求改判。

北京一中院经审理认为，虽然3号别墅影响8号别墅的正常眺望属于客观事实，但黄某的请求已经超出相邻关系的范围，扩大到更高层次

---

① 参见黄慧婧、王梓茜：《别墅加建影响视野 诉眺望权被侵遭驳回》，载北京法院网 https：//bjgy. bjcourt. gov. cn/article/detail/2018/10/id/3553778. shtml，最后访问日期：2023年2月27日。

的精神、物质享受之需，应属地役权的范围，而黄某与张某之间并不存在针对眺望权进行约定的地役权合同，因此，黄某主张张某侵犯其眺望权的上诉请求，法院不予支持。关于通风及采光、排水、消防安全和路面恢复问题，黄某未提供充分证据予以证明。本案中，当事人未经审批改建的房屋是否属于相邻关系纠纷中应当拆除的对象，关键不在于是否属于违反行政管理政策建造的违章建筑，而在于是否侵害了相邻房屋的相邻利益。虽然在本案中无法通过司法程序对改建建筑进行规制，但张某违反国家政策改建房屋的行为扰乱了社会管理秩序，给小区环境造成了不良影响，故法院对此提出批评。据此，北京一中院作出终审判决，维持原判。

第三百七十三条　【地役权合同】 设立地役权，当事人应当采用书面形式订立地役权合同。

地役权合同一般包括下列条款：

（一）当事人的姓名或者名称和住所；

（二）供役地和需役地的位置；

（三）利用目的和方法；

（四）地役权期限；

（五）费用及其支付方式；

（六）解决争议的方法。

条文解读

地役权合同的形式 ➲ 设立地役权的民事法律行为属于要式法律行为，必须采用书面方式这一特定形式。《民法典》第469条规定：“当事人订立合同，可以采用书面形式、口头形式或者其他形式。书面形式是合同书、信件、电报、电传、传真等可以有形地表现所载内容的形式。以电子数据交换、电子邮件等方式能够有形地表现所载内容，并可以随时调取查用的数据电文，视为书面形式。”根据该规定，设立地役权可以采用合同书或者数据电文等形式。考虑到设立地役权事关不动产权利的行使，关系重大，为避免因权利义务内容不明确而发生纠纷，法律规定应当以合同书的形式设立地役权。

地役权合同的基本条款 ➔ 地役权合同一般包括以下条款：

（1）当事人的姓名或者名称和住所。当事人是合同的主体，如果不写明当事人，就无法确定权利的享有者和义务的承担者，发生纠纷也难以解决。按照我国的土地制度，地役权合同的双方当事人可以是土地所有人、建设用地使用权人、宅基地使用权人和土地承包经营权人等权利人。在订立地役权合同时，要尽量写清楚双方当事人的有关信息。自然人应当写明自然人的姓名、住址、身份证号码，法人应当写明法人的名称和住所，以及法定代表人的姓名等。当然，关于合同主体，还可以补充更为详尽的信息，比如双方的联系方式，法人的联络人等。

（2）供役地和需役地的位置。标的是合同当事人的权利义务指向的对象，标的是合同成立的必要条件，是所有合同的必备条款。没有标的，合同不能成立，合同关系也无法建立。合同标的物应当明确，地役权合同所指向的标的物都是不动产，即供役地和需役地。签订地役权合同，应当标明供役地和需役地的具体位置，包括地块名称、地块编码、面积、四至等内容。地块位置可以按照不动产权属证书所记载的内容写明，在条件具备的情况下，也可以用现代定位技术明确所涉地块的精确位置，并附上测绘图纸，这样就能更准确地表明地役权合同标的物所在。

（3）利用目的和方法。地役权的内容表现为对供役地设定一定的负担。这种负担可以是积极的，即地役权人可以在供役地上为一定的行为，如通行、取水、排水、铺设管线等。这种负担也可以是消极的，即供役人在供役地上不得为一定的行为，如不得在自己的地块上盖建高楼影响需役地的采光、眺望等。地役权合同当事人应当在合同中约定所设立地役权的目的。如果需役地一方是为了通行目的，则应在合同中明确地役权为通行而设；如果需役地是为了排水而需借用领地铺设管道，则应在合同中明确为排水所设。除在合同中明确设立地役权的目的外，实现此目的的具体方法也应当明确，因为不同的方法对供役地的影响是不同的。比如，为了通行目的而设立的地役权，实现的方法是铺设行人通道，还是铺设汽车公路；为了铺设管线设立的地役权，是将管线架立在供役地的空中，还是铺设在供役地的地下，铺设在地表还是地下深层。

（4）地役权期限。地役权作为一种他物权，属于有期限物权。因此，有必要明确地役权的存续期限，即利用供役地的具体起止时间。地役权的期限是地役权存续的依据，应有明确的约定。在地役权合同中，应当将地役权期限尽量明确，如从某年某月某日至某年某月某日。当然这种期限也可以是不确定的，比如为通行目的设立的地役权，双方约定地役权期限至需役地上所建大厦竣工之日；为铺设管线设立的地役权，可以约定地役权期限至管线报废之日。地役权合同如果没有约定或者约定不明确的，地役权人可以随时终止合同。

（5）费用及其支付方式。地役权设立可以是有偿的，也可以是无偿的，均由双方当事人约定。对于有偿设立的地役权，地役权人与供役地权利人在合同中，应当明确约定费用及其支付方式。具体而言，应当约定地役权的费用金额、币种，是分期支付还是一次性支付；分期支付的话，应当明确各期费用金额，支付的具体时间或者期限。支付方式是以现金支付，还是通过银行转账支付，是通过支票或者其他方式支付。通过转账支付的，应当明确收款方的账户名称、账号。代收费用的，应当明确代收人的名称或者姓名、账户等内容。

（6）解决争议的方法。解决争议的方法指合同争议的解决途径和方式。双方当事人可以通过和解、调解、仲裁、诉讼等途径解决争议。在签订地役权合同时，双方当事人应当选择一种双方都接受的争议解决方法。需要注意的是，根据我国相关法律规定，仲裁和诉讼只能选择其中的一种方式，不能同时选择两种。如果当事人选择仲裁方式，应当明确所选择的仲裁机构，并按照仲裁机构的要求拟定仲裁条款。如果选择诉讼方式，应当明确管辖法院。当事人签订合同的目的，是以在特定需役地和供役地上设立具体内容的地役权。因此，合同的条款是否齐备、准确，决定了合同能否顺利地履行、实现订立合同的目的。这里规定的地役权内容，只是一般地役权合同应当包括的条款，但不限于这些内容，并不是说合同中缺了其中任何一项就会导致合同不成立或者无效，有关合同主要条款的规定只起到提示性与示范性的作用。

地役权是由双方当事人通过约定设立的。对于地役权的内容法律不作严格限制，只要双方约定的内容不违反法律的强制性规定，就尊重当事人的约定。但地役权也是受限制的，如果地役权人滥用自己的权利，那么，供役地权利人有权解除地役权。对此，《民法典》还规定，地役权人违反法律规定或者合同约定，滥用地役权的，以及有偿利用供役地，约定的付款期限届满后在合理期限内经两次催告未支付费用的，供役地权利人都有权解除地役权合同，地役权消灭。

第三百七十四条　【地役权的设立与登记】地役权自地役权合同生效时设立。当事人要求登记的，可以向登记机构申请地役权登记；未经登记，不得对抗善意第三人。

条文解读

地役权的设立与登记 一般而言，地役权合同的成立以双方当事人均签名、盖章或者按指印之时为准，如果一方先签名另一方后签名的，应以后签名的时间为成立之时。通常而言，合同成立之时即为生效之时。但是合同成立后要生效，还得具备合同生效的要件，且应排除合同无效事由的存在。因此，一般而言，地役权合同成立之时就生效，地役权即告设立。当然，当事人可以在地役权合同中附生效条件或者附生效期限。比如，双方约定，地役权合同自需役地一方当事人支付价款后方能生效。在当事人有约定生效时间或者生效条件时，只有到了约定的时间或者满足了生效的条件时，地役权合同方能生效。这就是本条规定的当事人另有约定的情形。

地役权实行登记对抗主义。所谓登记对抗主义，主要是指不登记不得对抗不知道也不应知道土地设有地役权，而受让了该土地使用权的第三人。

需要注意的是，地役权不登记，并非意味着地役权就不能对抗第三人，未登记的地役权，仅仅是不得对抗善意第三人。地役权属于用益物权，与债权不同（债权为相对权，不具有排他性），物权为绝对权。因此，地役权一经设立即具有对世效力。虽然地役权未经登记，但作为物权，仍可以对抗侵权行为人，如果他人非法侵害当事人的地役权，未登记的地役权人仍可以请求排除妨碍、赔偿损失。此外，未登记的地役权还可以对抗恶意第三人。所谓恶意第三人包括以不公正手段获得地役权登记的人，或者明知该地役权已经存在的第三人。

关联参见

《不动产登记暂行条例》第5条

第三百七十五条　【供役地权利人的义务】 供役地权利人应当按照合同约定，允许地役权人利用其不动产，不得妨害地役权人行使权利。

条文解读

供役地权利人的义务 ➔ 供役地人的主要义务，是容忍土地上的负担和不作为义务，即允许地役权人利用其不动产，不得妨害地役权人行使权利。具体表现为：(1) 供役地人负有容忍土地上负担的义务，应当根据设定的地役权性质的不同，承担不同的义务，供役地人应主动放弃对自身土地部分使用的权利，甚至容忍他人对自己土地实施合同约定的某种程度上的干预和损害等。(2) 不得妨害地役权人行使权利，对地役权人行使权利实施干扰、干涉、破坏的，应当承担责任。

此外，供役地人还有相应的权利和义务：(1) 附属设施使用权及费用分担义务。对于在供役地上所设的附属设施，供役地人在不影响地役权行使的范围内，有权对其加以利用。如地役权人铺设的管道，在地役权人没有使用的情况下，或者已经使用但不妨害地役权人行使权利的情况下，供役地人有权进行利用，应当按其受益的比例，分担附属设施的保养维修费用。(2) 变更使用场所及方法的请求权。在设定地役权时定有权利行使场所及方法的，供役地人也可以提出变更。变更的条件是，如变更该场所及方法对地役权人并无不利，而对于供役地人有利的，则供役地人请求地役权人变更地役权的行使场所及方法，地役权人不得拒绝。因此支出的费用，由供役地人负担。(3) 费用及其调整请求权。有偿地役权，供役地人依约享有请求地役权人按期支付费用的权利。如果地役权人不按期支付费用，则应承担违约责任。地役权人长期拖欠费用的，供役地人可依法终止地役权合同。无偿地役权，如果由于土地权利人就土地的负担增加，非当时所能预料，以及依原约定显失公平的，供役地人有权请求酌定地租；地役权设定后，如果土地价值有升降，依原定地租给付显失公平的，供役地人也可以请求予以增加。

第三百七十六条　【地役权人的义务】 地役权人应当按照合同约定的利用目的和方法利用供役地，尽量减少对供役地权利人物权的限制。

条文解读

地役权的利用目的和方法 ➲ 地役权人的主要权利就是利用供役地，以提高自己土地的效益。地役权人利用供役地的目的和方法都必须按照合同约定。一般而言，地役权的利用目的和方法有以下几类：

(1) 通行目的。需役地交通不便，需要借助供役地提供交通便利，方能实现需役地的经济价值。当事人双方就通行目的设立地役权。至于通行的具体方法，则需要由合同具体约定：可以是行人通行，即开设便道由人员通过；或者车辆通行，可以是铺设简易马路由小客车通行，也可以是铺设硬化道路由大货车通行；或者是火车通行，即需要铺设轨道供火车通过。当事人在订立地役权合同时要约定明确。地役权人在行使地役权时，应当根据合同所约定的方法通行。

（2）通过目的。需役地因利用之需，必须从远处输入电力、燃气等能源或者有线电视信号、网络数据等，需要利用供役地实现铺设管线的目的。

（3）排水目的。需役地因生产或者生活排水的目的，得借助供役地挖设沟渠或者铺设管道，确保所排出的水流安全通过。实现排水目的的方法也多种多样，比如可以埋设排水管道，可以开挖排水沟，可以加设水泵管道，可以修建涵洞等。设立以排水为目的的地役权，与相邻关系的排水便利需要加以区别。《民法典》第 290 条第 1 款规定，不动产权利人应当为相邻权利人用水、排水提供必要的便利。通常而言，相邻不动产之间基于法定的相邻关系，可以依法排水，不需要专门设立地役权。但在特殊情形下，则有必要设立地役权。比如，甲乙两个旱地相邻，后乙地所有权人利用该地开设工厂，工厂产生大量废水需要排放，此时乙地必须借助利用甲地排水，双方就有必要设立以排水为目的的地役权。

（4）通风目的。需役地权利人要求供役地权利人在一定范围，不得修建建筑物或其他障碍物，以实现需役地权利人的土地或建筑物顺畅通风的目的。实现通风的目的，当事人可以约定不同的方法，比如约定供役地不盖高楼，供役地不种植超高树木，或者供役地必须保持现状等。

（5）采光目的。需役地权利人为了确保自己土地光照充足，要求供役地人限制供役地的利用。实现采光的目的，可以有不同的方法，比如要求供役地权利人在一定范围内不得修建建筑物或其他障碍物；供役地上修建建筑物应当使用透明材料；供役地上不得修建超过一定高度的建筑物等。

（6）取水目的。需役地权利人为了生活或者生产之需，必须在供役地上的水源取水。取水的方法，可以是地役权人在需要时，每次到供役地的水源汲取；也可以是地役权人通过渠道、水管引水。双方当事人还应当在合同中明确约定取水的时间和取水量、取水顺序等事项。地役权人在实现取水目的时，必须按照合同约定的方法、数量和顺序取水。

（7）眺望目的。需役地权利人为了保持自己所有土地的开阔视野，要求供役地权利人不得在一定范围内修建建筑物或其他障碍物。实现此目的，当事人也可以在合同中约定不同的方法，比如维持现状，不种植高大乔木等。

实务应用

31. 地役权与其他用益物权的区别是什么？

地役权这一用益物权，与其他用益物权有很大的不同，其他用益物权的权利内容大多由法律明确规定，物权权利人能做什么，其他人不能做什么，都很明确具体。而地役权则不同，地役权的核心内容都是由地役权合同设定，地役权的具体内容、地役权的行使目的和方法都是由双方当事人约定。地役权人作为用益物权的权利人，同时又是地役权合同的当事人，其行使地役权既要按照法律规定行使，也要按照合同约定行使权利，履行约定的义务。

第三百七十七条　【地役权的期限】 地役权期限由当事人约定；但是，不得超过土地承包经营权、建设用地使用权等用益物权的剩余期限。

条文解读

地役权的期限 ➲ 地役权的期限的确定方法由当事人约定，当事人没有约定或者约定不明确的，应当协议补充，并按照补充协议的约定确定期限。但是，如果供役地或者需役地上设立的是土地承包经营权或者建设用地使用权的，不论是约定地役权的期限，还是补充协议约定地役权的期限，只要是设定地役权，地役权的期限就不得超过该土地承包经营权和建设用地使用权的剩余期限。供役地和需役地所剩余的期限不同的，应当按照最短的剩余期限确定地役权的期限。如果供役地和需役地上是土地所有权或者宅基地使用权的，尽管这两个土地权利不具有期限，但是在设定地役权时，也应当约定地役权的期限，不得约定为永久期限。

关联参见

《农村土地承包法》第 21 条；《城镇国有土地使用权出让和转让暂行条例》第 12 条

第三百七十八条　【在享有或者负担地役权的土地上设立用益物权的规则】土地所有权人享有地役权或者负担地役权的，设立土地承包经营权、宅基地使用权等用益物权时，该用益物权人继续享有或者负担已经设立的地役权。

第三百七十九条　【土地所有权人在已设立用益物权的土地上设立地役权的规则】土地上已经设立土地承包经营权、建设用地使用权、宅基地使用权等用益物权的，未经用益物权人同意，土地所有权人不得设立地役权。

条文解读

土地所有权人在已设立用益物权的土地上设立地役权的规则 ➔ 根据本条的规定，用益物权具有一定的优先效力，这种效力还可以对抗所有权人的所有权。第一，用益物权设立在先。土地所有人此前已经为他人设立了用益物权。比如，国有建设用地已经出让给他人，或者集体所有的农业用地已经发包给村民，或者集体所有的建设用地已经划定给村民作为宅基地使用。此时，他人在先取得用益物权。用益物权人对所涉土地即享有占有、使用、收益的权利。这种占有是排他性的占有，包括排除所有权人。第二，未经在先用益物权人同意，所有权人不得设立地役权。根据本条的规定，如果用益物权在先设立，土地所有权人应当尊重用益物权人的权利。如果所有权人想以所涉地块为供役地为他人设立地役权，必须征得用益物权人的同意。不论所有人想设立哪种地役权，这种地役权对在先用益物权影响或大或小，都必须取得用益物权人的同意。所有权人不能因为所设立的用益物权影响不大，而不征得用益物权人的同意。比如，在农田上架设通信光缆的通过权，虽然对承包者的农业生产不会造成太大的影响，仍应获得该承包地的土地承包经营权人的同意方可设立。

第三百八十条　【地役权的转让规则】 地役权不得单独转让。土地承包经营权、建设用地使用权等转让的，地役权一并转让，但是合同另有约定的除外。

条文解读

地役权的转让规则 由于地役权的成立必须有需役地与供役地同时存在，因此在法律属性上地役权与其他物权不同。地役权虽然是一种独立的用益物权，但它仍然应当与需役地的使用权共命运，必须与需役地使用权一同移转，不得与需役地分离而单独让与。地役权的从属性，主要表现为三种情形：第一，地役权人不得自己保留需役地的使用权，而单独将地役权转让；第二，地役权人不得自己保留地役权，而单独将需役地的使用权转让；第三，地役权人也不得将需役地的使用权与地役权分别让与不同的人。总之，地役权只能随需役地使用权的转让而转让。

第三百八十一条　【地役权不得单独抵押】 地役权不得单独抵押。土地经营权、建设用地使用权等抵押的，在实现抵押权时，地役权一并转让。

条文解读

地役权不得单独抵押 地役权具有从属性，是为了提升需役地的使用价值而设定的。脱离需役地，地役权一般情况下无独立价值，地役权单独抵押没有现实意义。对于受让地役权的主体来说，没有取得土地承包经营权和建设用地使用权，地役权也就无从发挥作用。地役权作为土地使用权的物上权利或者物上负担，与土地使用权紧紧联系在一起，因此应一并转让，否则受让的土地价值就会降低或者丧失。

第三百八十二条　【需役地部分转让效果】需役地以及需役地上的土地承包经营权、建设用地使用权等部分转让时，转让部分涉及地役权的，受让人同时享有地役权。

条文解读

需役地部分转让效果 ➲ 一是部分转让的标的。本条规定的部分转让包括两种情况：第一种是需役地部分转让。所谓需役地部分转让，就是需役地的所有权部分转让。由于我国的土地所有权属于国家或者集体，因此土地所有权的转让应该包括集体所有的土地变为国家所有（也就是国家通过征收方式取得土地所有权），或者不同集体之间土地所有权的转让。第二种是需役地上的土地承包经营权、建设用地使用权等的部分转让。这种情况主要是在国有土地上设定了建设用地使用权，或者在集体土地上设定了土地承包经营权、宅基地使用权、土地经营权等用益物权。这些需役地上的用益物权部分转让时也涉及地役权的效力问题。

二是转让部分需涉及地役权。不论是土地所有权的转让，还是用益物权的转让，只有在转让部分涉及地役权时，才涉及地役权的效力问题。如果所转让的部分不涉及地役权，则不享有地役权。

三是受让人的权利。根据本条的规定，受让人同时享有地役权。所谓同时，即只要受让人所受让的土地使用权、用益物权与地役权有关，即可以享有该地役权。受让人享有地役权是基于法律的规定享有的，并不需要当事人就此另行签订协议。

第三百八十三条　【供役地部分转让效果】供役地以及供役地上的土地承包经营权、建设用地使用权等部分转让时，转让部分涉及地役权的，地役权对受让人具有法律约束力。

条文解读

供役地部分转让的效果➲ 供役地的所有权部分转让时，转让部分涉及地役权的，地役权对受让人具有法律约束力。

供役地以及供役地上的用益物权部分转让时，转让部分不涉及地役权的，地役权对受让人不再具有约束力。

第三百八十四条　【供役地权利人解除权】地役权人有下列情形之一的，供役地权利人有权解除地役权合同，地役权消灭：

（一）违反法律规定或者合同约定，滥用地役权；

（二）有偿利用供役地，约定的付款期限届满后在合理期限内经两次催告未支付费用。

条文解读

地役权消灭就是地役权因法定事由而归于灭失。地役权与其他物权相比的一个重要区别就是地役权的权利内容是由双方当事人通过合同约定的。地役权合同是地役权的基础，双方当事人可以在合同中就地役权的设立、存续、消灭等作出约定。本条针对地役权合同中供役地权利人单方解除权作了特别规定，在出现法定事由时，供役地权利人有权依法行使单方解除权，使地役权归于消灭。

供役地权利人的解除权➲ 供役地权利人行使单方解除权的法定事由包括：

第一，地役权人违反法律规定或者合同约定，滥用地役权。认定地役权人是否滥用地役权，可以从两个方面进行判断。其一是根据合同约定判断。一般而言，地役权合同会就供役地和需役地的位置、地役权的利用目的和方法等作出约定。如果地役权人违反合同约定的目的、方法等行使地役权，即可以认定为构成滥用地役权，此时供役地权利人可以单方解除地役权合同。其二是根据法律规定进行判断。根据法律判断地役权人是否滥用地役权，所依据的法律既包括根据《民法典》的规定，也包括根据其他与行使地役权相关的法律。

第二，有偿利用供役地的，地役权人在约定的付款期限届满后在合理期限内经两次催告仍未支付费用。地役权合同是否有偿，由地役权人和供役地权利人约定。如果地役权为有偿，那么，地役权人必须按照合同的约定履行付款义务。如果地役权人无正当理由，在合同约定的履行期限届满后，仍没有按照合同约定支付供役地权利人费用的，而且在一个合理期限内经两次催告，地役权人仍不履行付款义务的，表明地役权人没有履行合同的诚意，或者根本不可能再履行合同，供役地权利人可以解除地役权合同。否则，不仅对供役地权利人不公平，还会给其造成更大的损失。供役地权利人解除地役权合同的，地役权消灭。

第三百八十五条　【地役权变动后的登记】已经登记的地役权变更、转让或者消灭的，应当及时办理变更登记或者注销登记。

条文解读

地役权变动后的登记 ➲ 需要办理变动登记的地役权范围。《民法典》第374条规定，地役权自地役权合同生效时设立。当事人要求登记的，可以向登记机构申请地役权登记；未经登记，不得对抗善意第三人。因此，并非所有的地役权都会办理登记。没有办理登记的地役权，即使变更、消灭之后，也不可能再去办理变更、注销登记。只有当事人自己申请办理了登记的地役权，为了确保地役权的公示公信力，便于第三人知晓物权状态，才有必要办理变更、注销登记。

变动登记的类型。本条规定，两种情况需要办理地役权变动登记：其一是变更登记。地役权变更、转让的，应当办理变更登记。地役权的内容变更，比如地役权的期限、利用目的、利用方法发生了变更，应当办理变更登记。地役权的主体变更，也就是地役权发生了转让，也需要办理变更登记。其二是注销登记。地役权消灭的，应当办理注销登记。地役权消灭可能是因为地役权合同约定的期限届满，可能是因为供役地权利人行使单方解除权消灭，也可能是因为当事人双方达成解除地役权合同的协议，还可能是因混同而消灭，等等。只要地役权消灭的，都应当依法办理地役权注销登记。

办理地役权变动登记的主体。办理地役权变动登记，应当由地役权合同的双方当事人共同办理。办理地役权登记的机构负责地役权变更和注销登记的机关。

办理地役权变动登记的程序。当事人应按照有关法律行政法规规定的程序办理。

地役权变动登记的法律效果。根据《民法典》第374条的规定，地役权登记具有对抗善意第三人的效力。因此，如果地役权变更、转让未办理变更登记，地役权消灭时办理注销登记的，当事人不得对抗善意第三人。

第四分编　担 保 物 权

第十六章　一 般 规 定

第三百八十六条　【担保物权的定义】 担保物权人在债务人不履行到期债务或者发生当事人约定的实现担保物权的情形，依法享有就担保财产优先受偿的权利，但是法律另有规定的除外。

条文解读

担保物权 ➲ 担保物权以确保债权人的债权得到完全清偿为目的。这是担保物权与其他物权的最大区别。

担保物权具有优先受偿的效力。优先受偿性是担保物权的最主要效力。担保物权的优先受偿性主要体现在两方面：一是优先于其他不享有担保物权的普通债权；二是有可能优先于其他物权，如后顺位的担保物权。但需要注意的是，担保物权的优先受偿性并不是绝对的，如果《民法典》或者其他法律有特别的规定，担保物权的优先受偿效力会受到影响，如我国《海商法》规定，船舶优先权人优先于担保物权人受偿。

担保物权是在债务人或者第三人的财产上成立的权利。债务人既可以以自己的财产，也可以第三人的财产为债权设立担保物权。

担保物权具有物上代位性。债权人设立担保物权并不以使用担保财产为目的，而是以取得该财产的交换价值为目的，因此，担保财产灭失、毁损，但代替该财产的交换价值还存在的，担保物权的效力仍存在，但此时担保物权的效力转移到了该代替物上。

第三百八十七条　【担保物权适用范围及反担保】 债权人在借贷、买卖等民事活动中，为保障实现其债权，需要担保的，可以依照本法和其他法律的规定设立担保物权。

第三人为债务人向债权人提供担保的，可以要求债务人提供反担保。反担保适用本法和其他法律的规定。

条文解读

担保物权的适用范围 ➲ 本条第 1 款规定了担保物权的适用范围，即在借贷、买卖等民事活动中发生的债权债务关系。对该适用范围的规定，应当注意以下几点：第一，担保物权适用于民事活动，不适用因国家行政行为（如税款）、司法行为（如扣押产生的费用）等不平等主体之间产生的关系。这是由担保物权本身的性质所决定的，担保物权是平等主体之间为确保债权的实现而设定的。第二，为了引导当事人设定担保物权，《民法典》列举了借贷、买卖两种典型的可以设定担保物权的民事活动，但可以设定担保物权的民事活动很广泛，并不仅限于这两种民事活动。在其他民事活动中，如货物运输、加工承揽、无因管理、补偿贸易等都可以设定担保物权。第三，对因侵权行为已经产生的债权，属于普通债权的范围，可以用设定担保物权的方式确保债权的实现。

本条提到的依照《民法典》和其他法律的规定设立担保物权，这里的“其他法律”主要指《海商法》《民用航空法》《农村土地承包法》等对船舶抵押、航空器抵押、土地经营权抵押等作规定的法律，“其他法律”的表述也为今后相关特别法规定设立担保物权留下接口。因此，设立担保物权还应当依据这些特别法。

反担保 ➲ 反担保的方式，既可以是债务人自己担保，也可以是其他第三人担保。反担保也是担保，其实质内容与担保完全一样，设立程序上也无不同，抵押反担保和质押反担保适用《民法典》物权编的规定，保证反担保适用《民法典》合同编的规定。

关联参见

《最高人民法院关于适用〈中华人民共和国民法典〉有关担保制度的解释》（以下简称《民法典担保制度解释》）第19条

第三百八十八条　【担保合同及其与主合同的关系】 设立担保物权，应当依照本法和其他法律的规定订立担保合同。担保合同包括抵押合同、质押合同和其他具有担保功能的合同。担保合同是主债权债务合同的从合同。主债权债务合同无效的，担保合同无效，但是法律另有规定的除外。

担保合同被确认无效后，债务人、担保人、债权人有过错的，应当根据其过错各自承担相应的民事责任。

条文解读

担保合同的从属性 ➲ 担保合同具有从属性，除法律另有规定外，主债权债务合同无效的，担保合同无效。当事人在担保合同中约定担保合同的效力独立于主合同，或者约定担保人对主合同无效的法律后果承担担保责任，该有关担保独立性的约定无效。主合同有效的，有关担保独立性的约定无效不影响担保合同的效力；主合同无效的，人民法院应当认定担保合同无效，但是法律另有规定的除外。因金融机构开立的独立保函发生的纠纷，适用《最高人民法院关于审理独立保函纠纷案件若干问题的规定》。

但应注意，担保合同随主债权债务合同无效而无效只是一般规则，并不是绝对的，在法律另有规定的情况下，担保合同可以作为独立合同存在，不受主债权债务合同效力的影响。例如，在《民法典》规定的最高额抵押权中，最高额抵押合同就具有相对的独立性。

担保合同无效的情形 ➲ 本条只规定了主合同无效，导致担保合同无效的情形。需特别强调的是，导致担保合同无效的原因很多，主债权债务合同无效导致担保合同无效只是原因之一。在主债权债务合同有效的情况下，担保合同也有可能无效。例如，担保合同违反社会公共利益或者国家利益无效，担保合同因债权人与债务人的恶意串通而无效等。因为主合同与担保合同都是民事法律行为，因此其无效适用民事法律行为无效的规则。也就是说，判断担保合同是否有效，不能仅以主债权债务合同是否有效为标准。

担保合同无效的赔偿责任 ➲ 主合同有效而第三人提供的担保合同无效，人民法院应当区分不同情形确定担保人的赔偿责任：（1）债权人与担保人均有过错的，担保人承担的赔偿责任不应超过债务人不能清偿部分的1/2；（2）担保人有过错而债权人无过错的，担保人对债务人不能清偿的部分承担赔偿责任；（3）债权人有过错而担保人无过错的，担保人不承担赔偿责任。主合同无效导致第三人提供的担保合同无效，担保人无过错的，不承担赔偿责任；担保人有过错的，其承担的赔偿责任不应超过债务人不能清偿部分的1/3。

案例指引

30. 担保条款无效，担保人一定能免责吗？[①]

宏远公司（出借方）、诺威公司（借款方）及创达公司（担保方）签订《担保质押借款合同》，约定宏远公司向诺威公司出借10万元。后诺威公司未偿还借款，并以合同中担保条款无效为由拒绝承担担保责任。宏远公司诉至法院。

法院经审理后认为，宏远公司与诺威公司签订的《担保质押借款合同》，除担保条款外，是当事人的真实意思表示，内容也没有违反法律、行政法规的规定，合法有效。宏远公司向诺威公司实际支付了借款，诺威公司未按约还本付息的行为构成违约，应承担相应的法律责任。宏远公司有权要求诺威公司返还借款本金10万元，对于这一项诉讼请求法院予以支持。宏远公司按照月利率2%的标准计算利息及违约金，符合法律规定，对这项诉讼请求，法院也予以支持。

关于宏远公司主张创达公司承担保证责任的诉讼请求，依照法律规定，公司对外提供担保应当经过相应的法定程序，本案中创达公司为诺威公司提供担保这一行为并未经过创达公司股东会或董事会决议，且从本案情形来看，宏远公司在签订《担保质押借款合同》时，并未要求法定代表人陆明提交创达公司股东会或董事会决议，也没有审查过创达公司的章程。据此可以认定，宏远公司在接受创达公司提供担保时，在主观上存在过失。因此，创达公司签订的涉案借款合同中的担保条款应为无效，不应承担担保责任，对宏远公司该项主张，法院不予支持。

但因为在本案的借款合同中的确加盖了创达公司合同章，创达公司存在印章管理不规范的情况，对合同中加盖合同章存在过错，故依据法律规定，主合同有效而担保合同无效，债权人、担保人有过错的，担保

---

① 参见温馨：《担保条款无效 担保人一定能免责吗》，载北京法院网 https://bjgy.bjcourt.gov.cn/article/detail/2022/11/id/7035862.shtml，最后访问日期：2023年2月27日。

人承担民事责任的部分，不应超过债务人不能清偿部分的 1/2。因此创达公司就诺威公司不能偿还债务的一半承担赔偿责任。最终，法院作出上述判决。

宣判后，创达公司提起上诉。二审维持原判。现该案已生效。

关联参见

《民法典担保制度解释》第 2 条、第 17—19 条

第三百八十九条　【担保范围】 担保物权的担保范围包括主债权及其利息、违约金、损害赔偿金、保管担保财产和实现担保物权的费用。当事人另有约定的，按照其约定。

条文解读

担保合同中无担保范围的处理 担保合同没有约定担保范围的，担保合同的效力并不因此而受影响，即遵循“有约定按约定，未约定按法定”的原则。

担保物权的担保范围 担保物权的担保范围包括：

（1）主债权。主债权指债权人与债务人之间因债的法律关系所发生的原本债权，例如金钱债权、交付货物的债权或者提供劳务的债权。主债权是相对于利息和其他附随债权而言，不包括利息以及其他因主债权而产生的附随债权。

（2）利息。利息指实现担保物权时主债权所应产生的收益。一般来说，金钱债权都有利息，因此其当然也在担保范围内。利息可以按照法律规定确定，也可以由当事人约定，但当事人不能违反法律规定约定过高的利息，否则超过部分的利息无效。

（3）违约金。违约金指按照当事人的约定，一方当事人违约的，应向另一方支付的金钱。

（4）损害赔偿金。损害赔偿金指一方当事人因违反合同或者因其他

行为给债权人造成的财产、人身损失而给付的赔偿额。损害赔偿金的范围可以由法律直接规定，或由双方约定，在法律没有特别规定或者当事人没有约定的情况下，应按照完全赔偿原则确定具体赔偿数额。

（5）保管担保财产的费用。保管担保财产的费用指债权人在占有担保财产期间因履行善良保管义务而支付的各种费用。

（6）实现担保物权的费用。实现担保物权的费用指担保物权人在实现担保物权过程中所花费的各种实际费用，如对担保财产的评估费用、拍卖或者变卖担保财产的费用、向人民法院申请强制变卖或者拍卖的费用等。

关联参见

《民法典担保制度解释》第3条、第22条

第三百九十条　【担保物权的物上代位性】 担保期间，担保财产毁损、灭失或者被征收等，担保物权人可以就获得的保险金、赔偿金或者补偿金等优先受偿。被担保债权的履行期限未届满的，也可以提存该保险金、赔偿金或者补偿金等。

条文解读

代位物的范围 ➜ 第一，这里损害赔偿金是担保财产因第三人的侵权行为或者其他原因毁损、灭失时，担保人所获得的。如果担保财产是由于债权人的原因导致担保财产毁损、灭失的，根据《民法典》第412条、第451条的规定，质权人、留置权人负有妥善保管质押财产的义务；因保管不善致使质押或者留置财产毁损、灭失的，应当承担赔偿责任，质权人、留置权人向出质人或者债务人支付的损害赔偿金不能作为担保财产的代位物。

第二，担保财产毁损、灭失或者被征收后担保人所得的损害赔偿金、保险金或者补偿金只是代位物的几种形态。但并不仅仅以此为限。

如担保财产的残留物也属于代位物的范围。如果抵押房屋倒塌而成为一堆砖瓦，那么担保物权的效力同时及于这些抵押物变形的动产。

代位物的种类 ➲ 一般的担保物的代位物的种类，通常情况下包括保险金、赔偿金或者补偿金。只要是担保物毁损或灭失所得的赔偿金，无论是基于合同还是法律规定而发生，都为担保物权效力所及。补偿金经常发生在担保物被征收的情况下，例如对征收土地的补偿。还有一种情况，如果以房屋抵押，房屋倒塌而成为一堆砖瓦，那么担保物权的效力同时及于这些抵押物变形的动产。

关联参见

《民法典担保制度解释》第41条、第42条

第三百九十一条　【债务转让对担保物权的效力】第三人提供担保，未经其书面同意，债权人允许债务人转移全部或者部分债务的，担保人不再承担相应的担保责任。

条文解读

本条只适用于第三人提供担保财产的情况。主债务被分割或者部分转移，债务人自己提供物的担保，债权人请求以该担保财产担保全部债务履行的，人民法院应予支持；第三人提供物的担保，主张对未经其书面同意转移的债务不再承担担保责任的，人民法院应予支持。

"不再承担相应的担保责任"是指未经担保人书面同意，债权人许可债务人转移全部债务的，可以免除担保人全部担保责任；债权人许可债务人转移部分债务的，可以免除担保人部分的担保责任，担保人不得要求免除全部担保责任。

关联参见

《民法典担保制度解释》第39条

第三百九十二条　【人保和物保并存时的处理规则】 被担保的债权既有物的担保又有人的担保的，债务人不履行到期债务或者发生当事人约定的实现担保物权的情形，债权人应当按照约定实现债权；没有约定或者约定不明确，债务人自己提供物的担保的，债权人应当先就该物的担保实现债权；第三人提供物的担保的，债权人可以就物的担保实现债权，也可以请求保证人承担保证责任。提供担保的第三人承担担保责任后，有权向债务人追偿。

条文解读

人保和物保并存时的处理规则 ➜ 本条区分三种情况对同一债权上既有物的担保又有人的担保的情况作了规定：(1) 在当事人对物的担保和人的担保的关系有约定的情况下，应当尊重当事人的意思，按约定实现债权。这充分尊重了当事人的意愿。(2) 在没有约定或者约定不明确，债务人自己提供物的担保的情况下，应当先就该物的担保实现债权。(3) 在没有约定或者约定不明确，既有第三人提供物的担保，又有人的担保的情况下，应当允许当事人进行选择。实践中，对同一债权，还可能出现债务人和第三人均提供了物的担保，还有第三人提供人的担保的情形。在这种情况下，无论是从公平的角度，还是从防止日后追索权的烦琐、节约成本的角度，债权人都应当先行使债务人提供的物的担保，再行使第三人提供的物的担保，否则保证人可以享有抗辩权。

承担了担保责任或者赔偿责任的担保人，在其承担责任的范围内向债务人追偿的，人民法院应予支持。同一债权既有债务人自己提供的物的担保，又有第三人提供的担保，承担了担保责任或者赔偿责任的第三人，主张行使债权人对债务人享有的担保物权的，人民法院应予支持。

关联参见

《民法典担保制度解释》第13条、第14条、第18条

第三百九十三条　【担保物权消灭的情形】 有下列情形之一的，担保物权消灭：

（一）主债权消灭；

（二）担保物权实现；

（三）债权人放弃担保物权；

（四）法律规定担保物权消灭的其他情形。

条文解读

担保物权消灭 ➡ 根据本条的规定，在下列情形下担保物权消灭：

第一，因主债权的消灭而消灭。担保物权是从属于主债权的权利，主债权消灭的，担保物权也随之消灭。这里的“主债权消灭”，是指主债权的全部消灭，根据担保物权的不可分性，主债权部分消灭，担保物权仍然存在，担保财产仍然担保剩余的债权，直到债务人履行全部债务时止。此外，这里的“主债权消灭”指客观效果，与因谁的清偿而导致“主债权消灭”无关。也就是说，债务人自己清偿债务的，担保物权消灭；第三人代债务人清偿债务导致主债权消灭的，担保物权也消灭。

第二，担保物权实现导致担保物权消灭。“担保物权实现”是指债务人到期不履行债务时，债权人与担保人约定以担保财产折价实现自己的债权或者拍卖、变卖担保财产，以拍卖、变卖担保财产所得的价款优先受偿。担保物权是为担保债权而设定的。担保物权实现就意味着担保物权人权利的实现，担保物权自然就归于消灭。但是需要强调的是，担保物权一旦实现，无论其所担保的债权是否全部清偿，担保物权都消灭。根据《民法典》第413条、第438条、第455条的规定，担保物权实现后，未受清偿的债权部分可以要求债务人清偿，但是这部分债权已无担保物权的保障，变为普通债权。

第三，债权人放弃担保物权导致担保物权消灭。这里的“放弃”，是指债权人的明示放弃，明示放弃主要包括两种情形：一是债权人以书面形式明确表示放弃担保物权。例如，债权人与债务人或者提供担保的第三人以签订协议的方式同意放弃担保物权。二是债权人以行为放弃。例如，因债权人自己的行为导致担保财产毁损、灭失的，视为债权人放弃了担保物权。

第四，法律规定的其他导致担保物权消灭的情形。这是一个兜底性条款，主要是指《民法典》的其他条款或者其他法律规定的担保物权消灭的特殊情形或者专属于某一类担保物权的消灭原因，例如，《民法典》第457条规定，留置权人对留置财产丧失占有或者留置权人接受债务人另行提供担保的，留置权消灭。这就是留置权消灭的特殊原因。

第十七章　抵　押　权

第一节　一般抵押权

第三百九十四条　【抵押权的定义】 为担保债务的履行，债务人或者第三人不转移财产的占有，将该财产抵押给债权人的，债务人不履行到期债务或者发生当事人约定的实现抵押权的情形，债权人有权就该财产优先受偿。

前款规定的债务人或者第三人为抵押人，债权人为抵押权人，提供担保的财产为抵押财产。

条文解读

抵押权 ➜ 抵押权是指为担保债务的履行，债务人或者第三人不转移财产的占有，将该财产抵押给债权人，债务人不履行到期债务或者发生当事人约定的实现抵押权的情形，债权人有权就该财产优先受偿。

抵押法律关系的当事人为抵押人和抵押权人，客体为抵押财产。抵押人是指为担保债务的履行而提供抵押财产的债务人或者第三人。抵押权人是指接受抵押担保的债权人。抵押财产是指抵押人提供的用于担保债务履行的特定的物。

抵押权具有以下几个特征：

（1）抵押权是担保物权

抵押权以抵押财产作为债权的担保，抵押权人对抵押财产享有的权利，可以对抗物的所有人以及第三人。这主要体现在抵押权人对抵押财产有追及、支配的权利。所谓追及权，表现在抵押权设定后，抵押财产转让的，抵押权不受影响，抵押权仍存在于该抵押财产之上。所谓支配权，表现在抵押权人在抵押财产担保的债权已届清偿期而未受清偿，或者发生当事人约定的实现抵押权的情形时，有权依照法律规定，以抵押财产折价或者以拍卖、变卖抵押财产的价款优先受偿。

（2）抵押权是债务人或者第三人以其所有的或者有权处分的特定的财产设定的物权

作为抵押权客体的财产，必须是债务人或者第三人所有的或者依法有权处分的财产，对自己无所有权或者无处分权的财产不得设定抵押权。此外，债权人自己所有的财产也不得作为抵押权的客体。用于抵押的财产还应当是特定的。所谓特定的财产，可以是不动产，也可以是动产。不动产是指不能移动或者移动后就会改变性质或者降低价值的物，如房屋、土地、林木。动产是指不动产以外的物，如飞机、车辆、机器设备。抵押的财产不论是不动产还是动产，都必须是确定的或者是有具体指向的，比如，某栋房屋、某宗土地、某企业现有的及将有的产品等。

（3）抵押权是不转移标的物占有的物权

抵押权设定后，抵押人不必将抵押财产转移于抵押权人占有，抵押人仍享有对抵押财产的占有、使用、收益和处分的权利，这是抵押权区别于质权、留置权的特征。抵押权无须转移抵押财产的占有具有下列优势：一是设定抵押权后，抵押人仍能占有抵押财产而进行使用、收益和处分，这有利于抵押人；二是抵押权人无须承担保管抵押财产的义务，但是能够获得完全的抵押财产权，这有利于抵押权人；三是由于抵押财产仍然保存在抵押人处，抵押人可以对其抵押财产进行保值增值，资源可以得到有效利用，充分发挥物的使用价值。

（4）抵押权人有权就抵押财产优先受偿

优先受偿，是指当债务人有多个债权人，其财产不足以清偿全部债权时，有抵押权的债权人可以优先于其他无抵押权的债权人而受到清偿。

实现抵押权必须符合法律规定的条件。实现抵押权应当具备以下条件之一：一是债务清偿期限届满，债务人不履行义务。清偿期限未届满，抵押权人无权就抵押财产优先受偿。二是发生当事人约定的实现抵押权的情形。比如，债权人与债务人约定，贷款只能用于教学大楼的建设，改变贷款用途的，双方的借贷法律关系终止，债务人须即刻归还已贷出款项，不能归还的，债权人可以拍卖债务人的抵押财产，就拍卖取得的价款优先受偿。当双方约定的实现抵押权的条件成就，即使债务清偿期限没有届满，抵押权人也有权就拍卖、变卖抵押财产的价款优先受偿。

实务应用

32. 在抵押人不是主债务人的情况下，抵押权人可以就拍卖、变卖抵押财产优先受偿吗？

抵押担保是物的担保。在抵押人不是主债务人的情况下，抵押权人可以请求拍卖、变卖抵押财产优先受偿，但不得请求抵押人直接承担债务人的债务。

第三百九十五条　【可抵押财产的范围】 债务人或者第三人有权处分的下列财产可以抵押：

（一）建筑物和其他土地附着物；

（二）建设用地使用权；

（三）海域使用权；

（四）生产设备、原材料、半成品、产品；

（五）正在建造的建筑物、船舶、航空器；

（六）交通运输工具；

（七）法律、行政法规未禁止抵押的其他财产。

抵押人可以将前款所列财产一并抵押。

条文解读

抵押财产 ➲ 抵押财产，也称为抵押权标的物或者抵押物，是指被设置了抵押权的不动产、动产或者权利。抵押财产的特点是：（1）抵押财产包括不动产、特定动产和权利。抵押财产主要是不动产，也包括特定的动产，以及建设用地使用权、土地经营权等物权。（2）抵押财产须具有可转让性，抵押权的性质是变价权，供抵押的不动产或者动产如果有妨害其使用的目的，具有不得让与的性质或者即使可以让与但让与其变价将会受到影响，都不能设置抵押权。

可抵押财产的范围 ➲ 本条列举的可以抵押的财产，应作如下理解：

（1）建筑物和其他土地附着物。建筑物包括住宅、体育馆等。其他土地附着物指附着于土地之上的除房屋以外的不动产，包括桥梁、隧道、大坝、道路等构筑物，以及林木，庄稼等。比如房前屋后属于个人所有的树木，公民个人在自留山、自留地和荒地、荒山、荒坡上种植的林木、农作物，集体所有的用材林、经济林、防护林、炭薪林，机关、团体、部队、学校、厂矿、农场、牧场等单位种植的林木等。

（2）建设用地使用权。建设用地使用权是权利主体依法对国家所有的土地享有的占有、使用和收益的权利。注意，仅允许建设用地使用权进行抵押。即农业用地使用权之上不得设定抵押。

（3）海域使用权。海域属于国家所有，国家是海域所有权的唯一主体。2001 年，我国颁布了《海域使用管理法》，从法律层面确立了海域使用权制度。单位和个人使用海域，必须依法取得海域使用权。海域使用权是一种用益物权，《民法典》第 328 条规定，依法取得的海域使用权受法律保护。根据《海域使用管理法》的规定，海域使用权取得的方式主要有三种：一是单位和个人向海洋行政主管部门申请；二是招标；三是拍卖。海域作为国家重要的自然资源实行有偿使用制度。单位和个人使用海域，应当按照国务院的规定缴纳海域使用金。海域使用权作为一项重要的财产权利，可以依法转让、继承。

（4）生产设备、原材料、半成品、产品。生产设备包括：工业企业的各种机床、计算机、化学实验设备、仪器仪表设备、通信设备，海港、码头、车站的装卸机械，拖拉机、收割机、脱粒机等农用机械等。原材料指用于制造产品的原料和材料，比如用于炼钢的铁矿石，用于造纸的纸浆，用于生产家具的木料，用于制作面粉的小麦，用于建设工程的砖、瓦、沙、石等。半成品指尚未全部生产完成的产品，比如尚未组装完成的汽车，尚未缝制纽扣的服装，尚未成熟的农作物等。产品指生产出来的物。比如电视机、电冰箱、大米、白面等生活用品。

（5）正在建造的建筑物、船舶、航空器。将正在建造的建筑物、船舶、航空器进行抵押，需要在订立抵押合同后及时进行登记。在建工程作为抵押物要有严格的条件限制，以保障当事人的权利：①抵押设立的目的是取得在建工程继续建造的资金，并且只能向银行贷款。②抵押人合法取得了在建工程的土地使用权，并且将土地使用权和在建工程的投入资产一并抵押。③在建工程的抵押必须办理抵押登记。登记是在建工程抵押权设立的必备要件，不登记抵押权就没有设立，债权人就不能取得抵押权。

（6）交通运输工具。交通运输工具包括：飞机、船舶、火车、各种机动车辆等。

（7）法律、行政法规未禁止抵押的其他财产。这是一项兜底性规定，以适应不断变化的经济生活需要。这项规定表明，以前六项规定以外的其他财产抵押，必须同时具备两个条件：①不是法律、行政法规规定禁止抵押的财产；②债务人或者第三人对该财产有处分权。

关联参见

《民法典担保制度解释》第49条、第50条；《城市房地产管理法》第32条、第48条；《农村土地承包法》第53条

第三百九十六条　【浮动抵押】 企业、个体工商户、农业生产经营者可以将现有的以及将有的生产设备、原材料、半成品、产品抵押，债务人不履行到期债务或者发生当事人约定的实现抵押权的情形，债权人有权就抵押财产确定时的动产优先受偿。

条文解读

浮动抵押 ➲ 浮动抵押是指企业、个体工商户、农业生产经营者作为抵押人，以其所有的全部财产包括现有的以及将有的生产设备、原材料、半成品、产品为标的而设立的动产抵押权。债务人不履行到期债务或者发生当事人约定的实现抵押权的情形，债权人有权就抵押财产确定时的动产优先受偿。比如企业以现有的以及未来可能买进的机器设备、库存产成品、生产原材料等动产担保债务的履行。

浮动抵押权设定后，抵押人可以将抵押的原材料投入成品生产，也可以卖出抵押的财产。当发生债务履行期届满未清偿债务、当事人约定的实现抵押权的情形成就时，抵押财产确定，也就是说，此时企业有什么财产，这些财产就是抵押财产。抵押财产确定前企业卖出的财产不追回，买进的财产算作抵押财产。

浮动抵押的设定条件如下：（1）设定浮动抵押的主体仅限于企业、个体工商户、农业生产经营者。只要是注册的企业都可以设定浮动抵押。除上述三项主体外，国家机关、社会团体、事业单位、非农业生产者的自然人不可以设立浮动抵押。（2）设立浮动抵押的财产仅限于生产设备、原材料、半成品和产品。除此之外的动产、不动产、知识产权以及债权等不得设立抵押。（3）设立浮动抵押要有书面协议。该协议一般包括担保债权的种类和数额、债务履行期间、抵押财产的范围、实现抵押权的条件等。这里所说的抵押财产的范围并不要求详细列明，比如以全部财产抵押的，可以写“以现有的或者将有的全部动产抵押”；以部分财产抵押的，可以写“以现有的和将有的鱼产品、蔬菜、水果抵押”。（4）实现抵押权的条件是不履行到期债务或者发生当事人约定的实现抵押权的事由。

实务应用

33. 浮动抵押与固定抵押的区别是什么?

浮动抵押具有不同于固定抵押的两个特征：第一，浮动抵押设定后，抵押的财产不断发生变化，直到约定或者法定的事由发生，抵押财产才确定。第二，浮动抵押期间，抵押人处分抵押财产不必经抵押权人同意，除抵押人恶意实施损害抵押权人利益的行为外，抵押权人对抵押财产无追及的权利，只能就约定或者法定事由发生后确定的财产优先受偿。

第三百九十七条　【建筑物和相应的建设用地使用权一并抵押规则】 以建筑物抵押的，该建筑物占用范围内的建设用地使用权一并抵押。以建设用地使用权抵押的，该土地上的建筑物一并抵押。

抵押人未依据前款规定一并抵押的，未抵押的财产视为一并抵押。

条文解读

建筑物和相应的建设用地使用权一并抵押规则 ➲ 本条是关于房地一并抵押的规定。有几点需要注意：

（1）本条规定的建筑物，主要指国有土地上的建筑物和乡镇、村企业的厂房等建筑物。本条规定的建设用地使用权，包括城市住宅和公共设施用地、工矿用地、交通水利设施用地、旅游用地、军事设施用地的使用权。

（2）以建设用地使用权设定抵押，因设定抵押时，其上有无建筑物而不同：抵押人仅以建设用地使用权设定抵押，并且在抵押权生效时，其上无建筑物或其他附着物的，抵押权的效力不及于该地上新增的建筑物或其他附着物；若抵押建设用地使用权时，其上就存在建筑物或其他地上附着物，则应当一并抵押。

（3）由于我国关于建设用地使用权与建筑物的登记机关和审查权

限规定不同，实践中存在房地分别抵押的情况。对此，只要设定的分别抵押是基于当事人的完全自愿，在订立了抵押合同并且已办理抵押登记的情况下，应认定抵押有效。在实现抵押权时，应就两项财产分别拍卖，分别受偿，但必须确保竞买人为同一人，以使房产和地产的最终取得者为同一人。

案例指引

31. 抵押合同中载明“抵押不包含土地”，债权人是否享有设押建筑物占用范围内的建设用地使用权抵押权？①

2010年6月17日，谢某洁与某制冷设备公司签订《抵押设立协议》，约定谢某洁因向某制冷设备公司出借款项享有债权3000万元，某制冷设备公司将坐落于安镇街道胶西村的房屋抵押给谢某洁，合同手写载明“本次抵押不包含土地”。2010年6月23日，上述房产共同办理了抵押登记，但未办理建设用地使用权抵押登记。

2011年12月2日，江苏省无锡市锡山区人民法院根据范某丽的申请，裁定受理某制冷设备公司破产清算一案，并指定了管理人。2019年6月，管理人先后制作了《关于某制冷设备公司抵押债权审查结论通知函》及《更正函》，确定谢某洁的抵押物为设置了抵押的房屋和房屋占地面积的土地，故对上述房产所在宗地，管理人拟首先清偿第一顺序抵押权人的债权，其次将余值按向谢某洁抵押的房屋占地面积占整块土地面积的比例分配给谢某洁。某房地产公司、某置业公司、范某丽均为某制冷设备公司债权人，对管理人确认的上述债权提出异议，认为载明“本次抵押不包含土地”，应系双方合意抵押物不涉及土地，也是谢某洁以明示的方式放弃了“房地一并抵押”的权利，因此，谢某洁不享有设押建筑物对应的建设用地使用权抵押权。故提起诉讼，请求判令谢某

---

① 参见《某房地产公司等诉谢某洁、某制冷设备公司破产债权确认案》，案号：(2020)苏02民终2729号，载国家法官学院、最高人民法院司法案例研究院编：《中国法院2022年度案例．物权纠纷》，中国法制出版社2022年版，第224页。

洁对相应的建设用地使用权不享有优先受偿权。

法院经审理认为，约定“本次抵押不包含土地”并不能排除未设押建设用地使用权抵押权的依法产生。登记部门备案的抵押协议中载明了“本次抵押不包含土地”，仅能够印证谢某洁当时办理了建筑物抵押登记而未办理占用范围内的建设用地使用权抵押登记的事实，表明该情况符合“抵押人未依照前款规定一并抵押的，未抵押的财产视为一并抵押”的适用前提。“本次抵押不包含土地”能够印证双方仅办理了建筑物抵押登记的事实以及双方具有仅进行建筑物抵押登记的意思表示，而不能得出谢某洁放弃了因法律规定而产生的未设押建设用地使用权抵押权的结论，加之亦无其他证据予以证明谢某洁嗣后亦作出过“放弃”的意思表示。因此，法院采信谢某洁的抗辩意见以及某制冷设备公司破产管理人的陈述，确认谢某洁享有设押建筑物占用范围内的建设用地使用权抵押权。

关联参见

《城市房地产管理法》第32条、第48条

第三百九十八条　【乡镇、村企业的建设用地使用权与房屋一并抵押规则】 乡镇、村企业的建设用地使用权不得单独抵押。以乡镇、村企业的厂房等建筑物抵押的，其占用范围内的建设用地使用权一并抵押。

条文解读

乡镇、村企业的建设用地使用权与房屋一并抵押规则 ➲ 本条是关于乡镇、村企业的建筑物和建设用地使用权抵押的规定。适用时注意：

（1）本条所称的厂房等建筑物，仅指乡镇、村企业的厂房等建筑物，而不包括集体土地上的其他房屋。

（2）随厂房等建筑物一起抵押的仅限于该建筑物占有范围内的建

设用地使用权，而不一定是整个地块上的全部土地使用权。

（3）法律虽然允许乡镇、村企业的建设用地使用权随厂房等建筑物一并抵押，但对实现抵押权后土地的性质和用途作了限制性规定，以乡镇、村企业的厂房等建筑物占用范围内的建设用地使用权一并抵押的，实现抵押权后，未经法定程序，不得改变土地所有权的性质和土地的用途。也就是说，即使乡镇、村企业的建设用地使用权随其厂房等建筑物被拍卖了，受让的土地仍然属于农村集体所有。如果该土地原为工业用途，未经有关部门批准，买受人不能将该土地用于商业、旅游和住宅建设。

第三百九十九条　【禁止抵押的财产范围】下列财产不得抵押：

（一）土地所有权；

（二）宅基地、自留地、自留山等集体所有土地的使用权，但是法律规定可以抵押的除外；

（三）学校、幼儿园、医疗机构等为公益目的成立的非营利法人的教育设施、医疗卫生设施和其他公益设施；

（四）所有权、使用权不明或者有争议的财产；

（五）依法被查封、扣押、监管的财产；

（六）法律、行政法规规定不得抵押的其他财产。

条文解读

适用本条有以下几点需要注意：

（1）土地所有权包括国有土地所有权，也包括集体土地所有权。集体所有土地分为农用地和建设用地，农用地除四荒地的建设经营权外，一般不允许抵押。

（2）以公益为目的的非营利性学校、幼儿园、医疗机构、养老机构等提供担保的，人民法院应当认定担保合同无效，但是有下列情形之一的除外：①在购入或者以融资租赁方式承租教育设施、医疗卫生设施、养老服务设施和其他公益设施时，出卖人、出租人为担保价款或者租金实现而在该公益设施上保留所有权；②以教育设施、医疗卫生设施、养老服务设施和其他公益设施以外的不动产、动产或者财产权利设立担保物权。登记为营利法人的学校、幼儿园、医疗机构、养老机构等提供担保，当事人以其不具有担保资格为由主张担保合同无效的，人民法院不予支持。“其他社会设施”包括公共图书馆、科学技术馆、博物馆、国家美术馆、少年宫、工人文化宫、敬老院、残疾人福利基金会等用于社会公益目的的设施。

（3）所有权、使用权不明或者有争议的财产主要指以下财产：继承发生后，遗产尚未分割前的财产；民事主体对其归属有争议，有关司法机关或仲裁机构正在裁决或仲裁中的财产。

（4）依法查封、扣押的财产，指人民法院或者行政机关采取强制措施将财产就地贴上封条或者运到另外的处所，不准任何人占有、使用或者处分的财产。依法监管的财产，指行政机关依照法律规定监督、管理的财产。比如海关依照有关法律、法规，监管进出境的运输工具、货物、行李物品、邮递物品和其他物品，对违反《海关法》和其他有关法律法规规定的进出境货物、物品予以扣留。依法被查封、扣押、监管的财产，其合法性处于不确定状态，国家法律不能予以确认和保护。因此禁止以依法被查封、扣押、监管的财产抵押。但已经设定抵押的财产被采取查封、扣押等财产保全或者执行措施的，不影响抵押权的效力。

（5）可以规定不得抵押的其他财产的法律仅限于全国人大及其常委会制定的法律或国务院制定的行政法规，而不包括地方性法规、行政规章或其他规范性文件。

关联参见

《民法典担保制度解释》第5条、第6条

第四百条　【抵押合同】设立抵押权，当事人应当采用书面形式订立抵押合同。

抵押合同一般包括下列条款：

（一）被担保债权的种类和数额；

（二）债务人履行债务的期限；

（三）抵押财产的名称、数量等情况；

（四）担保的范围。

条文解读

注意抵押权的设定和抵押合同生效的关系：抵押合同的生效主要由《民法典》合同编来调整，只要符合合同的一般生效要件（主体具有完全行为能力，意思表示真实，不违反法律或者社会公共利益，合同标的须确定可能）并且采用书面形式，即可成立生效，与抵押权登记与否无关；抵押权的生效由《民法典》物权编调整。抵押财产不同，抵押权设定的时间也不同。

抵押权合同的效力和抵押权的效力并不具有必然的法律关系，抵押合同只是抵押权的成立基础。有可能抵押合同生效，而抵押权不成立，也有可能抵押权登记完成之后，抵押合同被确认为无效。即便如此，抵押权登记依然具有公信力。

第四百零一条　【流押条款的效力】抵押权人在债务履行期限届满前，与抵押人约定债务人不履行到期债务时抵押财产归债权人所有的，只能依法就抵押财产优先受偿。

条文解读

流押条款的效力➜流押，也叫作流押契约、抵押财产代偿条款或流抵契约，是指抵押权人与抵押人约定，当债务人届期不履行债务时，抵押权人有权直接取得抵押财产的所有权的协议。抵押权人在债务履行期届满前，不得与抵押人约定在债务人不履行到期债务时，抵押财产归债权人所有。抵押权人和抵押人订立流押契约，流押条款一律无效。即使是在抵押权实现时订立的实现抵押权协议，也不得出现流押契约。当事人以抵押财产折价方式清偿债务，才是正常的抵押权实现方法。

订立流押条款的，虽然流押条款无效，但是抵押权仍然成立，因而只能依法就抵押财产优先受偿，使债务得到清偿。在实践中，下列约定也被认为属于流押契约：(1) 在借款合同中，订有清偿期限届至而借款人不还款时，贷款人可以将抵押财产自行加以变卖的约定；(2) 抵押权人在债权清偿期届满后与债务人另订有延期清偿的合同，在该合同中附以延展的期限内如果仍未能清偿时，就将抵押财产交给债权人经营的约定；(3) 债务人以所负担的债务额作为某项不动产的出售价，与债权人订立一个不动产买卖合同，但并不移转该不动产的占有，只是约定在一定的期限内清偿债务以赎回该财产。此种合同虽然在形式上是买卖，实际上是就原有债务设定的抵押权，只不过以回赎期间作为清偿期间罢了。

第四百零二条　【不动产抵押登记】以本法第三百九十五条第一款第一项至第三项规定的财产或者第五项规定的正在建造的建筑物抵押的，应当办理抵押登记。抵押权自登记时设立。

条文解读

不动产抵押的设定 ➔ 抵押权是担保物权，设定抵押权除了要订立抵押合同之外，对某些不动产设置抵押权还须进行抵押权登记，并且只有经过抵押权登记，才能发生抵押权的效果。本条规定，须登记发生法律效力的抵押权是：(1) 建筑物和其他土地附着物；(2) 建设用地使用权；(3) 海域使用权；(4) 正在建造的建筑物。以这些不动产设置抵押权的，在订立抵押合同之后，应当进行抵押权登记，经过登记之后，抵押权才发生，即抵押权自登记时设立。

不动产抵押合同生效后未办理抵押登记手续，债权人请求抵押人办理抵押登记手续的，人民法院应予支持。不动产登记簿就抵押财产、被担保的债权范围等所作的记载与抵押合同约定不一致的，人民法院应当根据登记簿的记载确定抵押财产、被担保的债权范围等事项。当事人申请办理抵押登记手续时，因登记机构的过错致使其不能办理抵押登记，当事人请求登记机构承担赔偿责任的，人民法院依法予以支持。

关联参见

《民法典担保制度解释》第46—48条；《城市房地产管理法》第62条

第四百零三条　【动产抵押的效力】以动产抵押的，抵押权自抵押合同生效时设立；未经登记，不得对抗善意第三人。

条文解读

动产抵押的设定 ➲ 以动产抵押的，例如《民法典》第395条规定的生产设备、原材料、半成品、产品、正在建造的船舶、航空器、交通运输工具等，采取登记对抗主义，抵押权自抵押合同生效时设立；未经抵押权登记的，抵押权亦设立，只是不得对抗善意第三人。

未登记的动产抵押权的效力 ➲ 动产抵押合同订立后未办理抵押登记，动产抵押权的效力按照下列情形分别处理：（1）抵押人转让抵押财产，受让人占有抵押财产后，抵押权人向受让人请求行使抵押权的，人民法院不予支持，但是抵押权人能够举证证明受让人知道或者应当知道已经订立抵押合同的除外；（2）抵押人将抵押财产出租给他人并移转占有，抵押权人行使抵押权的，租赁关系不受影响，但是抵押权人能够举证证明承租人知道或者应当知道已经订立抵押合同的除外；（3）抵押人的其他债权人向人民法院申请保全或者执行抵押财产，人民法院已经作出财产保全裁定或者采取执行措施，抵押权人主张对抵押财产优先受偿的，人民法院不予支持；（4）抵押人破产，抵押权人主张对抵押财产优先受偿的，人民法院不予支持。

不得对抗善意第三人 所谓不得对抗善意第三人，包括两方面含义：一是，合同签订后，如果抵押人将抵押财产转让，对于善意取得该财产的第三人，抵押权人无权追偿，而只能要求抵押人重新提供新的担保，或者要求债务人及时偿还债务。二是，抵押合同签订后，如果抵押人以该财产再次设定抵押，而后位抵押权人进行了抵押登记，那么，实现抵押权时，后位抵押权人可以优于前位未进行抵押登记的抵押权人受偿。而办理抵押登记的，抵押权具有对抗第三人的法律效力，也就是说，抵押财产登记后，不论抵押财产转移到谁手中，只要债务履行期届满债务人没有履行债务，抵押权人都可以就该抵押财产实现抵押权。同时还有先于未登记的抵押权人受偿的权利。由此可见，为了切实保障自己债权的实现，抵押权人最好进行抵押登记。

关联参见

《民法典担保制度解释》第54条

第四百零四条　【动产抵押权对抗效力的限制】 以动产抵押的，不得对抗正常经营活动中已经支付合理价款并取得抵押财产的买受人。

条文解读

动产抵押对抗效力的限制 动产抵押采取登记对抗主义，未经登记不得对抗善意第三人，不仅如此，即使办理登记的动产抵押，也不得对抗在正常经营活动中已经支付合理价款并取得抵押财产的买受人。如果在动产抵押过程中，抵押人在与他人进行正常的经营活动，对抵押财产与对方当事人进行交易，对方已经支付了合理价款并取得了该抵押财产的，这些抵押财产就不再是抵押权的客体，抵押权人对其不能主张抵押权。但有下列情形之一的除外：(1) 购买商品的数量明显超过一般买受人；(2) 购买出卖人的生产设备；(3) 订立买卖合同的目的在于担保出卖人或者第三人履行债务；(4) 买受人与出卖人存在直接或者间接的控制关系；(5) 买受人应当查询抵押登记而未查询的其他情形。出卖人正常经营活动，是指出卖人的经营活动属于其营业执照明确记载的经营范围，且出卖人持续销售同类商品。

浮动抵押优先受偿的例外 ➲ 浮动抵押权人具有优先受偿的效力，但不得对抗正常经营活动中已支付合理价款并取得抵押财产的买受人。但受到保护的买受人必须符合以下条件：第一，买受的财产是生产设备、原材料、半成品和产品。第二，受保护的主体必须是正常交易活动中的买受人。正常交易活动中的买受人主要包括两种情况：一是在存货融资中，买受出卖人在正常经营过程中出售的已设定担保的存货的人；二是市场交易中的消费者。第三，买受人必须是已支付合理价款并取得了抵押财产。具备这三个条件，抵押财产的买受人可以对抗抵押权人，即买受人可以取得买受的抵押财产而不受抵押权人的追及。

浮动抵押和其他抵押的效力序位 ➲ 一般情况下，在全部浮动抵押财产未特定之前，其他担保物权应优先于浮动抵押权；浮动抵押财产特定为抵押财产后，浮动抵押的效力优先于在此之后设立的担保物权以及其他无担保债权。

关联参见

《民法典担保制度解释》第56条

第四百零五条　【抵押权和租赁权的关系】 抵押权设立前，抵押财产已经出租并转移占有的，原租赁关系不受该抵押权的影响。

条文解读

抵押权和租赁权的关系 ➲ 对抵押权设立之前的抵押财产出租，租赁关系不受抵押权的影响。其条件是：(1) 订立抵押合同前抵押财产已经出租；(2) 成立租赁合同关系并且已经将租赁物转移占有。如果抵押权设立之前仅成立了租赁合同关系，但是抵押财产并未被承租人占有的，或者抵押权设立之后对抵押财产进行租赁，租赁关系受到抵押权的影响，抵押权实现后，租赁合同对受让人不具有约束力。

第四百零六条 【抵押期间抵押财产转让应当遵循的规则】

抵押期间，抵押人可以转让抵押财产。当事人另有约定的，按照其约定。抵押财产转让的，抵押权不受影响。

抵押人转让抵押财产的，应当及时通知抵押权人。抵押权人能够证明抵押财产转让可能损害抵押权的，可以请求抵押人将转让所得的价款向抵押权人提前清偿债务或者提存。转让的价款超过债权数额的部分归抵押人所有，不足部分由债务人清偿。

条文解读

抵押期间抵押财产转让应当遵循的规则 ➔ 在财产上设置抵押权，只要抵押权跟随抵押财产一并移转，就能够保障抵押权人的权利。故《民法典》在规定抵押期间转让抵押财产的规则时，采纳了从宽的规则，具体为：(1) 抵押期间，抵押人可以转让抵押财产，并不加以禁止，只是在转让时应当通知抵押权人。(2) 如果当事人对此另有约定的，按照其约定。(3) 抵押期间，抵押人将抵押财产转让的，抵押权不受影响，即抵押财产是设有抵押权负担的财产，进行转让时，抵押权随着所有权的转让而转让，取得抵押财产的受让人在取得所有权的同时，也负有抵押人所负担的义务，受到抵押权的约束。(4) 抵押权人能够证明抵押财产转让可能损害抵押权的，可以请求抵押人将转让所得的价款向抵押权人提前清偿债务或者提存。转让的价款超过债权数额的部分，归抵押人所有，不足部分由债务人清偿。

当事人约定禁止或者限制转让抵押财产但是未将约定登记，抵押人违反约定转让抵押财产，抵押权人请求确认转让合同无效的，人民法院不予支持；抵押财产已经交付或者登记，抵押权人请求确认转让不发生物权效力的，人民法院不予支持，但是抵押权人有证据证明受让人知道的除外；抵押权人请求抵押人承担违约责任的，人民法院依法予以支持。当事人约定禁止或者限制转让抵押财产且已经将约定登记，抵押人违反约定转让抵押财产，抵押权人请求确认转让合同无效的，人民法院不予支持；抵押财产已经交付或者登记，抵押权人主张转让不发生物权效力的，人民法院应予支持，但是因受让人代替债务人清偿债务导致抵押权消灭的除外。

关联参见

《民法典担保制度解释》第43条

第四百零七条　【抵押权的从属性】抵押权不得与债权分离而单独转让或者作为其他债权的担保。债权转让的，担保该债权的抵押权一并转让，但是法律另有规定或者当事人另有约定的除外。

条文解读

抵押权不得与所担保的主债权分离而单独转让 ➲ 该种情形表现为：

（1）抵押权人不得以抵押权单独让与他人而自己保留被担保的主债权。抵押权人转让抵押权的，抵押权应当与其所担保的债权一同转让，单独转让抵押权的行为无效。

（2）抵押权人不得将被担保的主债权单独让与他人，而自己保留抵押权，此时按抵押权从属性原则，抵押权人让与其被担保的主债权，抵押权同时转让，且无须征得抵押人的同意。

（3）抵押权人不得将其主债权与抵押权分别让与不同的人。此时就主债权让与而言，受让人仅取得无抵押权担保的普通债权，而就抵押权让与而言，因违反抵押权的从属性原则，抵押权单独让与无效，抵押权人也不得保留无主债权的抵押权，抵押权应归于消灭。

抵押权不得与所担保的主债权分离而单独成为其他债权的担保 ➲ 该种情形具体表现为：

（1）抵押权人不得仅以抵押权提供担保，而自己保留主债权。抵押权人以抵押权向他人提供担保的，抵押权应当与其所担保的债权一同向他人提供担保。单独以抵押权作为其他债权担保的行为无效。

（2）抵押权人仅以债权设定质押时，构成权利质押，在法律上应是有效的，但抵押权人不能自己保留抵押权，特别是在债权质押实现时，抵押权人更不能单独保留抵押权，因为主债权质权的效力当然及于抵押权，成立附有抵押权的债权质权，否则无效。

（3）抵押权人分别将债权与抵押权提供给不同的人作担保时，就债权设定质权而言，应认为是有效的，成立无抵押权担保的债权质权；就抵押权单独设立担保而言，则在法律上是无效的。

第四百零八条　【抵押财产价值减少时抵押权人的保护措施】

抵押人的行为足以使抵押财产价值减少的，抵押权人有权请求抵押人停止其行为；抵押财产价值减少的，抵押权人有权请求恢复抵押财产的价值，或者提供与减少的价值相应的担保。抵押人不恢复抵押财产的价值，也不提供担保的，抵押权人有权请求债务人提前清偿债务。

条文解读

抵押财产价值减少 ➲ 本条规定的抵押财产价值减少，均是由于抵押人的行为造成的，即只有在抵押人对抵押财产价值减少有过错的，才按照本条的规定处理。这种侵害行为必须是抵押人的行为，故意和过失、作为与不作为均包括在内。

第四百零九条　【抵押权人放弃抵押权或抵押权顺位的法律后果】 抵押权人可以放弃抵押权或者抵押权的顺位。抵押权人与抵押人可以协议变更抵押权顺位以及被担保的债权数额等内容。但是，抵押权的变更未经其他抵押权人书面同意的，不得对其他抵押权人产生不利影响。

债务人以自己的财产设定抵押，抵押权人放弃该抵押权、抵押权顺位或者变更抵押权的，其他担保人在抵押权人丧失优先受偿权益的范围内免除担保责任，但是其他担保人承诺仍然提供担保的除外。

条文解读

放弃抵押权 ➲ 抵押权人放弃抵押权，不必经过抵押人的同意。抵押权人放弃抵押权的，抵押权消灭。此时抵押权人变成普通债权人，其债权应当与其他普通债权人按照债权的比例受偿。

抵押权的顺位 ➲ 抵押权的顺位是抵押权人优先受偿的顺序，作为抵押权人享有的一项利益，抵押权人可以放弃其顺位，即放弃优先受偿的次序利益。抵押权人放弃抵押权顺位的，放弃人处于最后顺位，所有后顺位抵押权人的顺位依次递进。但在放弃人放弃抵押权顺位后新设定的抵押权不受该放弃的影响，其顺位仍应在放弃人的抵押权顺位之后。

抵押权顺位的变更，是指将同一抵押财产上的数个抵押权的清偿顺序互换。抵押权的顺位变更后，各抵押权人只能在其变更后的顺序上行使优先受偿权。抵押权顺位的变更对其他抵押权人产生不利影响时，必须经过他们的书面同意。注意债务人、抵押人和保证人等的权利不受影响，不需要获得这些人的同意。

第四百一十条　【抵押权实现的方式和程序】 债务人不履行到期债务或者发生当事人约定的实现抵押权的情形，抵押权人可以与抵押人协议以抵押财产折价或者以拍卖、变卖该抵押财产所得的价款优先受偿。协议损害其他债权人利益的，其他债权人可以请求人民法院撤销该协议。

抵押权人与抵押人未就抵押权实现方式达成协议的，抵押权人可以请求人民法院拍卖、变卖抵押财产。

抵押财产折价或者变卖的，应当参照市场价格。

实务应用

34. 实现抵押权的方式有哪些？

本条提供了三种抵押财产的处理方式供抵押权人与抵押人协议时选择：

（1）折价方式

抵押财产折价，是指在抵押权实现时，抵押权人与抵押人协议，或者协议不成经由人民法院判决，按照抵押财产自身的品质、参考市场价格折算为价款，把抵押财产所有权转移给抵押权人，从而实现抵押权的方式。实践中运用该方式时首先要注意该方式与禁止流押的区别：后者是为了避免债务履行期届满前，抵押权人利用其优势地位与抵押人约定，在债务人到期不能履行债务时，将价值高于被担保债权的抵押财产直接转归抵押权人所有，以充抵债权，从而对抵押人造成不公平。但法律所限制的只是在债务履行期届满前不得作出这种将来转移所有权的协议，在需要实现抵押权的时候，已不存在可能给抵押人造成不利的情势了，这时双方可以协议以折价的方式来清偿抵押权人的债权。而且，如果双方确定的抵押财产的价款高于被担保的债权时，依照《民法典》规定，超出的部分要归抵押人所有，这样合同双方的权益就都得到了保护。其次注意在诉讼程序中，除非抵押权人与抵押人同意以抵押财产折价，否则只能对抵押财产变卖或拍卖，以价款清偿债权。

（2）拍卖方式

拍卖也称为竞卖，是指以公开竞争的方法将标的物卖给出价最高的买者。拍卖又分为自愿拍卖和强制拍卖两种，自愿拍卖是出卖人与拍卖机构一般为拍卖行订立委托合同，委托拍卖机构拍卖；强制拍卖是债务人的财产基于某些法定的原因由司法机关如人民法院强制性拍卖。抵押权人与抵押人协议以抵押财产拍卖来实现债权的方式属于第一种方式，双方达成一致意见，即可选择拍卖机构进行拍卖。

（3）变卖方式

变卖的方式就是以拍卖以外的生活中一般的买卖形式出让抵押财产来实现债权的方式。为了保障变卖的价格公允，变卖抵押财产应当参照市场价格。

关联参见

《民法典担保制度解释》第45条

第四百一十一条　【浮动抵押财产的确定】 依据本法第三百九十六条规定设定抵押的，抵押财产自下列情形之一发生时确定：

（一）债务履行期限届满，债权未实现；

（二）抵押人被宣告破产或者解散；

（三）当事人约定的实现抵押权的情形；

（四）严重影响债权实现的其他情形。

条文解读

浮动抵押财产的确定 ➲ 浮动抵押权在以下情形时确定：

（1）债务履行期限届期，债权未实现：应当对浮动抵押的抵押财产进行确定，不得再进行浮动。

（2）抵押人被宣告破产或者解散：抵押财产必须确定，这种确定称为自动封押，浮动抵押变为固定抵押，无论浮动抵押权人是否知道该事由的发生或者有没有实现抵押权，都不影响抵押财产的自动确定。

（3）当事人约定的实现抵押权的情形：实现抵押权，抵押的财产必须确定，浮动抵押必须经过确定变为固定抵押，抵押权的实现才有可能。

（4）严重影响债权实现的其他情形：抵押财产也必须确定。例如，抵押人因经营管理不善而导致经营状况恶化或严重亏损，或者抵押人为了逃避债务而故意低价转让财产或隐匿、转移财产，都属于严重影响债权实现的情形。

浮动抵押财产被确定后，变成固定抵押，在抵押权实现的规则上，与普通抵押没有区别。

第四百一十二条　【抵押财产孳息归属】债务人不履行到期债务或者发生当事人约定的实现抵押权的情形，致使抵押财产被人民法院依法扣押的，自扣押之日起，抵押权人有权收取该抵押财产的天然孳息或者法定孳息，但是抵押权人未通知应当清偿法定孳息义务人的除外。

前款规定的孳息应当先充抵收取孳息的费用。

条文解读

抵押财产孳息归属 当出现债务人不履行到期债务或者发生当事人约定的实现抵押权情形，致使抵押财产被人民法院依法扣押的，等于抵押权人对抵押财产已经开始主张权利，因而自抵押财产被扣押之日起，抵押权人有权收取该抵押财产的天然孳息或者法定孳息，但是抵押权人未通知应当清偿法定孳息义务人的除外，故抵押权人自抵押财产被扣押后，如果要收取抵押财产的法定孳息，应当通知清偿法定孳息的义务人。

已经被扣押的孳息，尽管抵押权人可以收取，但是仍然是抵押人的财产，扣押的孳息仍然应当用于清偿抵押权人的债务，实现抵押权人的债权。

关联参见

《民法典担保制度解释》第40条

第四百一十三条　【抵押财产变价款的归属原则】抵押财产折价或者拍卖、变卖后，其价款超过债权数额的部分归抵押人所有，不足部分由债务人清偿。

条文解读

抵押财产变价款的归属原则 ➡ 抵押权设定的目的在于确保债权获得清偿。当抵押所担保的债权在履行期限届满或者发生当事人约定的实现抵押权的情形而未受清偿时，抵押权人可以就抵押财产的变价款优先受偿。抵押权的实现是抵押权的根本效力所在，也是抵押权人最重要的权利。

抵押权的实现就是将抵押财产的交换价值兑现，抵押权人以变价款优先受偿。抵押财产价值的最初估算与最终的变价款可能并不一致，这与当事人在设定抵押权时对抵押财产价值的估值是否准确以及市场价格不断变化有关。因此，抵押财产按照《民法典》第410条规定的方式和程序折价或者拍卖、变卖后，其价款可能超出其所担保的债权数额或者不足清偿债权。但是，无论抵押财产的变价款如何，设定抵押权时的主债权是清楚的，实现抵押权应当以清偿抵押担保范围的债权为界。抵押财产作为债权的担保，仅以最终实现债权为目的，抵押财产折价或者拍卖、变卖所得的价款如果超过债权数额，由于债权已经得到清偿，超过部分应当归抵押财产的原所有人即抵押人所有。如果抵押财产的变价款不足以清偿债权，抵押权人也只能以该变价款优先受偿，不能要求抵押人恢复抵押财产的价值或者提供与减少的价值相应的担保，除非抵押财产的价值减少是由抵押人的行为造成的。在抵押权人实现抵押权后，抵押人已就其抵押财产承担了担保责任，抵押权因实现而消灭，但是未清偿的部分债权，仍然在债权人与债务人之间存在，只是不再是抵押权担保的债权，债务人仍然负有清偿债务的义务，如果债务人与抵押人不是同一人时，抵押财产的变价款不足清偿的债务由债务人承担，抵押人不再承担责任。

第四百一十四条　【同一财产上多个抵押权的效力顺序】 同一财产向两个以上债权人抵押的，拍卖、变卖抵押财产所得的价款依照下列规定清偿：

（一）抵押权已经登记的，按照登记的时间先后确定清偿顺序；

（二）抵押权已经登记的先于未登记的受偿；

（三）抵押权未登记的，按照债权比例清偿。

其他可以登记的担保物权，清偿顺序参照适用前款规定。

条文解读

同一财产上多个抵押权的效力顺序 ➲ 同一财产向两个以上的债权人抵押的，拍卖、变卖抵押财产所得价款的清偿顺位有三项标准：(1) 抵押权都已经登记的，按照登记的先后顺序清偿。顺序相同的，按照债权比例清偿。(2) 抵押权已经登记的，先于未登记的受偿。已经登记的优先清偿，没有登记的，只能在经过登记的抵押权实现后，以剩余的抵押财产受偿。(3) 抵押权未登记的，不具有对抗效力，无优先受偿权，仍按照债权比例清偿。

第四百一十五条　【既有抵押权又有质权的财产的清偿顺序】 同一财产既设立抵押权又设立质权的，拍卖、变卖该财产所得的价款按照登记、交付的时间先后确定清偿顺序。

条文解读

既有抵押权又有质权的财产的清偿顺序 ➲ 我国立法承认动产抵押，因而可能发生抵押财产被质押或质押财产被抵押的情形。同一财产既设立抵押权又设立质权的，本条规定的清偿顺序是：拍卖、变卖该财产所得的价款，按照登记、交付的时间先后确定清偿顺序。

本条在具体适用时，主要有以下几种情况：

1. 先质押后抵押的情形

在动产上先设立质权后设立抵押权的，例如甲将其所有的汽车出质给质权人乙，后来甲又将该汽车抵押给抵押权人丙，由于质权以动产的交付作为生效要件，并且交付具有公示效力，因此先设立的乙的质权应当优先受偿。后设立的丙的抵押权无论是否登记，都不影响在先设立的乙的质权的优先受偿顺序。在动产质权和动产抵押权中，交付和登记都是公示方式，本身并不存在效力的强弱之分，都具有对抗后面产生的权利的效力。动产抵押权虽然进行了登记，但是其登记对抗效力仅能向后发生，不能影响成立在先的质权。在前例中，乙的质权因交付行为设立并取得对抗效力，丙的抵押权因抵押合同生效设立，如果进行登记则取得对抗效力，由于质权的公示时间即动产交付的时间早于丙的抵押权的设立时间，根据本条规定乙的质权优先于丙的抵押权受偿。

2. 先抵押后质押的情形

在动产上先设立抵押权后设立质权的，例如甲将其所有的汽车抵押给乙，签订了抵押合同，由于动产抵押权不需要转移抵押财产的占有，甲又将该汽车继续出质给丙，在这种情况下，乙的抵押权和丙的质权的清偿顺序会因先设立的抵押权是否登记而有所不同。

（1）已登记的动产抵押权与动产质权

在上例中，如果乙在签订了抵押合同后进行了抵押登记，该抵押权便具有了对抗第三人的效力，并且为设立在先的权利，而丙的质权是设立在后的权利，虽然动产的交付也具有公示效力，但该质权不能对抗设立在先的具有对抗效力的抵押权人。乙的抵押权的登记时间在前，丙的质权的交付时间在后，根据本条规定乙的抵押权优先于丙的质权受偿。

（2）未登记的动产抵押权与动产质权

在上例中，如果乙在签订了抵押合同后没有进行抵押登记，之后丙在该汽车上取得质权，由于同一个财产上并存的抵押权和质权的清偿顺序取决于权利公示的时间先后，乙的抵押权没有登记即没有公示，丙的质权因交付行为而设立并取得公示效力，丙的质权优先于乙的抵押权受偿。抵押权人在取得动产抵押权后应当及时进行登记，否则可能会失去优先清偿的顺位。

第四百一十六条　【买卖价款抵押权】动产抵押担保的主债权是抵押物的价款，标的物交付后十日内办理抵押登记的，该抵押权人优先于抵押物买受人的其他担保物权人受偿，但是留置权人除外。

条文解读

买卖价款抵押权 ➜ 买卖价款抵押权，是指为了担保债务人买入动产时对出卖人或者贷款人支付价款的债务的履行，在买入的该动产上为出卖人或者贷款人设定的，经依法登记取得法律规定的优先受偿权的抵押权。由于买卖价款抵押权人可以优先于债务人在该动产上的除留置权人以外的其他担保物权人受偿，因此在国外的相关制度以及学术理论中被称为“超级优先权”。

根据本条规定，买卖价款抵押权的设立需要符合下列条件：

（1）买卖价款抵押权所担保的主债权是抵押财产的价款。担保物权的设立，需要有一个主债权债务关系和担保关系，在买卖价款抵押权的设立过程中，主债权为债务人买入动产时需要支付的价款，即本条规定的“主债权是抵押物的价款”。根据债权人主体的不同，主债权可以分为两类：一类是动产出卖人请求动产买受人支付价款的债权；另一类是贷款人请求动产买受人返还其发放的用于支付动产价款的贷款债权，在这一类债权关系中涉及三方当事人，即动产买受人、动产出卖人和贷款人，买受人与贷款人协商，约定以贷款人发放的贷款向出卖人支付部分或者全部价款，买受人为担保贷款人的债权，在买受的动产上为该债权设定抵押。可见，买卖价款抵押权所担保的债权有其特殊性，必须是债务人应当支付的买受动产的价款。

（2）买卖价款抵押权的客体是买受的动产。在买卖价款抵押权的设立过程中，必须以债务人买受的动产作为抵押财产，以担保买受该动产所应支付的价款，作为抵押财产的动产要与所担保的价款债权具有对应关系。在债权人为贷款人的情形下，买卖价款抵押权也必须在用该笔贷款购买的动产上设立。如果债务人以其固有的老设备等为贷款人设定抵押权来取得融资，并用该笔贷款购买新设备等，那么贷款人所享有的抵押权只是一般抵押权，并不是本条规定的买卖价款抵押权。

（3）买卖价款抵押权的标的物所有权须转移给买受人。抵押权是在债务人或者第三人的财产上设立的担保物权，在买卖价款抵押权的设立过程中，只有买受的标的物的所有权转移于买受人即债务人时，抵押权才能有效设立。根据《民法典》第224条的规定，动产物权的设立和转让，自交付时发生效力，但是法律另有规定的除外。因此，本条规定了买受的标的物须经交付的要求。需要提出的是，本条规定的买卖价款抵押权仅限于动产抵押这种交易类型，不包含所有权保留和融资租赁交易。所有权保留交易中的出卖人和融资租赁交易中的出租人对标的物的权利为所有权而不是担保物权，因此不适用本条规定。

（4）买卖价款抵押权须办理抵押登记。由于买卖价款抵押权人对抵押财产具有优先于债务人在该动产上的除留置权人外的其他担保物权人受偿的效力，为了向相关交易主体公示存在这样一种超级优先权，保障交易的安全性与稳定性，本条明确了其在规定的期限内进行抵押登记的要求，如果当事人未在动产交付后10日内办理抵押登记，该抵押权仅构成一般的动产抵押权，不具有本条规定的优先受偿的效力，其优先受偿顺序将按照《民法典》第414条、第415条确定。本条规定，买卖价款抵押权的登记必须在标的物交付后10日内办理，对抵押权的登记设置了10日的宽限期。宽限期的设置主要是尊重商业实践的需要，实践中融资交易频繁在买卖价款抵押权的设立过程中，要求债务人和债权人签订抵押合同之后立即进行登记不现实，也不符合交易习惯。为了促进交易的便捷和效率，尽量缩短交易处于不确定状态的时间，本条规定了相对较短的宽限期，即“标的物交付后十日内”。

关联参见

《民法典担保制度解释》第 57 条

第四百一十七条　【抵押权对新增建筑物的效力】建设用地使用权抵押后，该土地上新增的建筑物不属于抵押财产。该建设用地使用权实现抵押权时，应当将该土地上新增的建筑物与建设用地使用权一并处分。但是，新增建筑物所得的价款，抵押权人无权优先受偿。

条文解读

抵押权对新增建筑物的效力 ➔ 当事人仅以建设用地使用权抵押，债权人主张抵押权的效力及于土地上已有的建筑物以及正在建造的建筑物已完成部分的，人民法院应予支持。债权人主张抵押权的效力及于正在建造的建筑物的续建部分以及新增建筑物的，人民法院不予支持。当事人以正在建造的建筑物抵押，抵押权的效力范围限于已办理抵押登记的部分。当事人按照担保合同的约定，主张抵押权的效力及于续建部分、新增建筑物以及规划中尚未建造的建筑物的，人民法院不予支持。抵押人将建设用地使用权、土地上的建筑物或者正在建造的建筑物分别抵押给不同债权人的，人民法院应当根据抵押登记的时间先后确定清偿顺序。

关联参见

《民法典担保制度解释》第 51 条

第四百一十八条　【集体所有土地使用权抵押权的实现效果】以集体所有土地的使用权依法抵押的，实现抵押权后，未经法定程序，不得改变土地所有权的性质和土地用途。

条文解读

集体所有土地使用权抵押权的实现效果 ➔ 以家庭承包或者其他方式承包的农村土地，属于农民集体所有或者国家所有依法由农民集体使用，乡镇、村企业的建设用地、集体经营性建设用地属于农民集体所有。为了保护我国农村集体土地，防止农业用地的流失，促进农村经济的发展，集体所有土地的使用权的流转应当坚持土地所有权的性质和土地用途不变的原则。以集体所有土地的使用权抵押的，实现抵押权后，未经法定程序，土地的所有权不得转移，仍归国家所有或者集体所有，也不得擅自改变土地的原有用途，即对农村土地的土地经营权实现抵押权时，未经依法批准不得将承包地用于非农建设；对依照法律可以抵押的集体建设用地使用权实现抵押权时，不得改变土地利用总体规划、城乡规划确定的土地用途。

关联参见

《农村土地承包法》第47条、第53条；《土地管理法》第63条

第四百一十九条　【抵押权的存续期间】 抵押权人应当在主债权诉讼时效期间行使抵押权；未行使的，人民法院不予保护。

条文解读

抵押权的存续期间 ➔ 适用本条时需要注意以下几点：

（1）抵押权的受保护期间与其担保的主债权的诉讼时效期间一致。主债权诉讼时效一直没有届满的，抵押权就一直存续而不消灭。主债权适用特殊诉讼时效的，抵押权的行使期间也与之相同。

（2）过了主债权诉讼时效期间后，抵押权人丧失的是抵押权受人民法院保护的权利，即胜诉权，而抵押权本身并没有消灭，如果抵押人自愿履行担保义务的，抵押权人仍可以行使抵押权。

（3）本条是强制性规定，当事人不能通过约定的方式排除，登记部门也不能另行要求登记抵押权的存续期间。当事人另行约定抵押权存续期间，或登记部门强制性地将抵押权登记为在一定期限内存续的，约定无效。

关联参见

《民法典担保制度解释》第 44 条

第二节　最高额抵押权

第四百二十条　【最高额抵押规则】 为担保债务的履行，债务人或者第三人对一定期间内将要连续发生的债权提供担保财产的，债务人不履行到期债务或者发生当事人约定的实现抵押权的情形，抵押权人有权在最高债权额限度内就该担保财产优先受偿。

最高额抵押权设立前已经存在的债权，经当事人同意，可以转入最高额抵押担保的债权范围。

条文解读

最高额抵押规则 ➲ 最高债权额，是指包括主债权及其利息、违约金、损害赔偿金、保管担保财产的费用、实现债权或者实现担保物权的费用等在内的全部债权，但是当事人另有约定的除外。登记的最高债权额与当事人约定的最高债权额不一致的，应当依据登记的最高债权额确定债权人优先受偿的范围。

最高额抵押具有以下特征：

（1）最高额抵押是限额抵押。设定抵押时，抵押人与抵押权人协议约定抵押财产担保的最高债权限额，无论将来实际发生的债权如何增减变动，抵押权人只能在最高债权额范围内对抵押财产享有优先受偿权。实际发生的债权超过最高限额的，以抵押权设定时约定的最高债权额为限优先受偿；不及最高限额的，以实际发生的债权额为限优先受偿。

（2）最高额抵押是为将来发生的债权提供担保。最高额抵押权设定时，不以主债权的存在为前提，是典型的担保将来债权的抵押权。这里的“将来债权”，是指设定抵押时尚未发生，在抵押期间将要发生的债权。

（3）最高额抵押所担保的最高债权额是确定的，但实际发生额不确定。

（4）最高额抵押是对一定期间内连续发生的债权作担保。这里讲的一定期间，不仅指债权发生的期间，更是指抵押权担保的期间。连续发生的债权，是指所发生的债权次数不确定，且接连发生。

案例指引

32. 当事人另行达成协议将最高额抵押权设立前已经存在的债权转入该最高额抵押担保的债权范围，是否有效？[①]

中国工商银行股份有限公司宣城龙首支行诉宣城柏冠贸易有限公司、江苏凯盛置业有限公司等金融借款合同纠纷案

（最高人民法院审判委员会讨论通过　2018 年 6 月 20 日发布）

关键词　民事/金融借款合同/担保/最高额抵押权

裁判要点

当事人另行达成协议将最高额抵押权设立前已经存在的债权转入该最高额抵押担保的债权范围，只要转入的债权数额仍在该最高额抵押担保的最高债权额限度内，即使未对该最高额抵押权办理变更登记手续，该最高额抵押权的效力仍然及于被转入的债权，但不得对第三人产生不利影响。

相关法条

《中华人民共和国物权法》第二百零三条、第二百零五条[②]

---

① 最高人民法院指导案例 95 号。

② 现分别为《民法典》第 420 条、第 422 条，下同。

基本案情

2012年4月20日，中国工商银行股份有限公司宣城龙首支行（以下简称工行宣城龙首支行）与宣城柏冠贸易有限公司（以下简称柏冠公司）签订《小企业借款合同》，约定柏冠公司向工行宣城龙首支行借款300万元，借款期限为7个月，自实际提款日起算，2012年11月1日还100万元，2012年11月17日还200万元。涉案合同还对借款利率、保证金等作了约定。同年4月24日，工行宣城龙首支行向柏冠公司发放了上述借款。

2012年10月16日，江苏凯盛置业有限公司（以下简称凯盛公司）股东会决议决定，同意将该公司位于江苏省宿迁市宿豫区江山大道118号—宿迁红星凯盛国际家居广场（房号：B—201、产权证号：宿豫字第201104767）房产，抵押与工行宣城龙首支行，用于亿荣达公司商户柏冠公司、闽航公司、航嘉公司、金亿达公司四户企业在工行宣城龙首支行办理融资抵押，因此产生一切经济纠纷均由凯盛公司承担。同年10月23日，凯盛公司向工行宣城龙首支行出具一份房产抵押担保的承诺函，同意以上述房产为上述四户企业在工行宣城龙首支行融资提供抵押担保，并承诺如该四户企业不能按期履行工行宣城龙首支行的债务，上述抵押物在处置后的价值又不足以偿还全部债务，凯盛公司同意用其他财产偿还剩余债务。该承诺函及上述股东会决议均经凯盛公司全体股东签名及加盖凯盛公司公章。2012年10月24日，工行宣城龙首支行与凯盛公司签订《最高额抵押合同》，约定凯盛公司以宿房权证宿豫字第201104767号房地产权证项下的商铺为自2012年10月19日至2015年10月19日期间，在4000万元的最高余额内，工行宣城龙首支行依据与柏冠公司、闽航公司、航嘉公司、金亿达公司签订的借款合同等主合同而享有对债务人的债权，无论该债权在上述期间届满时是否已到期，也无论该债权是否在最高额抵押权设立之前已经产生，提供抵押担保，担保的范围包括主债权本金、利息、实现债权的费用等。同日，双方对该抵押房产依法办理了抵押登记，工行宣城龙首支行取得宿房他证宿豫第

201204387 号房地产他项权证。2012 年 11 月 3 日，凯盛公司再次经过股东会决议，并同时向工行宣城龙首支行出具房产抵押承诺函，股东会决议与承诺函的内容及签名盖章均与前述相同。当日，凯盛公司与工行宣城龙首支行签订《补充协议》，明确双方签订的《最高额抵押合同》担保范围包括 2012 年 4 月 20 日工行宣城龙首支行与柏冠公司、闽航公司、航嘉公司和金亿达公司签订的四份贷款合同项下的债权。

柏冠公司未按期偿还涉案借款，工行宣城龙首支行诉至宣城市中级人民法院，请求判令柏冠公司偿还借款本息及实现债权的费用，并要求凯盛公司以其抵押的宿房权证宿豫字第 201104767 号房地产权证项下的房地产承担抵押担保责任。

裁判结果

宣城市中级人民法院于 2013 年 11 月 10 日作出（2013）宣中民二初字第 00080 号民事判决：一、柏冠公司于判决生效之日起五日内给付工行宣城龙首支行借款本金 300 万元及利息。……四、如柏冠公司未在判决确定的期限内履行上述第一项给付义务，工行宣城龙首支行以凯盛公司提供的宿房权证宿豫字第 201104767 号房地产权证项下的房产折价或者以拍卖、变卖该房产所得的价款优先受偿……。宣判后，凯盛公司以涉案《补充协议》约定的事项未办理最高额抵押权变更登记为由，向安徽省高级人民法院提起上诉。该院于 2014 年 10 月 21 日作出（2014）皖民二终字第 00395 号民事判决：驳回上诉，维持原判。

裁判理由

法院生效裁判认为：凯盛公司与工行宣城龙首支行于 2012 年 10 月 24 日签订《最高额抵押合同》，约定凯盛公司自愿以其名下的房产作为抵押物，自 2012 年 10 月 19 日至 2015 年 10 月 19 日期间，在 4000 万元的最高余额内，为柏冠公司在工行宣城龙首支行所借贷款本息提供最高额抵押担保，并办理了抵押登记，工行宣城龙首支行依法取得涉案房产的抵押权。2012 年 11 月 3 日，凯盛公司与工行宣城龙首支行又签订《补充协议》，约定前述最高额抵押合同中述及抵押担保的主债权及于

2012 年 4 月 20 日工行宣城龙首支行与柏冠公司所签《小企业借款合同》项下的债权。该《补充协议》不仅有双方当事人的签字盖章，也与凯盛公司的股东会决议及其出具的房产抵押担保承诺函相印证，故该《补充协议》应系凯盛公司的真实意思表示，且所约定内容符合《中华人民共和国物权法》（以下简称《物权法》）第二百零三条①第二款的规定，也不违反法律、行政法规的强制性规定，依法成立并有效，其作为原最高额抵押合同的组成部分，与原最高额抵押合同具有同等法律效力。由此，本案所涉 2012 年 4 月 20 日《小企业借款合同》项下的债权已转入前述最高额抵押权所担保的最高额为 4000 万元的主债权范围内。就该《补充协议》约定事项，是否需要对前述最高额抵押权办理相应的变更登记手续，《物权法》没有明确规定，应当结合最高额抵押权的特点及相关法律规定来判定。

根据《物权法》第二百零三条第一款的规定，最高额抵押权有两个显著特点：一是最高额抵押权所担保的债权额有一个确定的最高额度限制，但实际发生的债权额是不确定的；二是最高额抵押权是对一定期间内将要连续发生的债权提供担保。由此，最高额抵押权设立时所担保的具体债权一般尚未确定，基于尊重当事人意思自治原则，《物权法》第二百零三条第二款对前款作了但书规定，即允许经当事人同意，将最高额抵押权设立前已经存在的债权转入最高额抵押担保的债权范围，但此并非重新设立最高额抵押权，也非《物权法》第二百零五条规定的最高额抵押权变更的内容。同理，根据《房屋登记办法》第五十三条的规定，当事人将最高额抵押权设立前已存在债权转入最高额抵押担保的债权范围，不是最高抵押权设立登记的他项权利证书及房屋登记簿的必要记载事项，故亦非应当申请最高额抵押权变更登记的法定情形。

本案中，工行宣城龙首支行和凯盛公司仅是通过另行达成补充协议的方式，将上述最高额抵押权设立前已经存在的债权转入该最高额抵押

① 现为《民法典》第 420 条，下同。

权所担保的债权范围内，转入的涉案债权数额仍在该最高额抵押担保的4000万元最高债权额限度内，该转入的确定债权并非最高抵押权设立登记的他项权利证书及房屋登记簿的必要记载事项，在不会对其他抵押权人产生不利影响的前提下，对于该意思自治行为，应当予以尊重。此外，根据商事交易规则，法无禁止即可为，即在法律规定不明确时，不应强加给市场交易主体准用严格交易规则的义务。况且，就涉案2012年4月20日借款合同项下的债权转入最高额抵押担保的债权范围，凯盛公司不仅形成了股东会决议，出具了房产抵押担保承诺函，且和工行宣城龙首支行达成了《补充协议》，明确将已经存在的涉案借款转入前述最高额抵押权所担保的最高额为4000万元的主债权范围内。现凯盛公司上诉认为该《补充协议》约定事项必须办理最高额抵押权变更登记才能设立抵押权，不仅缺乏法律依据，也有悖诚实信用原则。

综上，工行宣城龙首支行和凯盛公司达成《补充协议》，将涉案2012年4月20日借款合同项下的债权转入前述最高额抵押权所担保的主债权范围内，虽未办理最高额抵押权变更登记，但最高额抵押权的效力仍然及于被转入的涉案借款合同项下的债权。

关联参见

《民法典担保制度解释》第15条

第四百二十一条 【最高额抵押权担保的部分债权转让效力】

最高额抵押担保的债权确定前，部分债权转让的，最高额抵押权不得转让，但是当事人另有约定的除外。

条文解读

本条只是规定最高额抵押所担保的主债权未确定之前，抵押权不随之部分转让。那么，最高额抵押权在其所担保的债权额确定之后，主债权发生移转，最高额抵押权亦随之移转。

根据本条但书的规定，当事人可以约定在最高额抵押担保的债权确定前，最高额抵押权随部分债权的转让而转让。当事人的约定主要有以下两种情形：（1）部分债权转让的，抵押权也部分转让，原最高额抵押所担保的债权额随之相应减少。在这种情况下，转让的抵押权需要重新作抵押登记，原最高额抵押权需要作变更登记。（2）部分债权转让的，全部抵押权亦随之转让，未转让的部分债权成为无担保债权。

第四百二十二条　【最高额抵押合同条款变更】最高额抵押担保的债权确定前，抵押权人与抵押人可以通过协议变更债权确定的期间、债权范围以及最高债权额。但是，变更的内容不得对其他抵押权人产生不利影响。

条文解读

最高额抵押合同条款变更 ➡ 最高额抵押担保的债权确定前，抵押权人与抵押人可以通过协议变更最高额抵押的有关内容。当事人可以协议变更的内容主要包括：

一是债权确定的期间。抵押权人与抵押人一般会在最高额抵押合同中约定债权确定的期间。例如，如果当事人订立最高额抵押合同对 2020 年 1 月 1 日至 12 月 31 日发生的债权做担保，那么该期间即为债权确定的期间，2020 年 12 月 31 日为债权确定的最后日期。最高额抵押担保的债权确定前，当事人可以协议延长最高额抵押合同中约定的确定债权的期间，如将该期间延长至 2021 年 6 月 30 日；也可以协议缩短该期间，如缩短至 2020 年 10 月 31 日。

二是债权范围。当事人可以协议变更最高额抵押权担保的债权范围。例如，某家电经销商与某家电制造商签订一份最高额抵押合同，对一定期间内连续购进该家电制造商生产的电视机所要支付的货款提供担保。抵押期间，双方可以约定在最高额抵押担保范围内，同时为家电制造商的冰箱的货款提供担保。

三是最高债权额。当事人可以协议提高或者降低抵押财产担保的最高债权额，如将约定的最高债权额300万元提高至500万元或者降低至200万元。

是否变更债权确定的期间、债权范围以及最高债权额，取决于当事人的协商一致；但是在同一抵押财产上还有其他抵押权人特别是后顺位的抵押权人时，变更的内容可能对他们产生一定的影响，甚至损害他们的合法权益。为防止抵押权人与抵押人的变更损害其他抵押权人的利益，本条以但书的形式特别规定：变更的内容不得对其他抵押权人产生不利影响。根据这一规定，抵押权人与抵押人的变更对其他抵押权人产生不利影响的，该变更无效。

第四百二十三条　【最高额抵押所担保债权的确定事由】 有下列情形之一的，抵押权人的债权确定：

（一）约定的债权确定期间届满；

（二）没有约定债权确定期间或者约定不明确，抵押权人或者抵押人自最高额抵押权设立之日起满二年后请求确定债权；

（三）新的债权不可能发生；

（四）抵押权人知道或者应当知道抵押财产被查封、扣押；

（五）债务人、抵押人被宣告破产或者解散；

（六）法律规定债权确定的其他情形。

第四百二十四条　【最高额抵押的法律适用】 最高额抵押权除适用本节规定外，适用本章第一节的有关规定。

第十八章　质　　权

第一节　动产质权

第四百二十五条　【动产质权概念】 为担保债务的履行，债务人或者第三人将其动产出质给债权人占有的，债务人不履行到期债务或者发生当事人约定的实现质权的情形，债权人有权就该动产优先受偿。

前款规定的债务人或者第三人为出质人，债权人为质权人，交付的动产为质押财产。

条文解读

动产质权与质押 ➲ 债务人或者第三人将其动产交给债权人占有并实际控制的行为被称为质押，质权人因质押而取得的权利为质权，质权是担保物权的一种。质权与质押是两个不同的概念。质押是指设定质权的民事法律行为，质权是指质权人的权利；质押是质权产生的原因，质权是质押引起的法律后果。

质权的法律特征 ➲ 1. 动产质权是担保物权。债务人或者第三人将质押财产交由债权人占有，是为了担保债权的实现。质权人占有质押财产实际上是取得了质押财产上的交换价值。在一般情况下，其只能占有质押财产，而不能使用、收益。因此，质权人的标的不是物的使用价值，而是物的交换价值，是为了保证特定债权的实现而设定，质权附随于债权而存在。

2. 动产质权是在他人的财产上设立的物权。动产质权是在债务人或者第三人的动产上设定的担保物权，因此属于他物权。质权的标的可以是债务人自己的财产，也可以是第三人的财产，债权人没有必要在自己所有的财产上为担保自己的债权设定质权。

3. 动产质权由债权人占有质押财产为生效条件。质权是以质权人占有质押财产为条件的，质权人只有占有质押财产才享有质权，移转质押财产的占有是质权与抵押权的根本区别。因此，出质人须将质押财产交付质权人占有，质权人才能取得质权。

4. 动产质权是就质押财产价值优先受偿的权利。由于动产质权的设定是以担保特定债权的实现为目的，因此，当债务履行期限届满而债务人不履行债务或者出现债务人与债权人约定的实现质权的情形时，质权人有权就质押财产折价或者以拍卖、变卖该质押财产的价款优先受偿。

“当事人约定的实现质权的情形”是指当事人双方在订立的合同中约定的实现质权的一些事由，例如当事人一般会在担保合同中约定债务人履行债务的义务方式等，如果债务人不按合同约定的方式等履行债务，则可能构成实现质权的情形。

第四百二十六条　【禁止出质的动产范围】法律、行政法规禁止转让的动产不得出质。

条文解读

法律、行政法规未明确规定禁止转让的动产，都可以作为设定质权的标的。法律、行政法规规定禁止流通的动产不得设定质权，例如毒品、管制枪支等。规定禁止转让的动产的依据只能是全国人大及其常委会制定的法律以及国务院制定的行政法规。其他规范性文件，不能作为规定禁止转让动产的依据。

第四百二十七条　【质押合同形式及内容】设立质权，当事人应当采用书面形式订立质押合同。

质押合同一般包括下列条款：

（一）被担保债权的种类和数额；

（二）债务人履行债务的期限；

（三）质押财产的名称、数量等情况；

（四）担保的范围；

（五）质押财产交付的时间、方式。

条文解读

质押合同的形式 ➲ 设定质权的行为为要式行为，应当采用书面的形式进行。要式行为即法律、行政法规规定的要求当事人在民事法律行为中应当采用的形式或者方式。

对于设立动产质押合同未采用书面形式的，依据《民法典》第490条第2款的规定，法律、行政法规规定或者当事人约定合同应当采用书面形式订立，当事人未采用书面形式但是一方已经履行主要义务，对方接受时，该合同成立。

质押合同的一般内容 ➜ 动产质押合同是明确质权人与出质人权利义务的协议，也是将来处理当事人之间纠纷的重要依据。根据本条规定，动产质押合同一般包括的内容主要有：

（1）被担保债权的种类和数额。被担保债权，通常被称为主债权。主债权的种类，有金钱债权、特定物给付债权、种类物给付债权以及以作为或不作为为标的的债权等。数额是指主债权是以金钱来衡量的数量；不属于金钱债权的，可以明确债权标的额的数量、价款等。

（2）债务人履行债务的期限。债务人履行债务的期限是指债务人偿付债务的时间。质押合同订立后，在主债权清偿期限届满前，质权人享有的只是占有质押财产的权利。其优先受清偿的权利虽然已经成立，但此间质权人实际享有的只是与主债权价值相当的优先受偿的期待权。

（3）质押财产的名称、数量等情况。在动产质押合同中要对质押财产的相关情况有所描述，包括质押财产的名称、数量等情况，以确定质押财产为何种物以及价值量。

（4）担保的范围。质权担保的范围应当由当事人协商确定。但是当事人对担保范围未作约定或者约定不明确时，可以参考《民法典》第389条的规定确定，即担保物权的担保范围包括主债权及其利息、违约金、损害赔偿金、保管担保财产和实现担保物权的费用。

（5）质押财产交付的时间、方式。根据《民法典》的规定，质权自质押财产实际交付至质权人时设立。当事人在质押合同中约定质押财产的交付时间，就可以明确出质人应当在何时将质押财产移转给质权人，质权人在何时接受质押财产，以确定质权的效力。质押财产交付的方式除了现实交付以外，还有简易交付、指示交付等方式。

关联参见

《民法典担保制度解释》第 53 条

第四百二十八条　【流质条款的效力】质权人在债务履行期限届满前，与出质人约定债务人不履行到期债务时质押财产归债权人所有的，只能依法就质押财产优先受偿。

条文解读

流质条款的效力 ➲ 流质，也称绝押，是指转移质物所有权的预先约定。订立质押合同时，出质人和质权人在合同中不得约定在债务人履行期限届满质权人未受清偿时，将质物所有权转移为债权人所有。当事人在质押合同中约定流质条款的，流质条款无效，但是质押合同还是有效的，因此，只能依法就质押财产优先受偿。

实务应用

35. “流质条款”与折价行使质权有什么区别？

当事人于债务清偿期满以后，债务人没有按照主合同的约定履行债务，质权人与出质人约定以一定的价格由质权人取得质押财产的所有权，属于以折价的方式行使质权，不属于流质条款的内容，不受法律的约束。

第四百二十九条　【质权的设立】质权自出质人交付质押财产时设立。

条文解读

质权的设立 ➲ 质权自出质人交付质押财产时设立。质押合同是要物合同，即实践性合同。在出质人未将质押财产移交于质权人占有前，质权合同不能发生效力。质押财产的占有，即出质人应将质押财产的占有移转给质权人，不局限于现实的移转占有，也包括简易交付或指示交付，但出质人不得以占有改定的方式而继续占有标的物。出质人代质权人占有质押财产的，质权合同不生效。

债权人、出质人与监管人订立三方协议，出质人以通过一定数量、品种等概括描述能够确定范围的货物为债务的履行提供担保，当事人有证据证明监管人系受债权人的委托监管并实际控制该货物的，应当认定质权于监管人实际控制货物之日起设立。监管人违反约定向出质人或者其他人放货、因保管不善导致货物毁损灭失，债权人请求监管人承担违约责任的，人民法院依法予以支持。当事人有证据证明监管人系受出质人委托监管该货物，或者虽然受债权人委托但是未实际履行监管职责，导致货物仍由出质人实际控制的，应当认定质权未设立。债权人可以基于质押合同的约定请求出质人承担违约责任，但是不得超过质权有效设立时出质人应当承担的责任范围。监管人未履行监管职责，债权人请求监管人承担责任的，人民法院依法予以支持。

案例指引

33. 当事人依约为出质的金钱开立的保证金专门账户内资金余额发生浮动，是否影响该金钱质权的设立？[①]

中国农业发展银行安徽省分行诉 张大标、安徽长江融资担保集团有限公司执行异议之诉纠纷案

（最高人民法院审判委员会讨论通过　2015年11月19日发布）

关键词　民事/执行异议之诉/金钱质押/特定化/移交占有

裁判要点

当事人依约为出质的金钱开立保证金专门账户，且质权人取得对该

① 最高人民法院指导案例54号。

专门账户的占有控制权，符合金钱特定化和移交占有的要求，即使该账户内资金余额发生浮动，也不影响该金钱质权的设立。

相关法条

《中华人民共和国物权法》第212条[①]

基本案情

原告中国农业发展银行安徽省分行（以下简称农发行安徽分行）诉称：其与第三人安徽长江融资担保集团有限公司（以下简称长江担保公司）按照签订的《信贷担保业务合作协议》，就信贷担保业务按约进行了合作。长江担保公司在农发行安徽分行处开设的担保保证金专户内的资金实际是长江担保公司向其提供的质押担保，请求判令其对该账户内的资金享有质权。

被告张大标辩称：农发行安徽分行与第三人长江担保公司之间的《贷款担保业务合作协议》没有质押的意思表示；案涉账户资金本身是浮动的，不符合金钱特定化要求，农发行安徽分行对案涉保证金账户内的资金不享有质权。

第三人长江担保公司认可农发行安徽分行对账户资金享有质权的意见。

法院经审理查明：2009年4月7日，农发行安徽分行与长江担保公司签订一份《贷款担保业务合作协议》。其中第三条“担保方式及担保责任”约定：甲方（长江担保公司）向乙方（农发行安徽分行）提供的保证担保为连带责任保证；保证担保的范围包括主债权及利息、违约金和实现债权的费用等。第四条“担保保证金（担保存款）”约定：甲方在乙方开立担保保证金专户，担保保证金专户行为农发行安徽分行营业部，账号尾号为9511；甲方需将具体担保业务约定的保证金在保证合同签订前存入担保保证金专户，甲方需缴存的保证金不低于贷款额度的10%；未经乙方同意，甲方不得动用担保保证金专户内的资金。第六

① 现为《民法典》第429条，下同。

条“贷款的催收、展期及担保责任的承担”约定：借款人逾期未能足额还款的，甲方在接到乙方书面通知后五日内按照第三条约定向乙方承担担保责任，并将相应款项划入乙方指定账户。第八条“违约责任”约定：甲方在乙方开立的担保专户的余额无论因何原因而小于约定的额度时，甲方应在接到乙方通知后三个工作日内补足，补足前乙方可以中止本协议项下业务。甲方违反本协议第六条的约定，没有按时履行保证责任的，乙方有权从甲方在其开立的担保基金专户或其他任一账户中扣划相应的款项。2009 年 10 月 30 日、2010 年 10 月 30 日，农发行安徽分行与长江担保公司还分别签订与上述合作协议内容相似的两份《信贷担保业务合作协议》。

上述协议签订后，农发行安徽分行与长江担保公司就贷款担保业务进行合作，长江担保公司在农发行安徽分行处开立担保保证金账户，账号尾号为 9511。长江担保公司按照协议约定缴存规定比例的担保保证金，并据此为相应额度的贷款提供了连带保证责任担保。自 2009 年 4 月 3 日至 2012 年 12 月 31 日，该账户共发生了 107 笔业务，其中贷方业务为长江担保公司缴存的保证金；借方业务主要涉及两大类，一类是贷款归还后长江担保公司申请农发行安徽分行退还的保证金，部分退至债务人的账户；另一类是贷款逾期后农发行安徽分行从该账户内扣划的保证金。

2011 年 12 月 19 日，安徽省合肥市中级人民法院在审理张大标诉安徽省六本食品有限责任公司、长江担保公司等民间借贷纠纷一案过程中，根据张大标的申请，对长江担保公司上述保证金账户内的资金 1495. 7852 万元进行保全。该案判决生效后，合肥市中级人民法院将上述保证金账户内的资金 1338. 313257 万元划至该院账户。农发行安徽分行作为案外人提出执行异议，2012 年 11 月 2 日被合肥市中级人民法院裁定驳回异议。随后，农发行安徽分行因与被告张大标、第三人长江担保公司发生执行异议纠纷，提起本案诉讼。

裁判结果

安徽省合肥市中级人民法院于 2013 年 3 月 28 日作出（2012）合民

一初字第00505号民事判决：驳回农发行安徽分行的诉讼请求。宣判后，农发行安徽分行提出上诉。安徽省高级人民法院于2013年11月19日作出（2013）皖民二终字第00261号民事判决：一、撤销安徽省合肥市中级人民法院（2012）合民一初字第00505号民事判决；二、农发行安徽分行对长江担保公司账户（账号尾号9511）内的13383132.57元资金享有质权。

裁判理由

法院生效裁判认为：本案二审的争议焦点为农发行安徽分行对案涉账户内的资金是否享有质权。对此应当从农发行安徽分行与长江担保公司之间是否存在质押关系以及质权是否设立两个方面进行审查。

一、农发行安徽分行与长江担保公司是否存在质押关系

《中华人民共和国物权法》（以下简称《物权法》）第二百一十条①规定："设立质权，当事人应当采取书面形式订立质权合同。质权合同一般包括下列条款：（一）被担保债权的种类和数额；（二）债务人履行债务的期限；（三）质押财产的名称、数量、质量、状况；（四）担保的范围；（五）质押财产交付的时间。"本案中，农发行安徽分行与长江担保公司之间虽没有单独订立带有"质押"字样的合同，但依据该协议第四条、第六条、第八条约定的条款内容，农发行安徽分行与长江担保公司之间协商一致，对以下事项达成合意：长江担保公司为担保业务所缴存的保证金设立担保保证金专户，长江担保公司按照贷款额度的一定比例缴存保证金；农发行安徽分行作为开户行对长江担保公司存入该账户的保证金取得控制权，未经同意，长江担保公司不能自由使用该账户内的资金；长江担保公司未履行保证责任，农发行安徽分行有权从该账户中扣划相应的款项。该合意明确约定了所担保债权的种类和数量、债务履行期限、质物数量和移交时间、担保范围、质权行使条件，具备《物权法》第二百一十条规定的质押合同的一般条款，故应

① 现为《民法典》第427条，下同。

认定农发行安徽分行与长江担保公司之间订立了书面质押合同。

二、案涉质权是否设立

《物权法》第二百一十二条规定："质权自出质人交付质押财产时设立。"《最高人民法院关于适用〈中华人民共和国担保法〉若干问题的解释》第八十五条①规定，债务人或者第三人将其金钱以特户、封金、保证金等形式特定化后，移交债权人占有作为债权的担保，债务人不履行债务时，债权人可以以该金钱优先受偿。依照上述法律和司法解释规定，金钱作为一种特殊的动产，可以用于质押。金钱质押作为特殊的动产质押，不同于不动产抵押和权利质押，还应当符合金钱特定化和移交债权人占有两个要件，以使金钱既不与出质人其他财产相混同，又能独立于质权人的财产。

本案中，首先金钱以保证金形式特定化。长江担保公司于 2009 年 4 月 3 日在农发行安徽分行开户，且与《贷款担保业务合作协议》约定的账号一致，即双方当事人已经按照协议约定为出质金钱开立了担保保证金专户。保证金专户开立后，账户内转入的资金为长江担保公司根据每次担保贷款额度的一定比例向该账户缴存保证金；账户内转出的资金为农发行安徽分行对保证金的退还和扣划，该账户未作日常结算使用，故符合《最高人民法院关于适用〈中华人民共和国担保法〉若干问题的解释》第八十五条规定的金钱以特户等形式特定化的要求。其次，特定化金钱已移交债权人占有。占有是指对物进行控制和管理的事实状态。案涉保证金账户开立在农发行安徽分行，长江担保公司作为担保保证金专户内资金的所有权人，本应享有自由支取的权利，但《贷款担保业务合作协议》约定未经农发行安徽分行同意，长江担保公司不得动用担保保证金专户内的资金。同时，《贷款担保业务合作协议》约定在担保的贷款到期未获清偿时，农发行安徽分行有权直接扣划担保保证金专户内的资金，农发行安徽分行作为债权人取得了案涉保证金账户的控制权，实际

① 现为《民法典担保制度解释》第 70 条，下同。

控制和管理该账户，此种控制权移交符合出质金钱移交债权人占有的要求。据此，应当认定双方当事人已就案涉保证金账户内的资金设立质权。

关于账户资金浮动是否影响金钱特定化的问题。保证金以专门账户形式特定化并不等于固定化。案涉账户在使用过程中，随着担保业务的开展，保证金账户的资金余额是浮动的。担保公司开展新的贷款担保业务时，需要按照约定存入一定比例的保证金，必然导致账户资金的增加；在担保公司担保的贷款到期未获清偿时，扣划保证金账户内的资金，必然导致账户资金的减少。虽然账户内资金根据业务发生情况处于浮动状态，但均与保证金业务相对应，除缴存的保证金外，支出的款项均用于保证金的退还和扣划，未用于非保证金业务的日常结算。即农发行安徽分行可以控制该账户，长江担保公司对该账户内的资金使用受到限制，故该账户资金浮动仍符合金钱作为质权的特定化和移交占有的要求，不影响该金钱质权的设立。

关联参见

《民法典担保制度解释》第55条

第四百三十条 【质权人的孳息收取权】 质权人有权收取质押财产的孳息，但是合同另有约定的除外。

前款规定的孳息应当先充抵收取孳息的费用。

条文解读

质权人的孳息收取权 ➲ 质权人有权收取质押财产的孳息。孳息不仅包括天然孳息，也包括法定孳息。质权合同另有约定的，按照其约定。不过，质权人收取质物的孳息，并不是取得孳息的所有权，而是取得质物孳息的质权，取得对质物孳息的占有，但质物孳息的所有权仍然归属于出质人。

第四百三十一条　【质权人对质押财产处分的限制及其法律责任】 质权人在质权存续期间，未经出质人同意，擅自使用、处分质押财产，造成出质人损害的，应当承担赔偿责任。

条文解读

质权人对质押财产处分的限制及其法律责任 ➜ 非经出质人同意，质权人在质权存续期间不得擅自使用、处分质押财产；质权人违反本条规定，擅自使用或者处分质押财产的，应当承担赔偿责任。禁止质权人擅自使用、处分质押财产的规定体现了动产质权的设定目的及其特征。

质权人未经出质人同意，擅自使用质押财产、处分质押财产，一旦造成质押财产毁损、灭失给出质人造成损害的，质权人要根据法律规定承担民事责任。

第四百三十二条　【质物保管义务】 质权人负有妥善保管质押财产的义务；因保管不善致使质押财产毁损、灭失的，应当承担赔偿责任。

质权人的行为可能使质押财产毁损、灭失的，出质人可以请求质权人将质押财产提存，或者请求提前清偿债务并返还质押财产。

条文解读

妥善保管 ➜ 妥善保管，即以善良管理人的注意义务加以保管。善良管理人的注意，是指依照一般交易上的观念，认为有相当的知识经验及诚意的人所具有的注意，即以一种善良的心和应当具备的知识来保管质物。如果达不到应当注意的保管标准的，就不是妥善保管。

第四百三十三条　【质押财产保全】 因不可归责于质权人的事由可能使质押财产毁损或者价值明显减少，足以危害质权人权利的，质权人有权请求出质人提供相应的担保；出质人不提供的，质权人可以拍卖、变卖质押财产，并与出质人协议将拍卖、变卖所得的价款提前清偿债务或者提存。

条文解读

质押财产保全 ➲ 在质权存续期间，质权人对质押财产享有保全请求权。因不可归责于质权人的事由可能使质押财产毁损或者价值明显减少，足以危害质权人权利的，质权人可以行使质押财产保全请求权，请求出质人提供相应的担保，以保障自己债权的实现。

质权保全权的行使规则是：(1) 质权人不能直接将质押财产加以拍卖或变卖，而须先要求出质人提供相应的担保，如果出质人提供了担保的，质权人不得行使物上代位权。(2) 出质人拒不提供担保时，质权人才能行使物上代位权，拍卖、变卖质押财产；质权人可以自行拍卖、变卖质押财产，无须出质人同意。(3) 质权人对于拍卖或变卖质押财产的价金，应当与出质人协商，作出选择；或者将价金用于提前清偿质权人的债权，或者将价金提存，在债务履行期届满之时再行使质权。

本条规定的“质押财产毁损或价值明显减少”，不是由于质权人的过错所致，而是由于质物本身原因使其价值有减少的可能，例如质押财产的腐烂、变质这种可能是客观存在的，而且必然会造成对质权人利益的危害。同时质押财产的损坏和价值的减少应当是明显的，并且足以危及质权。因为一般的物都存在价值减少的可能性，尤其是随着市场变化及其他原因导致价值减少都是很正常的事情，正常的价值减少，应当在质权人的预想之内，不属于本条调整。

第四百三十四条　【转质】 质权人在质权存续期间，未经出质人同意转质，造成质押财产毁损、灭失的，应当承担赔偿责任。

条文解读

转质 ➲ 转质，是指质权人为自己或他人债务提供担保，将质物再度设定新的质权给第三人的行为。质物的转质可以分成责任转质和承诺转质。

承诺转质，指经出质人同意，质权人在占有的质物上为第三人设定质权的行为。承诺转质是经出质人同意的行为，质权人对因转质权人的过错而造成的损失承担责任，并不因转质而加重法律责任。

责任转质，指质权人不经出质人同意，以自己的责任将质物转质于第三人的行为。责任转质因未经出质人同意将质物转质，不仅要承担质物因转质权人的过失而灭失、毁损的责任，而且要承担转质期间发生的因不可抗力产生的质物的风险责任，其责任要比未转质的情况沉重得多。本条规定属于责任转质的情形。

转质权和原质权的关系 ➲ 因转质而取得质权的权利人为转质权人，转质权人的质权优先于原质权人的质权。转质权人享有对质押财产的留置、占有权，而原质权人丧失该权利。转质权人的债权到期的，即使转质人的债权未到期，转质权人也可以直接实现其质权。实现质权时，应以抵押财产的变价款优先清偿转质权人的债权，余额清偿转质人的债权。

出质人有权向转质人清偿债务，使原质权消灭，但转质权并不因此而消灭。转质人不能清偿到期债务的，原出质人可以利害关系人的身份向转质权人清偿转质人的债务，取回抵押财产，然后以取得的债权与原质权所担保的债权相互抵销，以消灭两质权从而抵销原债务人对质权人的债务。

转质的后果 ➲ (1) 转质权担保的债权范围应当在原质权所担保的债权范围之内，超过的部分不具有优先受偿的效力。(2) 转质权的效力优于原质权。

第四百三十五条　【放弃质权】 质权人可以放弃质权。债务人以自己的财产出质，质权人放弃该质权的，其他担保人在质权人丧失优先受偿权益的范围内免除担保责任，但是其他担保人承诺仍然提供担保的除外。

条文解读

放弃质权 ➲ 质权人放弃质权，是指质权人放弃其因享有质权而优先于普通债权人就质物受清偿的权利的行为。实践中应注意：(1) 质权人放弃质权应当明示，质权人不行使质权或者怠于行使质权的，不能推定为质权人放弃质权。明示最好采用书面的形式，质权人放弃后又反悔的，原则上不允许。另外如果质权人主动交还质物，也应当认为是放弃其质权的表示。(2) 质权人放弃质权是质权人单方的意思表示，无须取得出质人的同意。质权因质权人放弃质权而消灭。

第四百三十六条 【质物返还与质权实现】 债务人履行债务或者出质人提前清偿所担保的债权的，质权人应当返还质押财产。

债务人不履行到期债务或者发生当事人约定的实现质权的情形，质权人可以与出质人协议以质押财产折价，也可以就拍卖、变卖质押财产所得的价款优先受偿。

质押财产折价或者变卖的，应当参照市场价格。

案例指引

34. 出质人在没有履行债务的情形下，能否要求质权人返还质物？[①]

2018 年 2 月 9 日，刘某因向周某借款，将车辆 1 部作为质物质押给周某，并已交付，车辆由周某保管、占有。周某向法院起诉，法院作出（2018）鲁 0303 民初 4983 号民事判决书，判决刘某支付周某借款本金 87 万元及相应利息，现判决已发生法律效力。因刘某没有款项支付给周某，遂与周某协商将涉案车辆折价 5 万元给案外人项某。2018 年 10 月 31 日，周某收到项某 3 万元款项后反悔，没有交付车辆。涉案车辆

---

① 参见《刘某诉周某返还原物案》，案号：(2021) 鲁 03 民终 239 号，载国家法官学院、最高人民法院司法案例研究院编：《中国法院 2022 年度案例．物权纠纷》，中国法制出版社 2022 年版，第 72 页。

有违章行为，交强险无法缴纳，车辆无法上路行驶。刘某起诉要求周某立即返还车辆 1 部，并处理涉案车辆质押期间的交通违章事宜。

法院经审理认为，刘某并未清偿其对周某的债务，因此，其请求归还质押的涉案车辆于法无据，对其该项主张，不予支持。关于刘某有关因周某非法转让、使用质押的涉案车辆因而诉求周某返还该车辆的主张，该主张与本案不属于同一法律关系，对于刘某的该项上诉主张不予支持。

第四百三十七条 【出质人请求质权人及时行使质权】 出质人可以请求质权人在债务履行期限届满后及时行使质权；质权人不行使的，出质人可以请求人民法院拍卖、变卖质押财产。

出质人请求质权人及时行使质权，因质权人怠于行使权利造成出质人损害的，由质权人承担赔偿责任。

条文解读

出质人请求质权人及时行使质权 ➔ 为了避免质权人怠于行使权利，本条赋予了出质人行使质权的请求权及质权人怠于行使质权的责任。适用本条时应注意：

（1）出质人的质权行使请求权。出质人在债务履行期届满，不能偿还债务时，有权请求质权人及时行使质权，如果质权人经出质人请求后仍不行使的，出质人有权径行到人民法院要求拍卖、变卖质物，以清偿债务。

（2）质权人怠于行使质权的责任。随着市场价格的变化，质物也存在价格下跌或者意外灭失的风险，因此，一旦债务履行期届满而债务人未清偿债务时，质权人应当及时行使质权，以免给出质人造成损失，出质人也有权请求质权人行使权利。因质权人怠于行使权利致使质物价格下跌，或者发生其他毁损、灭失等情形使质物无法实现其原有的变价额，在此情形下，质权人对于出质人的损失要承担赔偿责任。

关联参见

《民法典担保制度解释》第44条

第四百三十八条　【质押财产变价款归属原则】质押财产折价或者拍卖、变卖后，其价款超过债权数额的部分归出质人所有，不足部分由债务人清偿。

条文解读

质押财产变价款归属原则 ➜ 根据本条规定的质押财产变价款归属原则，质权人在实现质权时，应当注意以下几种情况：

首先，如果数个可分的质押财产为同一债权担保的，各个质押财产都担保债权的全部，但在实现质权时，如果质权人折价拍卖或者变卖部分质押财产的价款足以清偿质押担保范围的债权，则应停止折价、拍卖或者变卖其余的质押财产。因为质押财产的所有权归出质人，出质人只是以质押财产担保质权人的债权，一旦债权受清偿，质权也就消灭了，剩余的质押财产应当归还出质人。

其次，如果以一个质押财产作为债权担保的，质押财产的变价款超出所担保的债权的，应当将剩余价款还给出质人，因为出质人是质押财产的所有权人。

最后，如果质押财产的变价款不足以清偿所担保的债权的，出质人以全部变价款交给质权人后，质权消灭，因为质权的标的是质押财产，质押财产因用于清偿担保债权而消灭，质权也随之消灭。担保债权未清偿的部分，仍然在债权人与债务人之间存在，只是不再是质权担保的债权，而是无质权担保的普通债权，债务人仍然负有清偿债务的义务。如果债务人和出质人不是同一人时，未偿还的债务由债务人承担，出质人不再承担责任。

第四百三十九条　【最高额质权】 出质人与质权人可以协议设立最高额质权。

最高额质权除适用本节有关规定外，参照适用本编第十七章第二节的有关规定。

条文解读

最高额质权 ➲ 最高额质权是指为担保债务的履行，债务人或者第三人对一定期间内将要连续发生的债权提供质押担保的，债务人不履行到期债务或者发生当事人约定的实现质权的情形，质权人有权在最高债权额限度内就该担保财产优先受偿。

第二节　权利质权

第四百四十条　【可出质的权利的范围】 债务人或者第三人有权处分的下列权利可以出质：

（一）汇票、本票、支票；

（二）债券、存款单；

（三）仓单、提单；

（四）可以转让的基金份额、股权；

（五）可以转让的注册商标专用权、专利权、著作权等知识产权中的财产权；

（六）现有的以及将有的应收账款；

（七）法律、行政法规规定可以出质的其他财产权利。

条文解读

权利质权 ➲ 权利质权，是指以所有权以外的依法可转让的债权或者其他财产权利为标的物而设定的质权。权利质权是以所有权以外的财产权为标的物的质权，能够作为权利质权标的物的权利须符合以下条件：（1）仅以财产权利为限；（2）必须是依法可以转让的财产权利；

（3）必须是不违反现行法规定及权利质权性质的财产权利。权利质权的设定以登记或者权利凭证的交付作为生效要件。

案例指引

35. 特许经营权的收益权可以质押吗？[①]

福建海峡银行股份有限公司福州五一支行诉长乐亚新污水处理有限公司、福州市政工程有限公司金融借款合同纠纷案

（最高人民法院审判委员会讨论通过　2015年11月19日发布）

关键词　民事/金融借款合同/收益权质押/出质登记/质权实现

裁判要点

1. 特许经营权的收益权可以质押，并可作为应收账款进行出质登记。

2. 特许经营权的收益权依其性质不宜折价、拍卖或变卖，质权人主张优先受偿权的，人民法院可以判令出质债权的债务人将收益权的应收账款优先支付质权人。

相关法条

《中华人民共和国物权法》第208条、第223条、第228条第1款[②]

基本案情

原告福建海峡银行股份有限公司福州五一支行（以下简称海峡银行五一支行）诉称：原告与被告长乐亚新污水处理有限公司（以下简称长乐亚新公司）签订单位借款合同后向被告贷款3000万元。被告福州市政工程有限公司（以下简称福州市政公司）为上述借款提供连带责任保证。原告海峡银行五一支行、被告长乐亚新公司、福州市政公司、案外人长乐市建设局四方签订了《特许经营权质押担保协议》，福州市政公司以长乐市污水处理项目的特许经营权提供质押担保。因长乐亚新

---

① 最高人民法院指导案例53号。
② 现分别为《民法典》第425条、第440条、第445条第1款，下同。

公司未能按期偿还贷款本金和利息，故诉请法院判令：长乐亚新公司偿还原告借款本金和利息；确认《特许经营权质押担保协议》合法有效，拍卖、变卖该协议项下的质物，原告有优先受偿权；将长乐市建设局支付给两被告的污水处理服务费优先用于清偿应偿还原告的所有款项；福州市政公司承担连带清偿责任。

被告长乐亚新公司和福州市政公司辩称：长乐市城区污水处理厂特许经营权，并非法定的可以质押的权利，且该特许经营权并未办理质押登记，故原告诉请拍卖、变卖长乐市城区污水处理厂特许经营权，于法无据。

法院经审理查明：2003 年，长乐市建设局为让与方、福州市政公司为受让方、长乐市财政局为见证方，三方签订《长乐市城区污水处理厂特许建设经营合同》，约定：长乐市建设局授予福州市政公司负责投资、建设、运营和维护长乐市城区污水处理厂项目及其附属设施的特许权，并就合同双方权利义务进行了详细约定。2004 年 10 月 22 日，长乐亚新公司成立。该公司系福州市政公司为履行《长乐市城区污水处理厂特许建设经营合同》而设立的项目公司。

2005 年 3 月 24 日，福州市商业银行五一支行与长乐亚新公司签订《单位借款合同》，约定：长乐亚新公司向福州市商业银行五一支行借款 3000 万元；借款用途为长乐市城区污水处理厂 BOT 项目；借款期限为 13 年，自 2005 年 3 月 25 日至 2018 年 3 月 25 日；还就利息及逾期罚息的计算方式作了明确约定。福州市政公司为长乐亚新公司的上述借款承担连带责任保证。

同日，福州市商业银行五一支行与长乐亚新公司、福州市政公司、长乐市建设局共同签订《特许经营权质押担保协议》，约定：福州市政公司以《长乐市城区污水处理厂特许建设经营协议》授予的特许经营权为长乐亚新公司向福州市商业银行五一支行的借款提供质押担保，长乐市建设局同意该担保；福州市政公司同意将特许经营权收益优先用于清偿借款合同项下的长乐亚新公司的债务，长乐市建设局和福州市政公司同意将污水处理费优先用于清偿借款合同项下的长乐亚新公司的债务；福州市商业银行五一支行未受清偿的，有权依法通过拍卖等方式实现质押权利等。

上述合同签订后，福州市商业银行五一支行依约向长乐亚新公司发放贷款3000万元。长乐亚新公司于2007年10月21日起未依约按期足额还本付息。

另查明，福州市商业银行五一支行于2007年4月28日名称变更为福州市商业银行股份有限公司五一支行；2009年12月1日其名称再次变更为福建海峡银行股份有限公司五一支行。

裁判结果

福建省福州市中级人民法院于2013年5月16日作出（2012）榕民初字第661号民事判决：一、长乐亚新污水处理有限公司应于本判决生效之日起十日内向福建海峡银行股份有限公司福州五一支行偿还借款本金28714764.43元及利息（暂计至2012年8月21日为2142597.6元，此后利息按《单位借款合同》的约定计至借款本息还清之日止）；二、长乐亚新污水处理有限公司应于本判决生效之日起十日内向福建海峡银行股份有限公司福州五一支行支付律师代理费人民币123640元；三、福建海峡银行股份有限公司福州五一支行于本判决生效之日起有权直接向长乐市建设局收取应由长乐市建设局支付给长乐亚新污水处理有限公司、福州市政工程有限公司的污水处理服务费，并对该污水处理服务费就本判决第一、二项所确定的债务行使优先受偿权；四、福州市政工程有限公司对本判决第一、二项确定的债务承担连带清偿责任；五、驳回福建海峡银行股份有限公司福州五一支行的其他诉讼请求。宣判后，两被告均提起上诉。福建省高级人民法院于2013年9月17日作出福建省高级人民法院（2013）闽民终字第870号民事判决，驳回上诉，维持原判。

裁判理由

法院生效裁判认为：被告长乐亚新公司未依约偿还原告借款本金及利息，已构成违约，应向原告偿还借款本金，并支付利息及实现债权的费用。福州市政公司作为连带责任保证人，应对讼争债务承担连带清偿责任。本案争议焦点主要涉及污水处理项目特许经营权质押是否有效以及该质权如何实现问题。

一、关于污水处理项目特许经营权能否出质问题

污水处理项目特许经营权是对污水处理厂进行运营和维护，并获得相应收益的权利。污水处理厂的运营和维护，属于经营者的义务，而其收益权，则属于经营者的权利。由于对污水处理厂的运营和维护，并不属于可转让的财产权利，故讼争的污水处理项目特许经营权质押，实质上系污水处理项目收益权的质押。

关于污水处理项目等特许经营的收益权能否出质问题，应当考虑以下方面：其一，本案讼争污水处理项目《特许经营权质押担保协议》签订于2005年，尽管当时法律、行政法规及相关司法解释并未规定污水处理项目收益权可质押，但污水处理项目收益权与公路收益权性质上相类似。《最高人民法院关于适用〈中华人民共和国担保法〉若干问题的解释》第九十七条[①]规定，“以公路桥梁、公路隧道或者公路渡口等不动产收益权出质的，按照担保法第七十五条第（四）项的规定处理”，明确公路收益权属于依法可质押的其他权利，与其类似的污水处理收益权亦应允许出质。其二，国务院办公厅2001年9月29日转发的《国务院西部开发办〈关于西部大开发若干政策措施的实施意见〉》（国办发〔2001〕73号）中提出，“对具有一定还贷能力的水利开发项目和城市环保项目（如城市污水处理和垃圾处理等），探索逐步开办以项目收益权或收费权为质押发放贷款的业务”，首次明确可试行将污水处理项目的收益权进行质押。其三，污水处理项目收益权虽系将来金钱债权，但其行使期间及收益金额均可确定，其属于确定的财产权利。其四，在《中华人民共和国物权法》（以下简称《物权法》）颁布实施后，因污水处理项目收益权系基于提供污水处理服务而产生的将来金钱债权，依其性质亦可纳入依法可出质的“应收账款”的范畴。因此，讼争污水处

① 现已失效。

理项目收益权作为特定化的财产权利，可以允许其出质。

二、关于污水处理项目收益权质权的公示问题

对于污水处理项目收益权的质权公示问题，在《物权法》自2007年10月1日起施行后，因收益权已纳入该法第二百二十三条第六项的“应收账款”范畴，故应当在中国人民银行征信中心的应收账款质押登记公示系统进行出质登记，质权才能依法成立。由于本案的质押担保协议签订于2005年，在《物权法》施行之前，故不适用《物权法》关于应收账款的统一登记制度。因当时并未有统一的登记公示的规定，故参照当时公路收费权质押登记的规定，由其主管部门进行备案登记，有关利害关系人可通过其主管部门了解该收益权是否存在质押之情况，该权利即具备物权公示的效果。

本案中，长乐市建设局在《特许经营权质押担保协议》上盖章，且协议第七条明确约定“长乐市建设局同意为原告和福州市政公司办理质押登记出质登记手续”，故可认定讼争污水处理项目的主管部门已知晓并认可该权利质押情况，有关利害关系人亦可通过长乐市建设局查询了解讼争污水处理厂的有关权利质押的情况。因此，本案讼争的权利质押已具备公示之要件，质权已设立。

三、关于污水处理项目收益权的质权实现方式问题

我国担保法和物权法均未具体规定权利质权的具体实现方式，仅就质权的实现作出一般性的规定，即质权人在行使质权时，可与出质人协议以质押财产折价，或就拍卖、变卖质押财产所得的价款优先受偿。但污水处理项目收益权属于将来金钱债权，质权人可请求法院判令其直接向出质人的债务人收取金钱并对该金钱行使优先受偿权，故无须采取折价或拍卖、变卖之方式。况且收益权均附有一定之负担，且其经营主体具有特定性，故依其性质亦不宜拍卖、变卖。因此，原告请求将《特许经营权质押担保协议》项下的质物予以拍卖、变卖并行使优先受偿权，不予支持。

根据协议约定，原告海峡银行五一支行有权直接向长乐市建设局收

取污水处理服务费，并对所收取的污水处理服务费行使优先受偿权。由于被告仍应依约对污水处理厂进行正常运营和维护，若无法正常运营，则将影响到长乐市城区污水的处理，亦将影响原告对污水处理费的收取，故原告在向长乐市建设局收取污水处理服务费时，应当合理行使权利，为被告预留经营污水处理厂的必要合理费用。

第四百四十一条　【有价证券质权】 以汇票、本票、支票、债券、存款单、仓单、提单出质的，质权自权利凭证交付质权人时设立；没有权利凭证的，质权自办理出质登记时设立。法律另有规定的，依照其规定。

条文解读

有价证券质权 ➔ 以汇票出质，当事人以背书记载“质押”字样并在汇票上签章，汇票已经交付质权人的，应当认定质权自汇票交付质权人时设立。

存货人或者仓单持有人在仓单上以背书记载“质押”字样，并经保管人签章，仓单已经交付质权人的，应当认定质权自仓单交付质权人时设立。没有权利凭证的仓单，依法可以办理出质登记的，仓单质权自办理出质登记时设立。出质人既以仓单出质，又以仓储物设立担保，按照公示的先后确定清偿顺序；难以确定先后的，按照债权比例清偿。保管人为同一货物签发多份仓单，出质人在多份仓单上设立多个质权，按照公示的先后确定清偿顺序；难以确定先后的，按照债权比例受偿。

36. 开证行对信用证项下单据中的提单以及提单项下的货物折价、变卖、拍卖后所得价款是否享有优先受偿权?[①]

中国建设银行股份有限公司广州荔湾支行诉广东蓝粤能源发展有限公司等信用证开证纠纷案

（最高人民法院审判委员会讨论通过　2019年2月25日发布）

关键词　民事/信用证开证/提单/真实意思表示/权利质押/优先受偿权

裁判要点

1. 提单持有人是否因受领提单的交付而取得物权以及取得何种类型的物权，取决于合同的约定。开证行根据其与开证申请人之间的合同约定持有提单时，人民法院应结合信用证交易的特点，对案涉合同进行合理解释，确定开证行持有提单的真实意思表示。

2. 开证行对信用证项下单据中的提单以及提单项下的货物享有质权的，开证行行使提单质权的方式与行使提单项下货物动产质权的方式相同，即对提单项下货物折价、变卖、拍卖后所得价款享有优先受偿权。

相关法条

《中华人民共和国海商法》第71条

《中华人民共和国物权法》第224条[②]

《中华人民共和国合同法》第80条第1款[③]

基本案情

中国建设银行股份有限公司广州荔湾支行（以下简称建行广州荔湾支行）与广东蓝粤能源发展有限公司（以下简称蓝粤能源公司）于

---

① 最高人民法院指导案例111号。

② 现为《民法典》第441条。

③ 现为《民法典》第546条。

2011 年 12 月签订了《贸易融资额度合同》及《关于开立信用证的特别约定》等相关附件，约定该行向蓝粤能源公司提供不超过 5.5 亿元的贸易融资额度，包括开立等值额度的远期信用证。惠来粤东电力燃料有限公司（以下简称粤东电力）等担保人签订了保证合同等。2012 年 11 月，蓝粤能源公司向建行广州荔湾支行申请开立 8592 万元的远期信用证。为开立信用证，蓝粤能源公司向建行广州荔湾支行出具了《信托收据》，并签订了《保证金质押合同》。《信托收据》确认自收据出具之日起，建行广州荔湾支行即取得上述信用证项下所涉单据和货物的所有权，建行广州荔湾支行为委托人和受益人，蓝粤能源公司为信托货物的受托人。信用证开立后，蓝粤能源公司进口了 164998 吨煤炭。建行广州荔湾支行承兑了信用证，并向蓝粤能源公司放款 84867952.27 元，用于蓝粤能源公司偿还建行首尔分行的信用证垫款。建行广州荔湾支行履行开证和付款义务后，取得了包括本案所涉提单在内的全套单据。蓝粤能源公司因经营状况恶化而未能付款赎单，故建行广州荔湾支行在本案审理过程中仍持有提单及相关单据。提单项下的煤炭因其他纠纷被广西防城港市港口区人民法院查封。建行广州荔湾支行提起诉讼，请求判令蓝粤能源公司向建行广州荔湾支行清偿信用证垫款本金 84867952.27 元及利息；确认建行广州荔湾支行对信用证项下 164998 吨煤炭享有所有权，并对处置该财产所得款项优先清偿上述信用证项下债务；粤东电力等担保人承担担保责任。

裁判结果

广东省广州市中级人民法院于 2014 年 4 月 21 日作出（2013）穗中法金民初字第 158 号民事判决，支持建行广州荔湾支行关于蓝粤能源公司还本付息以及担保人承担相应担保责任的诉请，但以信托收据及提单交付不能对抗第三人为由，驳回建行广州荔湾支行关于请求确认煤炭所有权以及优先受偿权的诉请。建行广州荔湾支行不服一审判决，提起上诉。广东省高级人民法院于 2014 年 9 月 19 日作出（2014）粤高法民二终字第 45 号民事判决，驳回上诉，维持原判。建行广州荔湾支行不服二审判决，向最高人民法院申请再审。最高人民法院于 2015 年 10 月 19 日作出（2015）民提字第 126 号民事判决，支持建行广州荔湾支行对案涉信用证项下提单对应货物处置所得价款享有优先受偿权，驳回其对案涉提单项下货物享有所有权的诉讼请求。

裁判理由

最高人民法院认为，提单具有债权凭证和所有权凭证的双重属性，但并不意味着谁持有提单谁就当然对提单项下货物享有所有权。对于提单持有人而言，其能否取得物权以及取得何种类型的物权，取决于当事人之间的合同约定。建行广州荔湾支行履行了开证及付款义务并取得信用证项下的提单，但是由于当事人之间没有移转货物所有权的意思表示，故不能认为建行广州荔湾支行取得提单即取得提单项下货物的所有权。虽然《信托收据》约定建行广州荔湾支行取得货物的所有权，并委托蓝粤能源公司处置提单项下的货物，但根据物权法定原则，该约定因构成让与担保而不能发生物权效力。然而，让与担保的约定虽不能发生物权效力，但该约定仍具有合同效力，且《关于开立信用证的特别约定》约定蓝粤能源公司违约时，建行广州荔湾支行有权处分信用证项下单据及货物，因此根据合同整体解释以及信用证交易的特点，表明当事人真实意思表示是通过提单的流转而设立提单质押。本案符合权利质押设立所须具备的书面质押合同和物权公示两项要件，建行广州荔湾支行作为提单持有人，享有提单权利质权。建行广州荔湾支行的提单权利质权如果与其他债权人对提单项下货物所可能享有的留置权、动产质权等权利产生冲突的，可在执行分配程序中依法予以解决。

关联参见

《票据法》第 35 条、第 80 条、第 93 条；《海商法》第 71—73 条、第 79 条；《公司法》第 31 条、第 128 条、第 141 条

第四百四十二条　【有价证券质权人行使权利的特别规定】 汇票、本票、支票、债券、存款单、仓单、提单的兑现日期或者提货日期先于主债权到期的，质权人可以兑现或者提货，并与出质人协议将兑现的价款或者提取的货物提前清偿债务或者提存。

条文解读

以有价证券为标的设定质权，在质押中会存在两个债权的有效期。一个是票据债权的履行期，另一个是质权担保债权的履行期。本条所指兑现日期，是指汇票、支票、本票、债券、存款单上所记载的票据权利得以实现的日期。

第四百四十三条　【基金份额质权、股权质权】 以基金份额、股权出质的，质权自办理出质登记时设立。

基金份额、股权出质后，不得转让，但是出质人与质权人协商同意的除外。出质人转让基金份额、股权所得的价款，应当向质权人提前清偿债务或者提存。

条文解读

以基金份额、股权出质后基金份额、股权的转让 ➜ 原则上，基金份额和股权出质后，不能转让，但如果出质人与质权人协商一致，都同意转让出质基金份额和股权，这属于双方当事人对自己权利的自由处分，法律自然允许。但转让基金份额和股权所得的价款，并不当然用于清偿所担保的债权，因为此时债务清偿期尚未届至，出质人应当与质权人协商，将所得的价款提前清偿所担保的债权或者提存。提前清偿债权的，质权消灭。提存的，质权继续存在于提存的价款上。出质人只能在提前清偿债权和提存中选择，不能既不同意提前清偿债权，也不同意提存。

关联参见

《证券投资基金法》第2条、第87条、第91条

第四百四十四条　【知识产权质权】 以注册商标专用权、专利权、著作权等知识产权中的财产权出质的，质权自办理出质登记时设立。

知识产权中的财产权出质后，出质人不得转让或者许可他人使用，但是出质人与质权人协商同意的除外。出质人转让或者许可他人使用出质的知识产权中的财产权所得的价款，应当向质权人提前清偿债务或者提存。

条文解读

知识产权出质 以注册商标专用权、专利权、著作权等知识产权中的财产权出质的，双方当事人应当订立书面质押合同。合同内容一般包括被担保债权的种类和数额，债务人履行债务的期限，知识产权的相关信息，如注册商标专用权人及其注册商标和注册号、专利权人及其专利号和专利权中的财产权、著作权人的姓名或者名称及其著作权中的财产权，担保的范围等。

以注册商标专用权、专利权、著作权等知识产权中的财产权出质的，订立质押合同后，须办理出质登记时才能设立。这主要是因为知识产权是一种无形财产权，无法以占有的方式来公示，所以知识产权出质必须以登记的方式来公示。从目前的实践操作来看，以知识产权中的财产权出质的，需要到有关部门办理质押登记。

对出质人处分知识产权的限制 知识产权中的财产权出质后，出质人原则上不得转让或者许可他人使用，但是如果经出质人与质权人协商同意，可以转让或者许可他人使用出质的注册商标专用权、专利权、著作权等知识产权中的财产权。因为此时转让是经过质权人同意的，是

否会损害质权人的利益由质权人自己判断，法律不加干涉。

按照本条第2款的规定，转让或者许可他人使用出质的注册商标专用权、专利权、著作权等知识产权中的财产权所得的价款不当然用于清偿所担保的债权。因为此时债务清偿期限尚未届至，出质人应当与质权人协商，将所得的价款提前清偿所担保的债权或者提存。提前清偿债权的，质权消灭；提存的，质权继续存在于提存的价款上，在债务履行期限届满时，质权人可以对该价款优先受偿。出质人只能在提前清偿债权和提存中选择，不能既不同意提前清偿债权，也不同意提存。

关联参见

《商标法》第43条；《专利法》第10条、第12条；《著作权法》第10条

第四百四十五条　【应收账款质权】 以应收账款出质的，质权自办理出质登记时设立。

应收账款出质后，不得转让，但是出质人与质权人协商同意的除外。出质人转让应收账款所得的价款，应当向质权人提前清偿债务或者提存。

条文解读

应收账款质权 ➜ 以现有的应收账款出质，应收账款债务人向质权人确认应收账款的真实性后，又以应收账款不存在或者已经消灭为由主张不承担责任的，人民法院不予支持。

以现有的应收账款出质，应收账款债务人未确认应收账款的真实性，质权人以应收账款债务人为被告，请求就应收账款优先受偿，能够举证证明办理出质登记时应收账款真实存在的，人民法院应予支持；质权人不能举证证明办理出质登记时应收账款真实存在，仅以已经办理出质登记为由，请求就应收账款优先受偿的，人民法院不予支持。

以现有的应收账款出质，应收账款债务人已经向应收账款债权人履行了债务，质权人请求应收账款债务人履行债务的，人民法院不予支持，但是应收账款债务人接到质权人要求向其履行的通知后，仍然向应收账款债权人履行的除外。

以基础设施和公用事业项目收益权、提供服务或者劳务产生的债权以及其他将有的应收账款出质，当事人为应收账款设立特定账户，发生法定或者约定的质权实现事由时，质权人请求就该特定账户内的款项优先受偿的，人民法院应予支持；特定账户内的款项不足以清偿债务或者未设立特定账户，质权人请求折价或者拍卖、变卖项目收益权等将有的应收账款，并以所得的价款优先受偿的，人民法院依法予以支持。

关联参见

《民法典担保制度解释》第 61 条；《应收账款质押登记办法》第 2 条

第四百四十六条　【权利质权的法律适用】 权利质权除适用本节规定外，适用本章第一节的有关规定。

第十九章　留　置　权

第四百四十七条　【留置权的定义】 债务人不履行到期债务，债权人可以留置已经合法占有的债务人的动产，并有权就该动产优先受偿。

前款规定的债权人为留置权人，占有的动产为留置财产。

条文解读

留置权 ➔ 留置权，是对于法律规定可以留置的债权，债权人依债权占有属于债务人的动产，在债务人未按照约定的期限履行债务时，债权人有权依法留置该财产，以该财产折价或者以拍卖、变卖的价款优先受偿的法定担保物权。留置权具有以下特征：

（1）从属性。留置权依主债权的存在而存在，依主债权的转移而转移，并因主债权的消灭而消灭。

（2）法定性。留置权只能直接依据法律的规定发生，不能由当事人自由设定。只要债务人不履行到期债务，债权人即可以依照法律规定留置已经合法占有的债务人的动产，并在满足法律规定的条件的情况下，折价或者拍卖、变卖留置财产以受偿。

（3）不可分性。留置权的不可分性表现为：一是留置权所担保的是债权的全部，而不是部分；二是留置权的效力及于债权人所留置的全部留置财产，留置权人可以对留置财产的全部行使留置权，而不是部分。只要债权未受全部清偿，留置权人就可以对全部留置财产行使权利，不受债权分割或者部分清偿以及留置财产分割的影响。当然，为了公平起见，依据《民法典》第450条的规定，留置财产为可分物的，债权人留置的财产的价值应当相当于债务的金额，而不应留置其占有的债务人的全部动产。

留置权成立条件 ➔（1）债权人已经合法占有债务人的动产。第一，留置权的标的物只能是动产，债权人占有的不动产上不能成立留置权。第二，债权人必须占有动产。债权人的这种占有可以是直接占有，也可以是间接占有。但单纯的持有不能成立留置权，如占有辅助人虽持有动产，却并非占有人，因此不享有留置权。第三，债权人必须基于合法原因而占有债务人的动产，如基于承揽、运输、保管合同的约定而取得动产的占有。如果不是合法占有债务人的动产，不得留置，如债权人以侵权行为占有的债务人的动产。

（2）债权人占有的动产，应当与债权属于同一法律关系，但企业之间留置的除外。

（3）债务人不履行到期债务。债权人对已经合法占有的动产，并不能当然成立留置权，留置权的成立还须以债权已届清偿期而债务人未全部履行为要件。

第四百四十八条　【留置财产与债权的关系】债权人留置的动产，应当与债权属于同一法律关系，但是企业之间留置的除外。

条文解读

同一法律关系 ➜ 所谓“同一法律关系”，是指动产的占有和债权的发生之间有关联，动产的占有与债权的发生均基于同一法律关系。同一法律关系不以合同关系为限，合同关系以外的其他法律关系，诸如因不当得利、无因管理、侵权行为而发生的债权关系，若与动产的占有之间存在关联，亦属于存在同一法律关系。

这里的“企业”包括公司以及非公司化的国有企业、合伙企业等。但个体工商户、个人合伙不能认定为企业。

实务应用

36. 劳动者能否以用人单位拖欠劳动报酬为由，主张对用人单位供其使用的工具、物品等行使留置权？

留置权是平等主体之间实现债权的担保方式；除企业之间留置外，债权人留置的动产，应当与债权属于同一法律关系。劳动关系主体双方在履行劳动合同过程中处于管理与被管理的不平等关系。劳动者以用人单位拖欠劳动报酬为由，主张对用人单位供其使用的工具、物品等动产行使留置权，因此类动产不是劳动合同关系的标的物，与劳动债权不属于同一法律关系。

第四百四十九条　【留置权适用范围的限制性规定】法律规定或者当事人约定不得留置的动产，不得留置。

第四百五十条　【可分留置物】留置财产为可分物的，留置财产的价值应当相当于债务的金额。

条文解读

本条仅适用于留置物为可分物的特殊情形。可分物是指经分割而不损害其经济用途或者失去其价值的物。本条对于留置权的不可分性作了一定程度的缓和，明确规定留置财产为可分物的，留置财产的价值应当相当于债务的金额。比如，在运输合同中，甲为承运人，乙为托运人，甲受乙的委托运输一列车的煤，因乙不给付甲运输费，甲便可以留置乙的货物。若运输的煤价值为 100 万元，运输费为 1 万元，这时甲只能在相当于运输费 1 万元的范围内留置相应价值的煤，而不能留置全部煤。

关联参见

《民法典担保制度解释》第 38 条

第四百五十一条　【留置权人保管义务】留置权人负有妥善保管留置财产的义务；因保管不善致使留置财产毁损、灭失的，应当承担赔偿责任。

条文解读

留置权人的保管义务 ➲ 本条是关于留置权人保管义务的规定。有几点需要注意：

（1）这里的"妥善保管"，理论是指留置权人应当以善良管理人的注意保管留置财产。留置权人对保管未予以善良管理人之注意的，即为保管不善。而在实际中应当依据一般交易上的观念，以一个有知识有经验的理性人所应具有的标准来加以衡量。

（2）对留置权人保管义务的责任实行过错推定。只要留置物毁损、灭失，而留置权人又不能证明自己对留置物进行了妥善保管的，就应承担赔偿责任；若留置权人能够证明自己已尽必要的注意并采取适当的措施进行了妥善保管，则其不承担赔偿责任。

（3）妥善保管留置物是留置权人的法定义务，原则上未经债务人同意，不得使用、出租留置财产或者擅自把留置财产作为其他债权的担保物。但是，留置权人出于保管的需要，为使留置财产不因闲置而生损害，在必要的范围内有使用留置财产的权利，如适当使用留置的机动车或者机械以防止其生锈。

案例指引

37. 留置权人是否负有妥善保管留置财产的义务？①

杨某达、吴某琴、季某萍、杨某丹系死者杨某强第一顺位继承人。2014 年 4 月，杨某强以 24400 元的价格向薛某购买了桑塔纳小型普通轿车一辆，在开具相应购买金额的发票后，该车即过户至杨某强名下，车牌号为苏 B×××。后因该车辆在薛某的某汽修厂修理，杨某强未向薛某支付修理款，双方产生纠纷，车辆即被薛某留置在汽修厂内。因薛某将车停在汽修厂门口的马路上，未尽到妥善保管的义务，致使车辆零件被拆，车辆亦不知去向。杨某达、吴某琴、季某萍、杨某丹诉至法院，要求薛某赔偿车辆灭失损失。

法院经审理认为，民事主体的合法财产权依法受法律保护，继承人有权继承被继承人的合法财产，无权占有不动产或者动产的，权利人可以请求返还原物。杨某强作为车辆所有权人，对苏 B×××号轿车享有的权利任何人不得侵犯，杨某强已去世，故其第一顺位继承人有权主张相应权利。该车系因欠修理费由薛某采取留置措施。留置权人负有妥善保管留置财产的义务，因保管不善致使留置财产损毁、灭失的，应当承担赔偿责任。

① 参见《杨某达等诉薛某返还原物案》，案号：（2019）苏 0206 民初 3011 号，载国家法官学院、最高人民法院司法案例研究院编：《中国法院 2022 年度案例．物权纠纷》，中国法制出版社 2022 年版，第 69 页。

第四百五十二条　【留置财产的孳息收取】 留置权人有权收取留置财产的孳息。

前款规定的孳息应当先充抵收取孳息的费用。

条文解读

留置财产的孳息收取 ➲ 留置权人对收取的孳息只享有留置权，并不享有所有权。留置财产孳息充抵债权清偿顺序的一般规则是：先充抵收取孳息的费用，次及利息，然后是原债权。

第四百五十三条　【留置权的实现】 留置权人与债务人应当约定留置财产后的债务履行期限；没有约定或者约定不明确的，留置权人应当给债务人六十日以上履行债务的期限，但是鲜活易腐等不易保管的动产除外。债务人逾期未履行的，留置权人可以与债务人协议以留置财产折价，也可以就拍卖、变卖留置财产所得的价款优先受偿。

留置财产折价或者变卖的，应当参照市场价格。

条文解读

留置履行债务的宽限期 ➲ 留置权人须给予债务人以履行债务的宽限期。债权已届清偿期债务人仍不履行债务，留置权人并不能立即实现留置权，而必须经过一定的期间后才能实现留置权。这个一定的期间，称为宽限期。宽限期多长，涉及债权人与债务人利益的平衡问题。期限过长，不利于留置权人实现债权；期限过短，不利于债务人筹集资金，履行义务。

首先，债务履行的宽限期可以约定。债权人和债务人约定宽限期，可以是在签订主债权债务合同通过留置权条款约定，也可以是在留置权人行使留置权、已经占有留置财产后，与债务人自由协商一定的债务履行期限。当事人之间约定的宽限期可长可短，由双方自由协商，法律并无规定必须为多长。只要这个宽限期是双方当事人自主协商的，法律尊重当事人的意思自治。当然，如果一方当事人利用对方当事人的危困状态，约定的宽限期很短则可能构成显失公平而被撤销。

其次，留置权人与债务人对于宽限期限没有约定或者约定不明确的，根据本条规定，留置权人可自行确定宽限期限，但一般不得少于60日。在双方当事人没有约定或者约定不明时，留置权人对于宽限期有最终的决定权，但是这种权利受到法律的限制，即应当给予债务人60日以上的宽限期，让债务人可以合理地履行债务。这里的没有约定，也包括双方当事人就宽限期无法达成一致的情形。

最后，如果留置财产为不易保管的动产，宽限期可以短于60日。考虑到留置财产有特殊属性，即属于鲜活易腐等不易保管的动产，如果宽限期过长，留置财产在此期限可能已经腐败失去经济价值，这样将无法实现留置权的担保功能。因此，本条但书规定，留置财产属于不易保管之物时，宽限期可以短于60日。所谓鲜活易腐等不宜保管的动产，包括诸如海鲜、新鲜水果和蔬菜等，但不包括易保管但价格波动很大的动产。此类留置财产的宽限期长短，则应当根据所留置的动产具体情况判断，或长或短均可。

留置权的实现方法 ➲ 根据本条的规定，留置权实现的方法有三种，即折价、拍卖和变卖。留置权人可以与债务人协商采取哪种方法实现留置权。一般情况下，双方当事人可以先协议将留置财产折价以实现其债权；如果无法达成协议，留置权人可以依法拍卖或者变卖留置财产，并以拍卖或者变卖所得的价款优先受偿其债权。

第一种是折价。折价是指留置权人与债务人协议确定留置财产的价格，留置权人取得留置财产的所有权以抵销其所担保的债权。这种方法比较简单，但必须经双方当事人协商一致，否则就应当采取拍卖或者变卖的方法。

第二种是拍卖。拍卖是指依照拍卖法规定的拍卖程序，于特定场所以公开竞价的方式出卖留置财产的方式。拍卖的公开性和透明度都比较高，但同时费用也较高。

第三种是变卖。变卖是指以一般的买卖形式出卖留置财产的方式。由于拍卖的费用较高，有的双方当事人不愿意负担这一费用，因此采取费用较为低廉的变卖方式。

本条第 2 款还规定，如果采取折价或者变卖方式处置留置财产的，应当参照市场价格，而不能随意降低该留置财产的价格。

第四百五十四条　【债务人请求留置权人行使留置权】债务人可以请求留置权人在债务履行期限届满后行使留置权；留置权人不行使的，债务人可以请求人民法院拍卖、变卖留置财产。

条文解读

债务履行期届满 ➜ 本条规定的“债务履行期届满”无宽限期的限制。也就是说，债务履行期届满，留置权成立后，债务履行的宽限期届满前，债务人可以要求留置权人行使留置权。留置权人不行使的，债务人可以请求人民法院对留置财产拍卖、变价，从而清偿债务。

第四百五十五条　【留置权实现方式】留置财产折价或者拍卖、变卖后，其价款超过债权数额的部分归债务人所有，不足部分由债务人清偿。

条文解读

留置权人实现留置权的目的就是通过拍卖、变卖留置财产取得对价以冲抵自己的债权，或者以折价的方式换算出相应的金额，以实现自己的债权。但是留置财产毕竟是动产，并非现金，留置财产的价值是变动的，在留置财产被折价或者拍卖、变卖后，可能出现三种情况：

第一种情况是，留置财产的价值与债权金额相等，即留置财产折价或者被拍卖、变卖所得的价款刚好满足留置权人的债权，留置权的债权完全得以实现，债务人的留置财产也因为折价或者拍卖、变卖而被处分，不存在剩余价款返还的问题。两者的债权债务关系以及担保关系均告消灭。

第二种情况是，留置财产的价值高于债权金额，即留置财产折价或者被拍卖、变卖所得的价款超过了留置权人的债权数额，超过的部分应当归债务人所有。如果是留置权人处分留置财产的，留置权人在扣除自己应得部分后，应当将剩余部分返还给债务人，不得据为己有，否则就构成不当得利。如果是人民法院根据《民法典》第 454 条的规定对留置财产进行拍卖、变卖的，人民法院在扣除留置权人的债权额后，应当将剩余部分及时返还给债务人。

第三种情况是，留置财产的价值低于债权金额，即留置财产折价或者被拍卖、变卖所得的价款不足以清偿留置权人的债权。由于留置财产不能完全满足留置权人的债权，所以留置权人与债务人之间的债权债务关系并不因实现留置权而完全消灭，留置权人仍可以就留置财产不足以清偿的部分要求债务人偿还。只不过剩余债权就变成了无担保物权的普通债权，留置权人也成了普通债权人，留置权人可以普通债权人的身份要求债务人偿还剩余债务；债务人拒绝偿还的，其可以向人民法院起诉。

第四百五十六条　【留置权优先于其他担保物权效力】 同一动产上已经设立抵押权或者质权，该动产又被留置的，留置权人优先受偿。

条文解读

留置权与抵押权或者质权的关系 ➜ 适用本条应注意以下几点：

（1）在同一动产上，无论留置权是产生于抵押权或者质权之前，还是产生于抵押权或者质权之后，留置权的效力都优先于抵押权或者质权。也就是说，留置权对抵押权或者质权的优先效力不受其产生时间的影响。

（2）留置权对抵押权或者质权的优先效力不受留置权人在留置动产时是善意还是恶意的影响。这里的“善意”指留置权人对同一动产已存在的抵押权或者质权不知情，与之相对应的“恶意”指留置权人对同一动产上已存在的抵押权或者质权知情，而并非恶意串通的意思。

（3）《民法典》未规定留置权和优先权的效力关系。一般情况下，在同一物上既存在优先权又存在留置权的，优先权先于留置权实现。

第四百五十七条　【留置权消灭】留置权人对留置财产丧失占有或者留置权人接受债务人另行提供担保的，留置权消灭。

条文解读

留置权作为一种物权，其消灭的原因是多样的，可因物权消灭的共同原因而消灭，如因留置标的物的灭失、被征收等原因而消灭；也可因担保物权消灭的共同原因而消灭，如因被担保债权的消灭、留置权的行使以及留置权被抛弃等原因而消灭，而本条只是对留置权消灭的特殊原因的规定。

第五分编　占　　有

第二十章　占　　有

第四百五十八条　【有权占有法律适用】基于合同关系等产生的占有，有关不动产或者动产的使用、收益、违约责任等，按照合同约定；合同没有约定或者约定不明确的，依照有关法律规定。

条文解读

占有 ➲ 占有是指占有人对物具有事实上的管领和控制的状态。导致占有发生的法律关系多种多样：一种是有权占有，主要指基于合同等债的关系而产生的占有，例如根据运输或者保管合同，承运人或者保管人对托运或者寄存货物发生的占有；另一种是无权占有，主要发生在占有人对不动产或者动产的占有无正当法律关系，或者原法律关系被撤销或者无效时占有人对占有物的占有，包括误将他人之物认为己有或者借用他人之物到期不还等。

第四百五十九条　【恶意占有人的损害赔偿责任】 占有人因使用占有的不动产或者动产，致使该不动产或者动产受到损害的，恶意占有人应当承担赔偿责任。

条文解读

占有的分类 以占有是否具有法律上的原因为标准，占有可分为有权占有和无权占有，如所有权人、土地承包经营权人、承租人等均根据所有权、土地承包经营权、租赁权而占有标的物，属于有权占有；拾得人对遗失物的占有，盗贼对盗赃物的占有等均属于无权占有。

以无权占有人是否误信其占有为有权占有和无权占有为标准，可分为善意占有和恶意占有。善意占有是指占有人不知或不应当知道其无占有的权利而进行的占有。恶意占有是指占有人明知或应当知道无占有的权利而进行的占有。

第四百六十条　【权利人的返还请求权和占有人的费用求偿权】 不动产或者动产被占有人占有的，权利人可以请求返还原物及其孳息；但是，应当支付善意占有人因维护该不动产或者动产支出的必要费用。

条文解读

权利人的返还请求权和占有人的费用求偿权 本条包含两方面内容：第一，无论是善意占有人还是恶意占有人，对于权利人都负有返还原物及其孳息的义务；第二，返还原物及其孳息之后，善意占有人对于因维护该不动产或者动产而支出的必要费用，可以要求权利人返还，而恶意占有人无此项请求权。

值得注意的是，善意占有人求偿权的范围限于必要费用。必要费用是指因保存、管理占有物所必须支出的费用。如占有物的维修费、饲养费等。

第四百六十一条　【占有物毁损或者灭失时占有人的责任】 占有的不动产或者动产毁损、灭失，该不动产或者动产的权利人请求赔偿的，占有人应当将因毁损、灭失取得的保险金、赔偿金或者补偿金等返还给权利人；权利人的损害未得到足够弥补的，恶意占有人还应当赔偿损失。

条文解读

占有物毁损或者灭失时占有人的责任 ➜ 本条是对占有物毁损、灭失代位物返还责任的规定。

占有的不动产或者动产毁损、灭失，不论是因不可抗力，还是被遗失或者盗窃，其责任规则是：

（1）如果该不动产或者动产即占有物的权利人请求赔偿的，占有人应当将因毁损、灭失取得的保险金、赔偿金或者补偿金等代位物如数返还给权利人，对此，不论是善意占有人还是恶意占有人，均负此责任。

（2）占有物因毁损、灭失取得的保险金、赔偿金或者补偿金全部返还权利人，权利人的损害未得到足够弥补的，恶意占有人应当承担赔偿损失的责任，善意占有人不负此责任。

第四百六十二条　【占有保护的方法】 占有的不动产或者动产被侵占的，占有人有权请求返还原物；对妨害占有的行为，占有人有权请求排除妨害或者消除危险；因侵占或者妨害造成损害的，占有人有权依法请求损害赔偿。

占有人返还原物的请求权，自侵占发生之日起一年内未行使的，该请求权消灭。

条文解读

本条规定的“1 年”为除斥期间，没有中断、中止的问题。当然，占有保护请求权的除斥期间已经超过，占有人不能再主张请求权，但这绝不妨害真正的实体权利人或享有实体权利的占有人基于实体权利而提出所有权或其他权利的请求权。

占有保护的方法 ➲ 占有保护请求权，是占有人对占有的公力救济，即请求国家有权机关通过运用国家强制力来保护其占有。具体的请求权是：

（1）返还原物请求权。占有物返还请求权发生于占有物被侵夺的情形。此种侵夺占有而构成的侵占，是指非基于占有人的意思，采取违法的行为使其丧失对物的控制与支配。需要注意的是，非因他人的侵夺而丧失占有的，如因受欺诈或者胁迫而交付的，不享有占有物返还请求权。此外，还需说明一点，即本条所规定占有物返还请求权的要件之一为侵占人的行为必须是造成占有人丧失占有的直接原因，否则不发生依据本条规定而产生的占有物返还请求权。例如，遗失物之拾得人，虽然拾得人未将遗失物交送有关机关而据为己有，但此种侵占非本条所规定的情形。拾得人将遗失物据为己有的行为，并非失主丧失占有的直接原因（失主最初丧失对物的占有，可能是由于疏忽大意遗忘物品等），因此失主对于拾得人不得以占有物返还请求权为据提起诉讼，而应依其所有权人的地位提请行使返还原物请求权。

（2）排除妨害请求权。当占有人的占有被妨害时，占有人有权行使排除妨害请求权。排除妨害的费用应由妨害人负担。占有人自行除去妨害的，其费用可依无因管理的规定向相对人请求偿还。

（3）消除危险请求权。消除危险请求权中的危险，应为具体的事实的危险；对于一般抽象的危险，法律不加以保护。具体的事实的危险，指其所用的方法，使外界感知对占有的妨害。例如违反建筑规则建设高危建筑、接近邻地开掘地窖等产生对邻地的危险。

（4）损害赔偿请求权。因侵占或者妨害占有人的占有，造成损害的，占有人有权请求侵害人承担损害赔偿责任。

案例指引

38. 占有保护制度是否审查占有是否存在本权？[①]

2010 年 11 月底，李某弟从于某处承租了位于昌平区十三陵镇涧头村南小区的院落及房屋、设备、设施。合同到期后，于某与李某弟又签订了一份新租赁协议。某娱乐公司称于某为其公司法定代表人，认可其签订租赁协议系职务行为。新租赁协议到期后双方未办理涉案院落及房屋、设备、设施的交接手续，仍然由李某弟占有使用。其间，李某弟与某娱乐公司未再续签协议，也未再正常交纳租金。2016 年底，原出租人宋某亮通知李某弟应与其签订租赁合同，否则无法再使用上述院落及房屋，李某弟将该情况反馈给某娱乐公司后，某娱乐公司未解决与宋某亮之间的纠纷。2017 年 8 月 25 日，李某弟与宋某亮签订一份《房屋租赁合同》，并通知了于某，之后将所租赁的上述院落内的房屋分租给其他租户。2018 年 11 月和 2019 年 3 月 7 日，某娱乐公司先后两次强行侵占房屋，并于 2019 年 3 月 7 日将上述院落中第一排东数第二间和第三间房屋收回。李某弟认为，其与作为涉案院落的合法管理者签订了租赁协议，权益和财产应当受到法律的保护，故以某娱乐公司侵权为由诉至法院，主张某娱乐公司返还上述两间房屋、不得阻止其收取上述院落内房屋租金并赔偿相关损失。

法院经审理认为，占有保护制度旨在维持或者恢复占有的事实状态，而不论占有人是否存在本权或者基于何种本权形成占有，占有本身并不一定反映产权关系，占有制度所保护的也仅仅是占有的事实状态，

---

① 参见《李某弟诉某娱乐公司排除妨害案》，案号：（2019）京 0114 民初 13349 号，载国家法官学院、最高人民法院司法案例研究院编：《中国法院 2022 年度案例．物权纠纷》，中国法制出版社 2022 年版，第 101 页。

而非通过确认、保护占有而对占有物进行权属判断。虽然李某弟和某娱乐公司关于租赁协议所涉及的标的物范围存有争议，但双方均承认李某弟的占有事实，应当认定李某弟为实际占有人。故某娱乐公司将院落内东数第三间房屋收回的行为，导致原占有人李某弟丧失对该间房屋的占有，构成侵占，李某弟作为原占有人有权要求某娱乐公司返还原物；某娱乐公司妨害李某弟收取涉案院落内其他房屋租户租金的行为，妨害了占有人李某弟管理占有物并获得相应的占有利益，使李某弟对占有物事实上的控制与支配不能完全实现，构成对李某弟实施占有的妨害，李某弟作为占有人有权要求某娱乐公司排除妨害。但由于李某弟主张返还的房屋已不存在，丧失了返还原物的现实基础和妨害行为持续存在的前提，故对李某弟主张返还原物及排除妨害的诉讼请求，法院不予支持。

法律法规新解读系列

关联法规

民法典物权编解读与应用

最高人民法院关于适用《中华人民共和国民法典》物权编的解释（一）

·2020 年 12 月 25 日最高人民法院审判委员会第 1825 次会议通过
·2020 年 12 月 29 日最高人民法院公告公布
·自 2021 年 1 月 1 日起施行
·法释〔2020〕24 号

为正确审理物权纠纷案件，根据《中华人民共和国民法典》等相关法律规定，结合审判实践，制定本解释。

第一条 因不动产物权的归属，以及作为不动产物权登记基础的买卖、赠与、抵押等产生争议，当事人提起民事诉讼的，应当依法受理。当事人已经在行政诉讼中申请一并解决上述民事争议，且人民法院一并审理的除外。

第二条 当事人有证据证明不动产登记簿的记载与真实权利状态不符、其为该不动产物权的真实权利人，请求确认其享有物权的，应予支持。

第三条 异议登记因民法典第二百二十条第二款规定的事由失效后，当事人提起民事诉讼，请求确认物权归属的，应当依法受理。异议登记失效不影响人民法院对案件的实体审理。

第四条 未经预告登记的权利人同意，转让不动产所有权等物权，或者设立建设用地使用权、居住权、地役权、抵押权等其他物权的，应当依照民法典第二百二十一条第一款的规定，认定其不发生物权效力。

第五条 预告登记的买卖不动产物权的协议被认定无效、被撤销，或者预告登记的权利人放弃债权的，应当认定为民法典第二百二十一条第二款所称的“债权消灭”。

第六条 转让人转让船舶、航空器和机动车等所有权，受让人已经支付合理价款并取得占有，虽未经登记，但转让人的债权人主张其为民法典第二百二十五条所称的“善意第三人”的，不予支持，法律另有规定的除外。

第七条 人民法院、仲裁机构在分割共有不动产或者动产等案件中作出并依法生效的改变原有物权关系的判决书、裁决书、调解书，以及人民法院在执行程序中作出的拍卖成交裁定书、变卖成交裁定书、以物抵债裁定书，应当认定为民法典第二百二十九条所称导致物权设立、变更、转让或者消灭的人民法院、仲裁机构的法律文书。

第八条 依据民法典第二百二十九条至第二百三十一条规定享有物权，但尚未完成动产交付或者不动产登记的权利人，依据民法典第二百三十五条至第二百三十八条的规定，请求保护其物权的，应予支持。

第九条 共有份额的权利主体因继承、遗赠等原因发生变化时，其他按份共有人主张优先购买的，不予支持，但按份共有人之间另有约定的除外。

第十条 民法典第三百零五条所称的“同等条件”，应当综合共有份额的转让价格、价款履行方式及期限等因素确定。

第十一条 优先购买权的行使期间，按份共有人之间有约定的，按照约定处理；没有约定或者约定不明的，按照下列情形确定：

（一）转让人向其他按份共有人发出的包含同等条件内容的通知中载明行使期间的，以该期间为准；

（二）通知中未载明行使期间，或者载明的期间短于通知送达之日起十五日的，为十五日；

（三）转让人未通知的，为其他按份共有人知道或者应当知道最终确定的同等条件之日起十五日；

（四）转让人未通知，且无法确定其他按份共有人知道或者应当知道最终确定的同等条件的，为共有份额权属转移之日起六个月。

第十二条 按份共有人向共有人之外的人转让其份额，其他按份共有人根据法律、司法解释规定，请求按照同等条件优先购买该共有份额的，应予支持。其他按份共有人的请求具有下列情形之一的，不予支持：

（一）未在本解释第十一条规定的期间内主张优先购买，或者虽主张优先购买，但提出减少转让价款、增加转让人负担等实质性变更要求；

（二）以其优先购买权受到侵害为由，仅请求撤销共有份额转让合同或者认定该合同无效。

第十三条 按份共有人之间转让共有份额，其他按份共有人主张依据民法典第三百零五条规定优先购买的，不予支持，但按份共有人之间另有约定的除外。

第十四条 受让人受让不动产或者动产时，不知道转让人无处分权，且无重大过失的，应当认定受让人为善意。

真实权利人主张受让人不构成善意的，应当承担举证证明责任。

第十五条 具有下列情形之一的，应当认定不动产受让人知道转让人无处分权：

（一）登记簿上存在有效的异议登记；

（二）预告登记有效期内，未经预告登记的权利人同意；

（三）登记簿上已经记载司法机关或者行政机关依法裁定、决定查封或者以其他形式限制不动产权利的有关事项；

（四）受让人知道登记簿上记载的权利主体错误；

（五）受让人知道他人已经依法享有不动产物权。

真实权利人有证据证明不动产受让人应当知道转让人无处分权的，应当认定受让人具有重大过失。

第十六条 受让人受让动产时，交易的对象、场所或者时机等不符合交易习惯的，应当认定受让人具有重大过失。

第十七条 民法典第三百一十一条第一款第一项所称的“受让人受让该不动产或者动产时”，是指依法完成不动产物权转移登记或者动产交付之时。

当事人以民法典第二百二十六条规定的方式交付动产的，转让动产民事法律行为生效时为动产交付之时；当事人以民法典第二百二十七条规定的方式交付动产的，转让人与受让人之间有关转让返还原物请求权的协议生效时为动产交付之时。

法律对不动产、动产物权的设立另有规定的，应当按照法律规定的时间认定权利人是否为善意。

第十八条 民法典第三百一十一条第一款第二项所称“合理的价格”，应当根据转让标的物的性质、数量以及付款方式等具体情况，参考转让时交易地市场价格以及交易习惯等因素综合认定。

第十九条 转让人将民法典第二百二十五条规定的船舶、航空器和机动车等交付给受让人的，应当认定符合民法典第三百一十一条第一款第三项规定的善意取得的条件。

第二十条 具有下列情形之一，受让人主张依据民法典第三百一十一条规定取得所有权的，不予支持：

（一）转让合同被认定无效；

（二）转让合同被撤销。

第二十一条 本解释自2021年1月1日起施行。

最高人民法院关于审理建筑物区分所有权纠纷案件适用法律若干问题的解释

· 2009 年 3 月 23 日最高人民法院审判委员会第 1464 次会议通过
· 根据 2020 年 12 月 23 日最高人民法院审判委员会第 1823 次会议通过的《最高人民法院关于修改〈最高人民法院关于在民事审判工作中适用《中华人民共和国工会法》若干问题的解释〉等二十七件民事类司法解释的决定》修正
· 自 2021 年 1 月 1 日起施行
· 法释〔2020〕17 号

为正确审理建筑物区分所有权纠纷案件，依法保护当事人的合法权益，根据《中华人民共和国民法典》等法律的规定，结合民事审判实践，制定本解释。

第一条 依法登记取得或者依据民法典第二百二十九条至第二百三十一条规定取得建筑物专有部分所有权的人，应当认定为民法典第二编第六章所称的业主。

基于与建设单位之间的商品房买卖民事法律行为，已经合法占有建筑物专有部分，但尚未依法办理所有权登记的人，可以认定为民法典第二编第六章所称的业主。

第二条 建筑区划内符合下列条件的房屋，以及车位、摊位等特定空间，应当认定为民法典第二编第六章所称的专有部分：

（一）具有构造上的独立性，能够明确区分；

（二）具有利用上的独立性，可以排他使用；

（三）能够登记成为特定业主所有权的客体。

规划上专属于特定房屋，且建设单位销售时已经根据规划列入该特定房屋买卖合同中的露台等，应当认定为前款所称的专有部分的组成部分。

本条第一款所称房屋，包括整栋建筑物。

第三条 除法律、行政法规规定的共有部分外，建筑区划内的以下部分，也应当认定为民法典第二编第六章所称的共有部分：

（一）建筑物的基础、承重结构、外墙、屋顶等基本结构部分，通道、楼梯、大堂等公共通行部分，消防、公共照明等附属设施、设备，避难层、设备层或者设备间等结构部分；

（二）其他不属于业主专有部分，也不属于市政公用部分或者其他权利人所有的场所及设施等。

建筑区划内的土地，依法由业主共同享有建设用地使用权，但属于业主专有的整栋建筑物的规划占地或者城镇公共道路、绿地占地除外。

第四条 业主基于对住宅、经营性用房等专有部分特定使用功能的合理需要，无偿利用屋顶以及与其专有部分相对应的外墙面等共有部分的，不应认定为侵权。但违反法律、法规、管理规约，损害他人合法权益的除外。

第五条 建设单位按照配置比例将车位、车库，以出售、附赠或者出租等方式处分给业主的，应当认定其行为符合民法典第二百七十六条有关“应当首先满足业主的需要”的规定。

前款所称配置比例是指规划确定的建筑区划内规划用于停放汽车的车位、车库与房屋套数的比例。

第六条 建筑区划内在规划用于停放汽车的车位之外，占用业主共有道路或者其他场地增设的车位，应当认定为民法典第二百七十五条第二款所称的车位。

第七条 处分共有部分，以及业主大会依法决定或者管理规约依法确定应由业主共同决定的事项，应当认定为民法典第二百七十八条第一款第（九）项规定的有关共有和共同管理权利的“其他重大事项”。

第八条 民法典第二百七十八条第二款和第二百八十三条规定的专

有部分面积可以按照不动产登记簿记载的面积计算；尚未进行物权登记的，暂按测绘机构的实测面积计算；尚未进行实测的，暂按房屋买卖合同记载的面积计算。

第九条 民法典第二百七十八条第二款规定的业主人数可以按照专有部分的数量计算，一个专有部分按一人计算。但建设单位尚未出售和虽已出售但尚未交付的部分，以及同一买受人拥有一个以上专有部分的，按一人计算。

第十条 业主将住宅改变为经营性用房，未依据民法典第二百七十九条的规定经有利害关系的业主一致同意，有利害关系的业主请求排除妨害、消除危险、恢复原状或者赔偿损失的，人民法院应予支持。

将住宅改变为经营性用房的业主以多数有利害关系的业主同意其行为进行抗辩的，人民法院不予支持。

第十一条 业主将住宅改变为经营性用房，本栋建筑物内的其他业主，应当认定为民法典第二百七十九条所称“有利害关系的业主”。建筑区划内，本栋建筑物之外的业主，主张与自己有利害关系的，应证明其房屋价值、生活质量受到或者可能受到不利影响。

第十二条 业主以业主大会或者业主委员会作出的决定侵害其合法权益或者违反了法律规定的程序为由，依据民法典第二百八十条第二款的规定请求人民法院撤销该决定的，应当在知道或者应当知道业主大会或者业主委员会作出决定之日起一年内行使。

第十三条 业主请求公布、查阅下列应当向业主公开的情况和资料的，人民法院应予支持：

（一）建筑物及其附属设施的维修资金的筹集、使用情况；

（二）管理规约、业主大会议事规则，以及业主大会或者业主委员会的决定及会议记录；

（三）物业服务合同、共有部分的使用和收益情况；

（四）建筑区划内规划用于停放汽车的车位、车库的处分情况；

（五）其他应当向业主公开的情况和资料。

第十四条 建设单位、物业服务企业或者其他管理人等擅自占用、处分业主共有部分、改变其使用功能或者进行经营性活动，权利人请求排除妨害、恢复原状、确认处分行为无效或者赔偿损失的，人民法院应予支持。

属于前款所称擅自进行经营性活动的情形，权利人请求建设单位、物业服务企业或者其他管理人等将扣除合理成本之后的收益用于补充专项维修资金或者业主共同决定的其他用途的，人民法院应予支持。行为人对成本的支出及其合理性承担举证责任。

第十五条 业主或者其他行为人违反法律、法规、国家相关强制性标准、管理规约，或者违反业主大会、业主委员会依法作出的决定，实施下列行为的，可以认定为民法典第二百八十六条第二款所称的其他“损害他人合法权益的行为”：

（一）损害房屋承重结构，损害或者违章使用电力、燃气、消防设施，在建筑物内放置危险、放射性物品等危及建筑物安全或者妨碍建筑物正常使用；

（二）违反规定破坏、改变建筑物外墙面的形状、颜色等损害建筑物外观；

（三）违反规定进行房屋装饰装修；

（四）违章加建、改建，侵占、挖掘公共通道、道路、场地或者其他共有部分。

第十六条 建筑物区分所有权纠纷涉及专有部分的承租人、借用人等物业使用人的，参照本解释处理。

专有部分的承租人、借用人等物业使用人，根据法律、法规、管理规约、业主大会或者业主委员会依法作出的决定，以及其与业主的约定，享有相应权利，承担相应义务。

第十七条 本解释所称建设单位，包括包销期满，按照包销合同约定的包销价格购买尚未销售的物业后，以自己名义对外销售的包销人。

第十八条 人民法院审理建筑物区分所有权案件中，涉及有关物权归属争议的，应当以法律、行政法规为依据。

第十九条 本解释自2009年10月1日起施行。

因物权法施行后实施的行为引起的建筑物区分所有权纠纷案件，适用本解释。

本解释施行前已经终审，本解释施行后当事人申请再审或者按照审判监督程序决定再审的案件，不适用本解释。

最高人民法院关于审理物业服务纠纷案件适用法律若干问题的解释

- 2009年4月20日最高人民法院审判委员会第1466次会议通过
- 根据2020年12月23日最高人民法院审判委员会第1823次会议通过的《最高人民法院关于修改〈最高人民法院关于在民事审判工作中适用《中华人民共和国工会法》若干问题的解释〉等二十七件民事类司法解释的决定》修正
- 自2021年1月1日起施行
- 法释〔2020〕17号

为正确审理物业服务纠纷案件，依法保护当事人的合法权益，根据《中华人民共和国民法典》等法律规定，结合民事审判实践，制定本解释。

第一条 业主违反物业服务合同或者法律、法规、管理规约，实施妨碍物业服务与管理的行为，物业服务人请求业主承担停止侵害、排除妨碍、恢复原状等相应民事责任的，人民法院应予支持。

第二条 物业服务人违反物业服务合同约定或者法律、法规、部门规章规定，擅自扩大收费范围、提高收费标准或者重复收费，业主以违规收费为由提出抗辩的，人民法院应予支持。

业主请求物业服务人退还其已经收取的违规费用的，人民法院应予支持。

第三条 物业服务合同的权利义务终止后，业主请求物业服务人退还已经预收，但尚未提供物业服务期间的物业费的，人民法院应予支持。

第四条 因物业的承租人、借用人或者其他物业使用人实施违反物业服务合同，以及法律、法规或者管理规约的行为引起的物业服务纠纷，人民法院可以参照关于业主的规定处理。

第五条 本解释自2009年10月1日起施行。

本解释施行前已经终审，本解释施行后当事人申请再审或者按照审判监督程序决定再审的案件，不适用本解释。

最高人民法院关于适用《中华人民共和国民法典》有关担保制度的解释

· 2020年12月25日最高人民法院审判委员会第1824次会议通过
· 2020年12月31日最高人民法院公告公布
· 自2021年1月1日起施行
· 法释〔2020〕28号

为正确适用《中华人民共和国民法典》有关担保制度的规定，结合民事审判实践，制定本解释。

一、关于一般规定

第一条 因抵押、质押、留置、保证等担保发生的纠纷，适用本解释。所有权保留买卖、融资租赁、保理等涉及担保功能发生的纠纷，适用本解释的有关规定。

第二条 当事人在担保合同中约定担保合同的效力独立于主合同，或者约定担保人对主合同无效的法律后果承担担保责任，该有关担保独立性的约定无效。主合同有效的，有关担保独立性的约定无效不影响担保合同的效力；主合同无效的，人民法院应当认定担保合同无效，但是法律另有规定的除外。

因金融机构开立的独立保函发生的纠纷，适用《最高人民法院关于审理独立保函纠纷案件若干问题的规定》。

第三条 当事人对担保责任的承担约定专门的违约责任，或者约定的担保责任范围超出债务人应当承担的责任范围，担保人主张仅在债务人应当承担的责任范围内承担责任的，人民法院应予支持。

担保人承担的责任超出债务人应当承担的责任范围，担保人向债务人追偿，债务人主张仅在其应当承担的责任范围内承担责任的，人民法院应予支持；担保人请求债权人返还超出部分的，人民法院依法予以支持。

第四条 有下列情形之一，当事人将担保物权登记在他人名下，债务人不履行到期债务或者发生当事人约定的实现担保物权的情形，债权人或者其受托人主张就该财产优先受偿的，人民法院依法予以支持：

（一）为债券持有人提供的担保物权登记在债券受托管理人名下；

（二）为委托贷款人提供的担保物权登记在受托人名下；

（三）担保人知道债权人与他人之间存在委托关系的其他情形。

第五条 机关法人提供担保的，人民法院应当认定担保合同无效，但是经国务院批准为使用外国政府或者国际经济组织贷款进行转贷的除外。

居民委员会、村民委员会提供担保的，人民法院应当认定担保合同无效，但是依法代行村集体经济组织职能的村民委员会，依照村民委员会组织法规定的讨论决定程序对外提供担保的除外。

第六条 以公益为目的的非营利性学校、幼儿园、医疗机构、养老机构等提供担保的，人民法院应当认定担保合同无效，但是有下列情形之一的除外：

（一）在购入或者以融资租赁方式承租教育设施、医疗卫生设施、养老服务设施和其他公益设施时，出卖人、出租人为担保价款或者租金实现而在该公益设施上保留所有权；

（二）以教育设施、医疗卫生设施、养老服务设施和其他公益设施以外的不动产、动产或者财产权利设立担保物权。

登记为营利法人的学校、幼儿园、医疗机构、养老机构等提供担保，当事人以其不具有担保资格为由主张担保合同无效的，人民法院不予支持。

第七条 公司的法定代表人违反公司法关于公司对外担保决议程序的规定，超越权限代表公司与相对人订立担保合同，人民法院应当依照民法典第六十一条和第五百零四条等规定处理：

（一）相对人善意的，担保合同对公司发生效力；相对人请求公司承担担保责任的，人民法院应予支持。

（二）相对人非善意的，担保合同对公司不发生效力；相对人请求公司承担赔偿责任的，参照适用本解释第十七条的有关规定。

法定代表人超越权限提供担保造成公司损失，公司请求法定代表人承担赔偿责任的，人民法院应予支持。

第一款所称善意，是指相对人在订立担保合同时不知道且不应当知道法定代表人超越权限。相对人有证据证明已对公司决议进行了合理审查，人民法院应当认定其构成善意，但是公司有证据证明相对人知道或者应当知道决议系伪造、变造的除外。

第八条 有下列情形之一，公司以其未依照公司法关于公司对外担保的规定作出决议为由主张不承担担保责任的，人民法院不予支持：

（一）金融机构开立保函或者担保公司提供担保；

（二）公司为其全资子公司开展经营活动提供担保；

（三）担保合同系由单独或者共同持有公司三分之二以上对担保事项有表决权的股东签字同意。

上市公司对外提供担保，不适用前款第二项、第三项的规定。

第九条 相对人根据上市公司公开披露的关于担保事项已经董事会或者股东大会决议通过的信息，与上市公司订立担保合同，相对人主张担保合同对上市公司发生效力，并由上市公司承担担保责任的，人民法院应予支持。

相对人未根据上市公司公开披露的关于担保事项已经董事会或者股东大会决议通过的信息，与上市公司订立担保合同，上市公司主张担保合同对其不发生效力，且不承担担保责任或者赔偿责任的，人民法院应予支持。

相对人与上市公司已公开披露的控股子公司订立的担保合同，或者相对人与股票在国务院批准的其他全国性证券交易场所交易的公司订立的担保合同，适用前两款规定。

第十条 一人有限责任公司为其股东提供担保，公司以违反公司法关于公司对外担保决议程序的规定为由主张不承担担保责任的，人民法院不予支持。公司因承担担保责任导致无法清偿其他债务，提供担保时的股东不能证明公司财产独立于自己的财产，其他债权人请求该股东承担连带责任的，人民法院应予支持。

第十一条 公司的分支机构未经公司股东（大）会或者董事会决议以自己的名义对外提供担保，相对人请求公司或者其分支机构承担担保责任的，人民法院不予支持，但是相对人不知道且不应当知道分支机构对外提供担保未经公司决议程序的除外。

金融机构的分支机构在其营业执照记载的经营范围内开立保函，或者经有权从事担保业务的上级机构授权开立保函，金融机构或者其分支机构以违反公司法关于公司对外担保决议程序的规定为由主张不承担担保责任的，人民法院不予支持。金融机构的分支机构未经金融机构授权提供保函之外的担保，金融机构或者其分支机构主张不承担担保责任的，人民法院应予支持，但是相对人不知道且不应当知道分支机构对外提供担保未经金融机构授权的除外。

担保公司的分支机构未经担保公司授权对外提供担保，担保公司或者其分支机构主张不承担担保责任的，人民法院应予支持，但是相对人不知道且不应当知道分支机构对外提供担保未经担保公司授权的除外。

公司的分支机构对外提供担保，相对人非善意，请求公司承担赔偿责任的，参照本解释第十七条的有关规定处理。

第十二条 法定代表人依照民法典第五百五十二条的规定以公司名义加入债务的，人民法院在认定该行为的效力时，可以参照本解释关于公司为他人提供担保的有关规则处理。

第十三条 同一债务有两个以上第三人提供担保，担保人之间约定相互追偿及分担份额，承担了担保责任的担保人请求其他担保人按照约定分担份额的，人民法院应予支持；担保人之间约定承担连带共同担保，或者约定相互追偿但是未约定分担份额的，各担保人按照比例分担向债务人不能追偿的部分。

同一债务有两个以上第三人提供担保，担保人之间未对相互追偿作出约定且未约定承担连带共同担保，但是各担保人在同一份合同书上签字、盖章或者按指印，承担了担保责任的担保人请求其他担保人按照比例分担向债务人不能追偿部分的，人民法院应予支持。

除前两款规定的情形外，承担了担保责任的担保人请求其他担保人分担向债务人不能追偿部分的，人民法院不予支持。

第十四条 同一债务有两个以上第三人提供担保，担保人受让债权的，人民法院应当认定该行为系承担担保责任。受让债权的担保人作为债权人请求其他担保人承担担保责任的，人民法院不予支持；该担保人请求其他担保人分担相应份额的，依照本解释第十三条的规定处理。

第十五条 最高额担保中的最高债权额，是指包括主债权及其利息、违约金、损害赔偿金、保管担保财产的费用、实现债权或者实现担保物权的费用等在内的全部债权，但是当事人另有约定的除外。

登记的最高债权额与当事人约定的最高债权额不一致的，人民法院应当依据登记的最高债权额确定债权人优先受偿的范围。

第十六条 主合同当事人协议以新贷偿还旧贷，债权人请求旧贷的担保人承担担保责任的，人民法院不予支持；债权人请求新贷的担保人承担担保责任的，按照下列情形处理：

（一）新贷与旧贷的担保人相同的，人民法院应予支持；

（二）新贷与旧贷的担保人不同，或者旧贷无担保新贷有担保的，人民法院不予支持，但是债权人有证据证明新贷的担保人提供担保时对以新贷偿还旧贷的事实知道或者应当知道的除外。

主合同当事人协议以新贷偿还旧贷，旧贷的物的担保人在登记尚未注销的情形下同意继续为新贷提供担保，在订立新的贷款合同前又以该担保财产为其他债权人设立担保物权，其他债权人主张其担保物权顺位优先于新贷债权人的，人民法院不予支持。

第十七条 主合同有效而第三人提供的担保合同无效，人民法院应当区分不同情形确定担保人的赔偿责任：

（一）债权人与担保人均有过错的，担保人承担的赔偿责任不应超过债务人不能清偿部分的二分之一；

（二）担保人有过错而债权人无过错的，担保人对债务人不能清偿的部分承担赔偿责任；

（三）债权人有过错而担保人无过错的，担保人不承担赔偿责任。

主合同无效导致第三人提供的担保合同无效，担保人无过错的，不承担赔偿责任；担保人有过错的，其承担的赔偿责任不应超过债务人不能清偿部分的三分之一。

第十八条 承担了担保责任或者赔偿责任的担保人，在其承担责任的范围内向债务人追偿的，人民法院应予支持。

同一债权既有债务人自己提供的物的担保，又有第三人提供的担保，承担了担保责任或者赔偿责任的第三人，主张行使债权人对债务人享有的担保物权的，人民法院应予支持。

第十九条 担保合同无效，承担了赔偿责任的担保人按照反担保合同的约定，在其承担赔偿责任的范围内请求反担保人承担担保责任的，人民法院应予支持。

反担保合同无效的，依照本解释第十七条的有关规定处理。当事人仅以担保合同无效为由主张反担保合同无效的，人民法院不予支持。

第二十条 人民法院在审理第三人提供的物的担保纠纷案件时，可以适用民法典第六百九十五条第一款、第六百九十六条第一款、第六百九十七条第二款、第六百九十九条、第七百条、第七百零一条、第七百零二条等关于保证合同的规定。

第二十一条 主合同或者担保合同约定了仲裁条款的，人民法院对约定仲裁条款的合同当事人之间的纠纷无管辖权。

债权人一并起诉债务人和担保人的，应当根据主合同确定管辖法院。

债权人依法可以单独起诉担保人且仅起诉担保人的，应当根据担保合同确定管辖法院。

第二十二条 人民法院受理债务人破产案件后，债权人请求担保人承担担保责任，担保人主张担保债务自人民法院受理破产申请之日起停止计息的，人民法院对担保人的主张应予支持。

第二十三条 人民法院受理债务人破产案件，债权人在破产程序中申报债权后又向人民法院提起诉讼，请求担保人承担担保责任的，人民法院依法予以支持。

担保人清偿债权人的全部债权后，可以代替债权人在破产程序中受偿；在债权人的债权未获全部清偿前，担保人不得代替债权人在破产程序中受偿，但是有权就债权人通过破产分配和实现担保债权等方式获得清偿总额中超出债权的部分，在其承担担保责任的范围内请求债权人返还。

债权人在债务人破产程序中未获全部清偿，请求担保人继续承担担保责任的，人民法院应予支持；担保人承担担保责任后，向和解协议或者重整计划执行完毕后的债务人追偿的，人民法院不予支持。

第二十四条 债权人知道或者应当知道债务人破产，既未申报债权也未通知担保人，致使担保人不能预先行使追偿权的，担保人就该债权在破产程序中可能受偿的范围内免除担保责任，但是担保人因自身过错未行使追偿权的除外。

二、关于保证合同

第二十五条 当事人在保证合同中约定了保证人在债务人不能履行债务或者无力偿还债务时才承担保证责任等类似内容，具有债务人应当先承担责任的意思表示的，人民法院应当将其认定为一般保证。

当事人在保证合同中约定了保证人在债务人不履行债务或者未偿还债务时即承担保证责任、无条件承担保证责任等类似内容，不具有债务人应当先承担责任的意思表示的，人民法院应当将其认定为连带责任保证。

第二十六条 一般保证中，债权人以债务人为被告提起诉讼的，人民法院应予受理。债权人未就主合同纠纷提起诉讼或者申请仲裁，仅起诉一般保证人的，人民法院应当驳回起诉。

一般保证中，债权人一并起诉债务人和保证人的，人民法院可以受理，但是在作出判决时，除有民法典第六百八十七条第二款但书规定的情形外，应当在判决书主文中明确，保证人仅对债务人财产依法强制执行后仍不能履行的部分承担保证责任。

债权人未对债务人的财产申请保全，或者保全的债务人的财产足以清偿债务，债权人申请对一般保证人的财产进行保全的，人民法院不予准许。

第二十七条 一般保证的债权人取得对债务人赋予强制执行效力的公证债权文书后，在保证期间内向人民法院申请强制执行，保证人以债权人未在保证期间内对债务人提起诉讼或者申请仲裁为由主张不承担保证责任的，人民法院不予支持。

第二十八条 一般保证中，债权人依据生效法律文书对债务人的财产依法申请强制执行，保证债务诉讼时效的起算时间按照下列规则确定：

（一）人民法院作出终结本次执行程序裁定，或者依照民事诉讼法第二百五十七条第三项、第五项的规定作出终结执行裁定的，自裁定送达债权人之日起开始计算；

（二）人民法院自收到申请执行书之日起一年内未作出前项裁定的，自人民法院收到申请执行书满一年之日起开始计算，但是保证人有证据证明债务人仍有财产可供执行的除外。

一般保证的债权人在保证期间届满前对债务人提起诉讼或者申请仲裁，债权人举证证明存在民法典第六百八十七条第二款但书规定情形的，保证债务的诉讼时效自债权人知道或者应当知道该情形之日起开始计算。

第二十九条 同一债务有两个以上保证人，债权人以其已经在保证期间内依法向部分保证人行使权利为由，主张已经在保证期间内向其他保证人行使权利的，人民法院不予支持。

同一债务有两个以上保证人，保证人之间相互有追偿权，债权人未在保证期间内依法向部分保证人行使权利，导致其他保证人在承担保证责任后丧失追偿权，其他保证人主张在其不能追偿的范围内免除保证责任的，人民法院应予支持。

第三十条 最高额保证合同对保证期间的计算方式、起算时间等有约定的，按照其约定。

最高额保证合同对保证期间的计算方式、起算时间等没有约定或者约定不明，被担保债权的履行期限均已届满的，保证期间自债权确定之日起开始计算；被担保债权的履行期限尚未届满的，保证期间自最后到期债权的履行期限届满之日起开始计算。

前款所称债权确定之日，依照民法典第四百二十三条的规定认定。

第三十一条 一般保证的债权人在保证期间内对债务人提起诉讼或者申请仲裁后，又撤回起诉或者仲裁申请，债权人在保证期间届满前未再行提起诉讼或者申请仲裁，保证人主张不再承担保证责任的，人民法院应予支持。

连带责任保证的债权人在保证期间内对保证人提起诉讼或者申请仲裁后，又撤回起诉或者仲裁申请，起诉状副本或者仲裁申请书副本已经送达保证人的，人民法院应当认定债权人已经在保证期间内向保证人行使了权利。

第三十二条 保证合同约定保证人承担保证责任直至主债务本息还清时为止等类似内容的，视为约定不明，保证期间为主债务履行期限届满之日起六个月。

第三十三条 保证合同无效，债权人未在约定或者法定的保证期间内依法行使权利，保证人主张不承担赔偿责任的，人民法院应予支持。

第三十四条 人民法院在审理保证合同纠纷案件时，应当将保证期间是否届满、债权人是否在保证期间内依法行使权利等事实作为案件基本事实予以查明。

债权人在保证期间内未依法行使权利的，保证责任消灭。保证责任消灭后，债权人书面通知保证人要求承担保证责任，保证人在通知书上签字、盖章或者按指印，债权人请求保证人继续承担保证责任的，人民法院不予支持，但是债权人有证据证明成立了新的保证合同的除外。

第三十五条 保证人知道或者应当知道主债权诉讼时效期间届满仍然提供保证或者承担保证责任，又以诉讼时效期间届满为由拒绝承担保证责任或者请求返还财产的，人民法院不予支持；保证人承担保证责任后向债务人追偿的，人民法院不予支持，但是债务人放弃诉讼时效抗辩的除外。

第三十六条 第三人向债权人提供差额补足、流动性支持等类似承诺文件作为增信措施，具有提供担保的意思表示，债权人请求第三人承担保证责任的，人民法院应当依照保证的有关规定处理。

第三人向债权人提供的承诺文件，具有加入债务或者与债务人共同承担债务等意思表示的，人民法院应当认定为民法典第五百五十二条规定的债务加入。

前两款中第三人提供的承诺文件难以确定是保证还是债务加入的，人民法院应当将其认定为保证。

第三人向债权人提供的承诺文件不符合前三款规定的情形，债权人请求第三人承担保证责任或者连带责任的，人民法院不予支持，但是不影响其依据承诺文件请求第三人履行约定的义务或者承担相应的民事责任。

三、关于担保物权

（一）担保合同与担保物权的效力

第三十七条　当事人以所有权、使用权不明或者有争议的财产抵押，经审查构成无权处分的，人民法院应当依照民法典第三百一十一条的规定处理。

当事人以依法被查封或者扣押的财产抵押，抵押权人请求行使抵押权，经审查查封或者扣押措施已经解除的，人民法院应予支持。抵押人以抵押权设立时财产被查封或者扣押为由主张抵押合同无效的，人民法院不予支持。

以依法被监管的财产抵押的，适用前款规定。

第三十八条　主债权未受全部清偿，担保物权人主张就担保财产的全部行使担保物权的，人民法院应予支持，但是留置权人行使留置权的，应当依照民法典第四百五十条的规定处理。

担保财产被分割或者部分转让，担保物权人主张就分割或者转让后的担保财产行使担保物权的，人民法院应予支持，但是法律或者司法解释另有规定的除外。

第三十九条　主债权被分割或者部分转让，各债权人主张就其享有的债权份额行使担保物权的，人民法院应予支持，但是法律另有规定或者当事人另有约定的除外。

主债务被分割或者部分转移，债务人自己提供物的担保，债权人请求以该担保财产担保全部债务履行的，人民法院应予支持；第三人提供物的担保，主张对未经其书面同意转移的债务不再承担担保责任的，人民法院应予支持。

第四十条 从物产生于抵押权依法设立前，抵押权人主张抵押权的效力及于从物的，人民法院应予支持，但是当事人另有约定的除外。

从物产生于抵押权依法设立后，抵押权人主张抵押权的效力及于从物的，人民法院不予支持，但是在抵押权实现时可以一并处分。

第四十一条 抵押权依法设立后，抵押财产被添附，添附物归第三人所有，抵押权人主张抵押权效力及于补偿金的，人民法院应予支持。

抵押权依法设立后，抵押财产被添附，抵押人对添附物享有所有权，抵押权人主张抵押权的效力及于添附物的，人民法院应予支持，但是添附导致抵押财产价值增加的，抵押权的效力不及于增加的价值部分。

抵押权依法设立后，抵押人与第三人因添附成为添附物的共有人，抵押权人主张抵押权的效力及于抵押人对共有物享有的份额的，人民法院应予支持。

本条所称添附，包括附合、混合与加工。

第四十二条 抵押权依法设立后，抵押财产毁损、灭失或者被征收等，抵押权人请求按照原抵押权的顺位就保险金、赔偿金或者补偿金等优先受偿的，人民法院应予支持。

给付义务人已经向抵押人给付了保险金、赔偿金或者补偿金，抵押权人请求给付义务人向其给付保险金、赔偿金或者补偿金的，人民法院不予支持，但是给付义务人接到抵押权人要求向其给付的通知后仍然向抵押人给付的除外。

抵押权人请求给付义务人向其给付保险金、赔偿金或者补偿金的，人民法院可以通知抵押人作为第三人参加诉讼。

第四十三条 当事人约定禁止或者限制转让抵押财产但是未将约定登记，抵押人违反约定转让抵押财产，抵押权人请求确认转让合同无效的，人民法院不予支持；抵押财产已经交付或者登记，抵押权人请求确认转让不发生物权效力的，人民法院不予支持，但是抵押权人有证据证明受让人知道的除外；抵押权人请求抵押人承担违约责任的，人民法院依法予以支持。

当事人约定禁止或者限制转让抵押财产且已经将约定登记，抵押人违反约定转让抵押财产，抵押权人请求确认转让合同无效的，人民法院不予支持；抵押财产已经交付或者登记，抵押权人主张转让不发生物权效力的，人民法院应予支持，但是因受让人代替债务人清偿债务导致抵押权消灭的除外。

第四十四条 主债权诉讼时效期间届满后，抵押权人主张行使抵押权的，人民法院不予支持；抵押人以主债权诉讼时效期间届满为由，主张不承担担保责任的，人民法院应予支持。主债权诉讼时效期间届满前，债权人仅对债务人提起诉讼，经人民法院判决或者调解后未在民事诉讼法规定的申请执行时效期间内对债务人申请强制执行，其向抵押人主张行使抵押权的，人民法院不予支持。

主债权诉讼时效期间届满后，财产被留置的债务人或者对留置财产享有所有权的第三人请求债权人返还留置财产的，人民法院不予支持；债务人或者第三人请求拍卖、变卖留置财产并以所得价款清偿债务的，人民法院应予支持。

主债权诉讼时效期间届满的法律后果，以登记作为公示方式的权利质权，参照适用第一款的规定；动产质权、以交付权利凭证作为公示方式的权利质权，参照适用第二款的规定。

第四十五条 当事人约定当债务人不履行到期债务或者发生当事人约定的实现担保物权的情形，担保物权人有权将担保财产自行拍卖、变卖并就所得的价款优先受偿的，该约定有效。因担保人的原因导致担保物权人无法自行对担保财产进行拍卖、变卖，担保物权人请求担保人承担因此增加的费用的，人民法院应予支持。

当事人依照民事诉讼法有关“实现担保物权案件”的规定，申请拍卖、变卖担保财产，被申请人以担保合同约定仲裁条款为由主张驳回申请的，人民法院经审查后，应当按照以下情形分别处理：

（一）当事人对担保物权无实质性争议且实现担保物权条件已经成就的，应当裁定准许拍卖、变卖担保财产；

（二）当事人对实现担保物权有部分实质性争议的，可以就无争议的部分裁定准许拍卖、变卖担保财产，并告知可以就有争议的部分申请仲裁；

（三）当事人对实现担保物权有实质性争议的，裁定驳回申请，并告知可以向仲裁机构申请仲裁。

债权人以诉讼方式行使担保物权的，应当以债务人和担保人作为共同被告。

（二）不动产抵押

第四十六条　不动产抵押合同生效后未办理抵押登记手续，债权人请求抵押人办理抵押登记手续的，人民法院应予支持。

抵押财产因不可归责于抵押人自身的原因灭失或者被征收等导致不能办理抵押登记，债权人请求抵押人在约定的担保范围内承担责任的，人民法院不予支持；但是抵押人已经获得保险金、赔偿金或者补偿金等，债权人请求抵押人在其所获金额范围内承担赔偿责任的，人民法院依法予以支持。

因抵押人转让抵押财产或者其他可归责于抵押人自身的原因导致不能办理抵押登记，债权人请求抵押人在约定的担保范围内承担责任的，人民法院依法予以支持，但是不得超过抵押权能够设立时抵押人应当承担的责任范围。

第四十七条　不动产登记簿就抵押财产、被担保的债权范围等所作的记载与抵押合同约定不一致的，人民法院应当根据登记簿的记载确定抵押财产、被担保的债权范围等事项。

第四十八条　当事人申请办理抵押登记手续时，因登记机构的过错致使其不能办理抵押登记，当事人请求登记机构承担赔偿责任的，人民法院依法予以支持。

第四十九条 以违法的建筑物抵押的，抵押合同无效，但是一审法庭辩论终结前已经办理合法手续的除外。抵押合同无效的法律后果，依照本解释第十七条的有关规定处理。

当事人以建设用地使用权依法设立抵押，抵押人以土地上存在违法的建筑物为由主张抵押合同无效的，人民法院不予支持。

第五十条 抵押人以划拨建设用地上的建筑物抵押，当事人以该建设用地使用权不能抵押或者未办理批准手续为由主张抵押合同无效或者不生效的，人民法院不予支持。抵押权依法实现时，拍卖、变卖建筑物所得的价款，应当优先用于补缴建设用地使用权出让金。

当事人以划拨方式取得的建设用地使用权抵押，抵押人以未办理批准手续为由主张抵押合同无效或者不生效的，人民法院不予支持。已经依法办理抵押登记，抵押权人主张行使抵押权的，人民法院应予支持。抵押权依法实现时所得的价款，参照前款有关规定处理。

第五十一条 当事人仅以建设用地使用权抵押，债权人主张抵押权的效力及于土地上已有的建筑物以及正在建造的建筑物已完成部分的，人民法院应予支持。债权人主张抵押权的效力及于正在建造的建筑物的续建部分以及新增建筑物的，人民法院不予支持。

当事人以正在建造的建筑物抵押，抵押权的效力范围限于已办理抵押登记的部分。当事人按照担保合同的约定，主张抵押权的效力及于续建部分、新增建筑物以及规划中尚未建造的建筑物的，人民法院不予支持。

抵押人将建设用地使用权、土地上的建筑物或者正在建造的建筑物分别抵押给不同债权人的，人民法院应当根据抵押登记的时间先后确定清偿顺序。

第五十二条 当事人办理抵押预告登记后，预告登记权利人请求就抵押财产优先受偿，经审查存在尚未办理建筑物所有权首次登记、预告登记的财产与办理建筑物所有权首次登记时的财产不一致、抵押预告登记已经失效等情形，导致不具备办理抵押登记条件的，人民法院不予支持；经审查已经办理建筑物所有权首次登记，且不存在预告登记失效等情形的，人民法院应予支持，并应当认定抵押权自预告登记之日起设立。

当事人办理了抵押预告登记，抵押人破产，经审查抵押财产属于破产财产，预告登记权利人主张就抵押财产优先受偿的，人民法院应当在受理破产申请时抵押财产的价值范围内予以支持，但是在人民法院受理破产申请前一年内，债务人对没有财产担保的债务设立抵押预告登记的除外。

（三）动产与权利担保

第五十三条 当事人在动产和权利担保合同中对担保财产进行概括描述，该描述能够合理识别担保财产的，人民法院应当认定担保成立。

第五十四条 动产抵押合同订立后未办理抵押登记，动产抵押权的效力按照下列情形分别处理：

（一）抵押人转让抵押财产，受让人占有抵押财产后，抵押权人向受让人请求行使抵押权的，人民法院不予支持，但是抵押权人能够举证证明受让人知道或者应当知道已经订立抵押合同的除外；

（二）抵押人将抵押财产出租给他人并移转占有，抵押权人行使抵押权的，租赁关系不受影响，但是抵押权人能够举证证明承租人知道或者应当知道已经订立抵押合同的除外；

（三）抵押人的其他债权人向人民法院申请保全或者执行抵押财产，人民法院已经作出财产保全裁定或者采取执行措施，抵押权人主张对抵押财产优先受偿的，人民法院不予支持；

（四）抵押人破产，抵押权人主张对抵押财产优先受偿的，人民法院不予支持。

第五十五条 债权人、出质人与监管人订立三方协议，出质人以通过一定数量、品种等概括描述能够确定范围的货物为债务的履行提供担保，当事人有证据证明监管人系受债权人的委托监管并实际控制该货物的，人民法院应当认定质权于监管人实际控制货物之日起设立。监管人违反约定向出质人或者其他人放货、因保管不善导致货物毁损灭失，债权人请求监管人承担违约责任的，人民法院依法予以支持。

在前款规定情形下，当事人有证据证明监管人系受出质人委托监管该货物，或者虽然受债权人委托但是未实际履行监管职责，导致货物仍由出质人实际控制的，人民法院应当认定质权未设立。债权人可以基于质押合同的约定请求出质人承担违约责任，但是不得超过质权有效设立时出质人应当承担的责任范围。监管人未履行监管职责，债权人请求监管人承担责任的，人民法院依法予以支持。

第五十六条 买受人在出卖人正常经营活动中通过支付合理对价取得已被设立担保物权的动产，担保物权人请求就该动产优先受偿的，人民法院不予支持，但是有下列情形之一的除外：

（一）购买商品的数量明显超过一般买受人；

（二）购买出卖人的生产设备；

（三）订立买卖合同的目的在于担保出卖人或者第三人履行债务；

（四）买受人与出卖人存在直接或者间接的控制关系；

（五）买受人应当查询抵押登记而未查询的其他情形。

前款所称出卖人正常经营活动，是指出卖人的经营活动属于其营业执照明确记载的经营范围，且出卖人持续销售同类商品。前款所称担保物权人，是指已经办理登记的抵押权人、所有权保留买卖的出卖人、融资租赁合同的出租人。

第五十七条 担保人在设立动产浮动抵押并办理抵押登记后又购入或者以融资租赁方式承租新的动产，下列权利人为担保价款债权或者租金的实现而订立担保合同，并在该动产交付后十日内办理登记，主张其权利优先于在先设立的浮动抵押权的，人民法院应予支持：

（一）在该动产上设立抵押权或者保留所有权的出卖人；

（二）为价款支付提供融资而在该动产上设立抵押权的债权人；

（三）以融资租赁方式出租该动产的出租人。

买受人取得动产但未付清价款或者承租人以融资租赁方式占有租赁物但是未付清全部租金，又以标的物为他人设立担保物权，前款所列权利人为担保价款债权或者租金的实现而订立担保合同，并在该动产交付后十日内办理登记，主张其权利优先于买受人为他人设立的担保物权的，人民法院应予支持。

同一动产上存在多个价款优先权的，人民法院应当按照登记的时间先后确定清偿顺序。

第五十八条 以汇票出质，当事人以背书记载“质押”字样并在汇票上签章，汇票已经交付质权人的，人民法院应当认定质权自汇票交付质权人时设立。

第五十九条 存货人或者仓单持有人在仓单上以背书记载“质押”字样，并经保管人签章，仓单已经交付质权人的，人民法院应当认定质权自仓单交付质权人时设立。没有权利凭证的仓单，依法可以办理出质登记的，仓单质权自办理出质登记时设立。

出质人既以仓单出质，又以仓储物设立担保，按照公示的先后确定清偿顺序；难以确定先后的，按照债权比例清偿。

保管人为同一货物签发多份仓单，出质人在多份仓单上设立多个质权，按照公示的先后确定清偿顺序；难以确定先后的，按照债权比例受偿。

存在第二款、第三款规定的情形，债权人举证证明其损失系由出质人与保管人的共同行为所致，请求出质人与保管人承担连带赔偿责任的，人民法院应予支持。

第六十条 在跟单信用证交易中，开证行与开证申请人之间约定以提单作为担保的，人民法院应当依照民法典关于质权的有关规定处理。

在跟单信用证交易中，开证行依据其与开证申请人之间的约定或者跟单信用证的惯例持有提单，开证申请人未按照约定付款赎单，开证行主张对提单项下货物优先受偿的，人民法院应予支持；开证行主张对提单项下货物享有所有权的，人民法院不予支持。

在跟单信用证交易中，开证行依据其与开证申请人之间的约定或者跟单信用证的惯例，通过转让提单或者提单项下货物取得价款，开证申请人请求返还超出债权部分的，人民法院应予支持。

前三款规定不影响合法持有提单的开证行以提单持有人身份主张运输合同项下的权利。

第六十一条 以现有的应收账款出质，应收账款债务人向质权人确认应收账款的真实性后，又以应收账款不存在或者已经消灭为由主张不承担责任的，人民法院不予支持。

以现有的应收账款出质，应收账款债务人未确认应收账款的真实性，质权人以应收账款债务人为被告，请求就应收账款优先受偿，能够举证证明办理出质登记时应收账款真实存在的，人民法院应予支持；质权人不能举证证明办理出质登记时应收账款真实存在，仅以已经办理出质登记为由，请求就应收账款优先受偿的，人民法院不予支持。

以现有的应收账款出质，应收账款债务人已经向应收账款债权人履行了债务，质权人请求应收账款债务人履行债务的，人民法院不予支持，但是应收账款债务人接到质权人要求向其履行的通知后，仍然向应收账款债权人履行的除外。

以基础设施和公用事业项目收益权、提供服务或者劳务产生的债权以及其他将有的应收账款出质，当事人为应收账款设立特定账户，发生法定或者约定的质权实现事由时，质权人请求就该特定账户内的款项优先受偿的，人民法院应予支持；特定账户内的款项不足以清偿债务或者未设立特定账户，质权人请求折价或者拍卖、变卖项目收益权等将有的应收账款，并以所得的价款优先受偿的，人民法院依法予以支持。

第六十二条 债务人不履行到期债务，债权人因同一法律关系留置合法占有的第三人的动产，并主张就该留置财产优先受偿的，人民法院应予支持。第三人以该留置财产并非债务人的财产为由请求返还的，人民法院不予支持。

企业之间留置的动产与债权并非同一法律关系，债务人以该债权不属于企业持续经营中发生的债权为由请求债权人返还留置财产的，人民法院应予支持。

企业之间留置的动产与债权并非同一法律关系，债权人留置第三人的财产，第三人请求债权人返还留置财产的，人民法院应予支持。

四、关于非典型担保

第六十三条 债权人与担保人订立担保合同，约定以法律、行政法规尚未规定可以担保的财产权利设立担保，当事人主张合同无效的，人民法院不予支持。当事人未在法定的登记机构依法进行登记，主张该担保具有物权效力的，人民法院不予支持。

第六十四条 在所有权保留买卖中，出卖人依法有权取回标的物，但是与买受人协商不成，当事人请求参照民事诉讼法“实现担保物权案件”的有关规定，拍卖、变卖标的物的，人民法院应予准许。

出卖人请求取回标的物，符合民法典第六百四十二条规定的，人民法院应予支持；买受人以抗辩或者反诉的方式主张拍卖、变卖标的物，并在扣除买受人未支付的价款以及必要费用后返还剩余款项的，人民法院应当一并处理。

第六十五条 在融资租赁合同中，承租人未按照约定支付租金，经催告后在合理期限内仍不支付，出租人请求承租人支付全部剩余租金，并以拍卖、变卖租赁物所得的价款受偿的，人民法院应予支持；当事人请求参照民事诉讼法“实现担保物权案件”的有关规定，以拍卖、变卖租赁物所得价款支付租金的，人民法院应予准许。

出租人请求解除融资租赁合同并收回租赁物，承租人以抗辩或者反诉的方式主张返还租赁物价值超过欠付租金以及其他费用的，人民法院应当一并处理。当事人对租赁物的价值有争议的，应当按照下列规则确定租赁物的价值：

（一）融资租赁合同有约定的，按照其约定；

（二）融资租赁合同未约定或者约定不明的，根据约定的租赁物折旧以及合同到期后租赁物的残值来确定；

（三）根据前两项规定的方法仍然难以确定，或者当事人认为根据前两项规定的方法确定的价值严重偏离租赁物实际价值的，根据当事人的申请委托有资质的机构评估。

第六十六条 同一应收账款同时存在保理、应收账款质押和债权转让，当事人主张参照民法典第七百六十八条的规定确定优先顺序的，人民法院应予支持。

在有追索权的保理中，保理人以应收账款债权人或者应收账款债务人为被告提起诉讼，人民法院应予受理；保理人一并起诉应收账款债权人和应收账款债务人的，人民法院可以受理。

应收账款债权人向保理人返还保理融资款本息或者回购应收账款债权后，请求应收账款债务人向其履行应收账款债务的，人民法院应予支持。

第六十七条 在所有权保留买卖、融资租赁等合同中，出卖人、出租人的所有权未经登记不得对抗的“善意第三人”的范围及其效力，参照本解释第五十四条的规定处理。

第六十八条 债务人或者第三人与债权人约定将财产形式上转移至债权人名下，债务人不履行到期债务，债权人有权对财产折价或者以拍卖、变卖该财产所得价款偿还债务的，人民法院应当认定该约定有效。当事人已经完成财产权利变动的公示，债务人不履行到期债务，债权人请求参照民法典关于担保物权的有关规定就该财产优先受偿的，人民法院应予支持。

债务人或者第三人与债权人约定将财产形式上转移至债权人名下，债务人不履行到期债务，财产归债权人所有的，人民法院应当认定该约定无效，但是不影响当事人有关提供担保的意思表示的效力。当事人已经完成财产权利变动的公示，债务人不履行到期债务，债权人请求对该财产享有所有权的，人民法院不予支持；债权人请求参照民法典关于担保物权的规定对财产折价或者以拍卖、变卖该财产所得的价款优先受偿的，人民法院应予支持；债务人履行债务后请求返还财产，或者请求对财产折价或者以拍卖、变卖所得的价款清偿债务的，人民法院应予支持。

债务人与债权人约定将财产转移至债权人名下，在一定期间后再由债务人或者其指定的第三人以交易本金加上溢价款回购，债务人到期不履行回购义务，财产归债权人所有的，人民法院应当参照第二款规定处理。回购对象自始不存在的，人民法院应当依照民法典第一百四十六条第二款的规定，按照其实际构成的法律关系处理。

第六十九条 股东以将其股权转移至债权人名下的方式为债务履行提供担保，公司或者公司的债权人以股东未履行或者未全面履行出资义务、抽逃出资等为由，请求作为名义股东的债权人与股东承担连带责任的，人民法院不予支持。

第七十条 债务人或者第三人为担保债务的履行，设立专门的保证金账户并由债权人实际控制，或者将其资金存入债权人设立的保证金账户，债权人主张就账户内的款项优先受偿的，人民法院应予支持。当事人以保证金账户内的款项浮动为由，主张实际控制该账户的债权人对账户内的款项不享有优先受偿权的，人民法院不予支持。

在银行账户下设立的保证金分户，参照前款规定处理。

当事人约定的保证金并非为担保债务的履行设立，或者不符合前两款规定的情形，债权人主张就保证金优先受偿的，人民法院不予支持，但是不影响当事人依照法律的规定或者按照当事人的约定主张权利。

五、附　则

第七十一条 本解释自2021年1月1日起施行。

实用附录

集体土地征收补偿标准

征地补偿费用计算公式

征地补偿费用=土地补偿费+安置补助费+农村村民住宅、其他地上附着物和青苗等补偿费+被征地农民社会保障费用

各项目计算标准

1. **土地补偿费+安置补助费**

（1）农用地土地补偿、安置补助标准

标准：由各省、自治区、直辖市制定，根据区片综合地价确定，应当综合考虑土地原用途、土地资源条件、土地产值、土地区位、土地供求关系、人口以及经济社会发展水平等因素。

调整时间：至少每三年调整或者重新公布一次。

（2）农用地以外的其他土地补偿标准

标准：由各省、自治区、直辖市制定。

2. **农村村民住宅、其他地上附着物和青苗等补偿费**

（1）农村村民住宅补偿标准

标准：由各省、自治区、直辖市制定，应当按照先补偿后搬迁、居住条件有改善的原则，尊重农村村民意愿，采取重新安排宅基地建房、提供安置房或者货币补偿等方式给予公平、合理的补偿，并对因征收造成的搬迁、临时安置等费用予以补偿，保障农村村民居住的权利和合法的住房财产权益。

（2）其他地上附着物、青苗等补偿

标准：由各省、自治区、直辖市制定。

3. 被征地农民社会保障费用

县级以上地方人民政府应当将被征地农民纳入相应的养老等社会保障体系。被征地农民的社会保障费用主要用于符合条件的被征地农民的养老保险等社会保险缴费补贴。被征地农民社会保障费用的筹集、管理和使用办法，由省、自治区、直辖市制定。

国有土地上房屋征收补偿标准及计算公式

1. 房屋被征收后被征收人能够获得货币补偿的金额

房屋征收货币补偿金额=被征收房屋经由评估机构确定的市场价格（包括房屋装饰装修商定或者评估的补偿金额）+搬迁费用+临时安置费用+营业性房屋的停产停业损失（非营业性房屋无此项补偿）

2. 采取房屋置换方式补偿的差价金额

房屋征收调换产权补偿差价金额=被征收房屋的评估价格+房屋装饰装修商定或者评估的补偿金额-获得的调换产权的房屋的评估价格

3. 搬迁费用

搬迁费用=搬迁发生的实际费用或者双方约定的一定数额的搬迁补助费

4. 临时安置费用

临时安置费用=没有提供周转房情况下的临时安置费+超出过渡期限的临时安置费

5. 停产停业损失的计算方法

根据房屋被征收前的效益、停产停业的期限等因素确定，具体计算方法由各省、自治区、直辖市制定。主要方法有以下几种：

（1）根据被征收房屋的总体价值的一定比例计算，预先由双方协商约定；

（2）根据房屋的面积按照单位面积补偿一定金额来计算；

(3) 根据营利性房屋的前几年的年平均经营收入和利润等指标，乘以停产停业的期限（年份）来计算；

(4) 由评估机构对其进行评估确定；

(5) 根据实际损失补偿计算，协商确定。

重要法律术语速查表

续表

法律术语	页码
反担保	第 193 页
返还原物请求权	第 32 页
放弃抵押权	第 220 页
浮动抵押	第 206 页
浮动抵押和其他抵押的效力序位	第 216 页
浮动抵押优先受偿的例外	第 216 页
浮动抵押财产的确定	第 222 页
更正登记	第 17 页
共有权	第 100 页
共同共有	第 101 页
国家所有的财产	第 41 页
海域使用权	第 131 页
集体所有土地使用权抵押权的实现效果	第 230 页
既有抵押权又有质权的财产的清偿顺序	第 225 页
简易交付	第 24 页
建筑物区分所有权	第 64 页
建设用地使用权	第 147 页
居住权	第 165 页
可抵押财产的范围	第 204 页
留置权	第 268 页
流押条款的效力	第 212 页
买卖价款抵押权	第 227 页
农民集体所有	第 52 页
排除妨害请求权	第 32 页
权利质权	第 255 页

续表

法律术语	页码
善意取得	第 114 页
设立、变更、转让、消灭不动产物权的合同的效力	第 13 页
申请不动产登记应当提供的必要材料	第 10 页
拾得遗失物的返还	第 119 页
私人的合法财产	第 61 页
天然孳息	第 123 页
添附	第 124 页
同一财产上多个抵押权的效力顺序	第 225 页
土地承包经营权制度	第 132 页
未登记的动产抵押权的效力	第 214 页
物	第 3 页
物权平等保护原则	第 5 页
物权公示方法	第 6 页
物权公示公信原则	第 6 页
相邻关系	第 90 页
消除危险请求权	第 33 页
遗失物的善意取得	第 117 页
异议登记	第 18 页
因继承取得的物权的生效时间	第 28 页
因事实行为设立或者消灭物权的生效时间	第 29 页
营利法人财产权	第 63 页
用益物权的权利类型	第 128 页
用益物权的行使规范	第 129 页
预告登记	第 18 页
宅基地使用权	第 160 页

续表